国家万人计划教学名师阚雅玲团队系列丛书

高职院校中层领导力与执行力

GAOZHI YUANXIAO ZHONGCENG LINGDAOLI YU ZHIXINGLI

阚雅玲　谭福河　著

广东高等教育出版社
Guangdong Higher Education Press
·广州·

图书在版编目（CIP）数据

高职院校中层领导力与执行力/阚雅玲，谭福河著. —广州：广东高等教育出版社，2018.3

（国家万人计划教学名师阚雅玲团队系列丛书）

ISBN 978-7-5361-6103-0

Ⅰ. ①高… Ⅱ. ①阚… ②谭… Ⅲ. ①高等职业教育-教学管理-研究 Ⅳ. ①G718.5

中国版本图书馆 CIP 数据核字（2018）第 015210 号

出版发行	广东高等教育出版社 地址：广州市天河区林和西横路 邮政编码：510500 电话：（020）87551597 87551163 http://www.gdgjs.com.cn
印　　刷	佛山市浩文彩色印刷有限公司
开　　本	787 毫米×1 092 毫米 1/16
印　　张	15.5
字　　数	368 千
版　　次	2018 年 3 月第 1 版
印　　次	2018 年 3 月第 1 次印刷
定　　价	39.00 元

作者简介

阚雅玲，1967年12月出生，河北唐山人，教授，高级经济师，国家万人计划教学名师。曾在特大型企业工作10年，2000年到广州番禺职业技术学院任教，先后任工商企业管理专业、连锁经营管理专业和市场营销专业带头人，是学校创业教育中心、教师发展中心创始人，校企共建华好学院、百果园学院、职业店长学院、店长职教集团的筹建人，现任管理学院院长、职业店长学院副理事长、店长职教集团常务副理事长。

阚雅玲主持的“工商模拟市场实训”“职业规划与成功素质训练”分别获得2008年度、2010年度国家精品课程和2016年度国家精品资源共享课程，“职业规划与成功素质训练”还获评为国家精品视频公开课，主持的“商科学生‘实战型、体验式、网络化’技能与素质并进的课程创新与实践”获2014年国家教学成果奖，参与的“基于职业发展的高职素质教育体系构建与实践”获2009年国家教学成果二等奖。阚雅玲带领市场营销专业入选高职院校100所现代学徒制试点项目，其主持的“现代学徒制市场营销专业教学标准的研制项目”获得广东省教育厅立项。她带领的工商企业管理专业获评广东省重点专业和广东省优秀教学团队。阚雅玲先后发表论文30余篇，其中发表在核心刊物10篇，编著教材8部，完成各级各类课题10余项。她曾兼任香港公开大学、澳门公开大学客座教授、MBA导师，先后任多家企事业单位的企业管理咨询顾问和人力资源管理顾问；曾为中高职职业教育开设课程建设、专业建设、示范建设、中层领导力等公开课程，并应邀为80余所中高职院校和相关机构讲学，培训近2万人次。

作者简介

谭福河，1975年11月出生，山东莱州人，博士，副教授，具有近十年的自主创业经历，2010年到广州番禺职业技术学院任教，现任学校创业教育中心主任、管理学院分管科研与校企合作的副院长，先后筹建百果园学院、职业店长学院、店长职业教育集团，兼任百果园学院院长、店长职业教育集团秘书长，零售业现代学徒制研究团队学术带头人，先后发表论文20余篇，专著5部，编著教材3部，完成各级各类课题10余项。

序

路口、门口与心口

本套丛书即将付梓，本人作为其中一本书的作者，有交差后的释然，也有收获前的欣喜。作为阚老师的朋友，看到她将数十年来的点点滴滴整理出来与大家分享，不知为何，开心之余，却有一丝莫名的惆怅。或许这套书所蕴含的“总结”意味，让我感受到逝者如斯的沧桑。

阚老师不主张用繁复的制度去管人，更偏爱文化的影响力，无论是对学院的发展，还是对同事间的关系，如此柔性的环境带来了更多的可能性，丰富了工作的故事性。

阚老师将写序言的任务交给我，使我颇有受宠之感，但总是很忐忑，因为印象中的序言似乎都是出自大家手笔。她一向不会轻易给人布置任务，想想这也是一次回顾过往的好机会，也就欣然答应。提笔之时已是深夜，白日的聒噪渐远，间或传来的车声人语反倒让人觉得越发安静，想起到广州番禺职业技术学院的几年，记忆如丝如缕，翩翩栩然。

时间一直走，没有尽头，只有路口。

——张嘉佳《摆渡人》

2010 年，我从浙江宁波应聘来到广州番禺职业技术学院，自己当时处在人生的十字路口，对家庭、孩子、工作等都有许多想不通的地方，何去何从，颇有犹疑。

在我从事教育工作的前十年，虽然也有前辈和领导指导，但从未遇到像阚老师这样如此痴迷于与人沟通和分享的人。她会很坦诚地与其他老师聊天，每次会议都会非常用心地准备自己的发言，每次发言都会从帮助其他老师成长的角度去分析现象、梳理问题、给出建议。她不仅会谈工作，也会谈自己的孩子、房子装修、家人关系等生活方面的事情，她坚持在行动中找寻解决问题的办法，她会想办法让每个人都站出来表达自己的想法。

所有这些都触动我向自己提问，促使我更用心地思考什么是工作、什么是爱人、什么是家庭教育、什么是今天、什么是明天……

不能说已经找到了答案，但在持续询问自己、给出解释、行动与修正的过程中，稍微完整的、为人处世的原则框架逐渐形成。比如关于工作方法，从她身上我学会了通过增强工作之间的相关性与协同性来提高效率。再比如关于工作与家庭的关系，她会很坚定地说自己会将家庭放在第一位，虽然我不是完全认同，但这提示我应当建立自己的、关于工作与家庭关系的标准。

时间一直在走，路口仍然会有，凭借这些原则，我可以做出选择。有选择的感觉很好，前提是有自己的原则。

有人说，十年太长，什么都有可能会变。一辈子却太短，一件事也有可能做不完。

——张嘉佳《摆渡人》

兴趣即事业。这是我努力坚守的信条，在工作中、在课堂上，在与女儿的交流过程中，我会不失时机地传达这几个字。如果能够找到值得你倾尽一生去做的事情，而且不会因为这件事情没有完成而感到沮丧，这是非常幸福且幸运的。

职业院校与自己以往服务的学校差别比较大，在进入职业教育领域的最初几年，我并没有找准工作定位。有一次在全院教师大会上，阚老师直接指出我对于职业教育的看法仍然囿于传统学术型大学体系之窠臼。当时的感觉是很没面子，但让我能稍许心安的就是，身边有在职业院校工作好多年的老师对于什么是职业教育的本质也把握不准。我能感受到阚老师的焦虑，她希望转变教师们的观念。怎么开发课程，怎么设计教学单位，怎么制作微课，如何组织“翻转课堂”，怎样才能成为一名优秀的高职教师，等等，她不厌其烦，通过各种形式，反反复复地向大家渗透几条简单而关键的职业教育原理。

2014 年，当管理学院通过深度的校企合作将人才培养体系推动到一个崭新的阶段，在开放的系统之中，我更加明确了职业教育的意义。特别是在现代学徒制自主招生面试的时候，我看到学生因为能进入广州番禺职业技术学院而激动落泪，那滴泪水洗去了我对职业教育的朦胧。

彼时彼刻内心的悸动来自此前阚老师的熏陶。俗话说：“师傅领进门，修行在个人。”让一个人建立起对本门事业的兴趣，由被动地工作到主动地承担，这样才是真的将徒弟领进门了。给她当“徒弟”和“助手”都是有不小压力的，幸运的是我们还是朋友，更是带领各个专业建立职业店长学院的亲密伙伴。

有一天，她会退休，我也会，但职业教育会继续，我们共同敬畏的教育使命也会继续。想想其中有大家的携手努力，我们的生命印记其中，那将是多么幸福的事情啊！

我知道我不是他的明天，我唯一可以做的，就是把他送到彼岸。

——张嘉佳《摆渡人》

写这篇序言的时候，恰逢毕业生离校之季，不知道阚老师送走过多少学生，也不知道她曾经“摆渡”了多少个像我这样的人，经过了这么多，她是否还依然在乎分离。

我想她会的！

支撑执着与热情的往往不是理性坚强，而是心口柔弱之地。

从路口到门口再到心口，这是我的人生与她的人生交互的轨迹。从心口到门口再到路口则是她扶助每个“弟子”前行的历程，循环往复，不舍不弃。

谨以为序。

谭福河
2017 年 6 月 3 日

前　言

在企业工作10年后来到学校，就想做一生的教师，虽几经坚持，但在这条路上只走了8年。2008年评上教授后，学校就将工商管理系主任这个重任直接给了只做过教研室主任的我，其间的每一次换届都申请回归讲台，但都未果，转眼9年已经过去。回想9年来，我失去很多有形的东西，如专业水准、健康状况和收入水平等都有所下降。但作为中层这一人生的经历却带给我很多无形的财富。当年我婉拒领导做中层的理由是“我能拿得起，但却放不下；我能严于律己，但很难从内心宽以待人；我能任劳，但做不到任怨”，现在想想当时的我有多么矫情。9年的修行与历练成就了如今的我，纵有再大的事、再大的难，我都可淡定泰然；我要求别人做到的自己一定要做到，但自己做到的绝不要求别人也做到；任劳任怨已不值一提，再大的委屈也有胸怀去包容。如此看来，9年的付出最大的受益者还是自己。凭借于此，未来的人生还有何所惧?!我一直追求“仁者无敌、智者无惑、勇者无惧”。

工商管理系从当年的几乎一无所有，到如今将管理学院打造成为职业店长学院并发起成立店长职教集团，从学科体系化的专业建设到华好学院、百果园学院、名创优品学院等企业学院的校企合作，从直线职能制的传统组织机构，到创业教育中心、教师发展中心、零售研究与服务中心的项目化、网络化的运作，这些都为专业、为企业、为教师、为学生带来很大的发展。老师们骄傲于我们有3门国家级课程，有国家教学名师，有国家教学成果奖，有教育部现代学徒制试点的专业，有广东省一流高职院校高水平建设专业、省市重点专业、团队、基地，有数量可观的教师教学比赛和学生技能竞赛获奖……而于我，这些都不再重要，重要的是老师们愿意将管理学院当作自己的家，在这里感觉很幸福地培养着他们的学生。而我呢？对管理学院也越来越有感情，无论在中层这个位置上是否还坚持，广州番禺职业技术学院管理学院都是我愿为之付出一生的事业和家庭。

在申报广东省高职培训项目“中层领导力与执行力”进行培训需求调查时发现，几乎所有学校的高层都认为“中层”在高职院校的发展中起着至关重要的作用，但却有太多的中层面临着如下困境：中层管理者已工作得精疲力竭，为什么还是得不到学校领导、中层同行以及老师们的认可呢？如何解决？“上边千条线，下边一根针”，突发事情又很多，如何才能有效管理时间、管理工作，做到每天工作不是焦头烂额，而是有条不紊呢？为什么总是20%的人干着80%的活，80%的人干着20%的活？如何调动大部分人的积极性，让自己手下有很多既愿意干又能干的人呢？面对教师这个知识分子群体，没有制度不行，光靠严格的制度更是不行，什么才是最有效的管理办法呢？面对职业教育的飞速发展，如何做到“既要唯上、又要唯实”；如何做到“点面结合”，面上做质量、点上做特色？

为此，我基于高职院校中层这一工作岗位，结合自己二级学院院长的成长历程与实践探索，开发了一门旨在提升高职院校中层领导力与执行力的培训课程，目前已为50多所学校的近2 000名中层和教研室主任等做过培训。本书作为课程的配套教材，希望能对一些初入中层岗位的同行有所帮助。本书包含六部分内容：一是角色、理念与方法，二是确定发展战略，三是完善制度与文化，四是建设师资队伍，五是深化校企合作，六是建设专业与课程。我本人是学管理专业的，但在实践中所需的管理理论并不多，关键是做到。我在第一部分分享了我在管理工作中用到的主要理论。第二至第五部分均是以二级学院为例进行的实践与探索的分享。本人做中层虽已有9年，但相较前辈实在才疏学浅，且刍议之言必有疏漏，诚望各方同仁批评指正。

在此，感谢支持、指导我进入高职院校中层管理岗位的各位领导与前辈，感谢广州番禺职业技术学院对我的多年培养，感谢我的团队、我的同事给予我大力支持以及不懈努力与辛勤付出，感谢学校领导给予我尝试的空间和发展的条件。

阚雅玲

2017年7月25日

目　录

第一部分　角色、理念与方法

第二部分　确定发展战略

第三部分　完善制度与文化

第四部分　建设师资队伍

第五部分　深化校企合作

第六部分　建设专业与课程

第一部分 角色、理念与方法

我自己是学管理的，感觉管理是一门非常有意思且非常实用的学科。它可以让你管理好自己，管理好家庭与孩子，还可让你管理好一个团队甚至一个组织。就职高职院校的中层岗位，意味着我们要管理好一个部门，带领好一个团队。虽然管理科学和领导科学都是博大精深的学科，但对于我们从事管理工作的这个岗位而言，所需要的理论并不多，正如职业教育所言“理论够用”即可，最重要的是能够真正将理论落地，并在实践中不断创新和完善。从事中层工作9年，我自己的体会是：第一，要找准中层的角色，因为方向比努力更重要；第二，要更新管理的理念，因为思想比行动更重要；第三，要掌握管理的方法，提升领导力和执行力，也就是要获得领导的认可，赢得横向支持，同时能调动下属积极性，完成各项任务，实现部门持续稳定的发展。

一、关于管理和领导

高职院校中层日常工作的重点就是“管理与领导”，那到底什么是管理？什么是领导呢？

1. 关于管理

“管理就是确切地知道你要别人去干什么，并使他用最好的方法积极地去干。”

“管理是对组织的资源进行有效整合以达成组织既定目标与责任的动态创造性活动。”

“管理就是计划、组织、指挥、协调和控制。”

我特别喜欢上述管理的三个定义，在实际管理工作中，真不需要太多的理论，如果我们能真正理解并落实管理的含义，我们一定是一个优秀的中层管理者。

你在日常工作中布置任务时，每次都能确切地知道你要别人去干什么吗？如果能，方向一般都不会错。你能指导下属用“最好的方法”去干吗？你能做到让下属明白为什么要做，从而积极地去做吗？如果真的能做到管理这个定义中所说的“WHY”“HOW”“WHAT”，你一定是一个优秀的管理者。

每个人在管理中都会遇到资源短缺这个问题，如果各种资源可以按需供给，也许根本不需要管理，也就没有我们存在的价值。资源不足时可以通过挖掘、整合、布局、共享、再造、创造性的利用来达成组织的既定目标与责任。这样的实例很多，“田忌赛马”

可以说是一个典型的案例。

任何一项管理工作都需要我们去计划、组织、指挥、协调和控制，每一个环节出现问题都会对组织目标产生影响。反思我们每一项管理能力如何？是否有意识、有目的、有方法地去改进、去落实？

2．关于领导

“领导是一种影响力；是引导人们行为，从而使人们情愿地、热心地实现组织或群体目标的过程。”

“领导者的唯一定义就是其与后面的追随者的关系。也就是说，若没有追随者，他们都不能成为领导者。”

领导是一种影响力，是一种过程，追随者在实现共同目标这一过程中是自愿性行为。也就是说理想的追随者是有自己独立思维和独立判断的个体。在实现共同目标的过程中，领导者与追随者常常是相互的，是一种伙伴关系，而不是命令关系。领导者与追随者是彼此独立而又互惠的，而不是某一方依附或服从另一方，在实现共同目标过程中，只是担任不同的角色和承担不同责任。

领导的确具有一定的权力，但所谓权力，是指一个人主动影响他人行为的内在能力。一个人能够行使他的权力，首先要弄清楚权力的基础。一般说来，权力主要来自两个方面：一是来自职位的权力，这种权力是由于领导者所处的位置由上级和组织赋予，这样的权力随职务的变动而变动。在职就有权，不在职就无权。人们往往出于压力和习惯不得不服从这种职位权力。二是来自个人的权力。这种权力不是由于领导者在组织的位置，而是由于其自身的某些特殊条件才具有的。例如领导者高尚的品德、丰富的经验、卓越的工作能力和业绩、良好的人际关系以及特有的人格魅力等。来自职位的权力有 3 种，它们是法定权、奖赏权和强制权；来自个人的权力有两种，它们是专家权和典范权。

职位权力是指组织内各领导职位所固有的、合法的、正式的权力。平时大家常说的权力，就是职位权力，也就是组织安排你担任某种职务，其实这是最弱的一种权力了。因为中国人有句古话，叫作“阳奉阴违”，别人表面上承认你、服从你，私下有什么想法就不一定知道了。而专家权和典范权则是最具影响力的权力，是在管理工作中最起作用的权力。如果我们中层能成为专家型、学者型领导，或者是颇具个人魅力的领导，我们的工作将水到渠成。

3．领导者与管理者的区别

区别一：领导者是变革者与规划师，管理者是战略与目标的执行者。

区别二：领导者应能超越现实与制度，管理者更多的是刚性与遵照，但不能忘记对人的尊重。

区别三：领导者在队伍前面示范，管理者在队伍中间控制、协调与鼓舞。

区别四：领导者给出方向，管理者找寻方法。

作为高职院校的中层，我们既是领导者又是管理者，何时何事该做领导者、何时何事该做管理者需要自己有较为清晰的认识与界定。一般而言，承上时我们是管理者，启下时我们是领导者。但一定要明确“承上启下”绝不是简单的“上传下达”，承上启下需要我们在“管理者”与“领导者”之间进行角色的转换，而“上传下达”其实不需要一个中层来做，一个秘书即可。

二、中层领导的角色

中层管理者既是执行者，又是领导者。其作用发挥得好，是高层联系基层的一座桥梁；发挥得不好，是横在高层与基层之间的一堵墙。学校决策层对各种方案的推行，需要得到中层的有力执行和有效实施。如果中层队伍的执行力很弱，与决策方案无法相匹配，那么各种方案就无法成功实施。中层角色缺失表现在“信息梗阻”：“上边想、下边望，中间有个顶梁杠”，组织信息像黄河断流。中层角色缺失还表现在从“充电器”变成“耗电器”。中层不但不能鼓动和保持团队士气，自己还经常有畏难情绪，甚至和员工一道发牢骚、抱怨，不能在达成绩效的关键阶段发挥主导作用。由此中层管理者的重要性可见一斑。

1．承上、启下与平行

中层领导的基本角色就是“承上、启下与平行”。

（1）承上。

——承担岗位职责。

——达成学校和部门目标。

——执行上司的指示。

——当好领导的参谋和助手。

（2）启下。

——做好部门的管理。

——带领团队完成任务。

——使各项资源共享并充分有效发挥作用。

（3）平行。

——与校内相关部门的协调。

——与外界利益相关者的沟通与合作。

承上、启下、平行中你认为哪一个最好做，或者说你最擅长？的确哪个都不好做，但我们又必须将每个角色都扮演好。在我们学校，每年对中层的考核是由校领导、中层同行、自己部门的下属共同打分，并按照3：3：4的权重计分，然后全体中层一起排队。考核结束后每个中层会收到一份成绩单，上边写有你这一年考核的名次、分数，全校中层的最高分、最低分和平均分。每每此刻，总会有不少中层心存郁闷：我已经工作得精疲力竭，却还得不到领导、教师们的认可，原因何在？如何解决？其实原因很简单，对照上面“承上、启下与平行”三种角色所列的主要职责，自省一下自己完成得如何即可。至于如何解决，确实需要更新管理理念，掌握管理方法，提升领导与管理水平。

2．中层干部的三大难关

在工作中，中层干部都要闯过三道难关，即上司关、同僚关和下属关。每一道关卡都是一道坎。作为一个中层干部，哪一个坎迈不过去，都可能对自己职业生涯和部门工作带来非常不利的影响。如果有两个坎迈不过去，对中层干部来说，就意味着根本不胜任。

（1）上司关。

中层干部要闯的第一关就是上司关，如何得到领导的赏识，得到领导的认可，这是中层干部要仔细研究、正确对待的一个问题。也许有人会说：我这个人靠本事吃饭，不喜欢溜须拍马，不喜欢去逢迎，不喜欢去讲好话，那是另外一回事，领导认可的人绝不都是溜须拍马之人。让领导相信你是愿意做事情的人，是能做事情的人，而且是能做成事情的人，这是一个中层干部必须要面对的事情。

（2）同僚关。

中层干部要闯的第二关就是同僚的支持。你是教务处处长，他是科技处处长，你是管理学院院长，他是机电学院院长，大家都是中层干部，都是在为学校做事，你可以不听我的，我也可以不听你的，因为大家是平行的，没有强制关系，更多的是需要相互支持与合作。如果有的中层干部学校领导很认可、下属也支持，但是不注意与其他中层干部保持良好的协作关系，闹得整体环境和氛围都很不和谐，领导有时也需要做出一个抉择和取舍，所以同僚支持也是一个很现实的问题，必须要解决。

（3）下属关。

如何受到下级的尊敬和拥戴，进而在工作中得到全面的支持和帮助，也是中层干部需要面对的一个极为重要的问题。管理要不断更新理念，讲究手段的优化，研究以人为本，学会选人、育人、用人、励人和留人，而有效调动下属积极性是我们每个中层干部必须掌握的技能。我们的工作是需要制度管理、绩效管理、目标管理甚至数字化管理，但对于知识分子这个群体我们更要以人为本，需要情感和文化管理。一流的团队靠文化，二流的团队靠制度，三流的团队靠领导人盯人。

3. 中层干部的一大软肋

推卸责任是中层干部的一大软肋。在一个组织结构中，高层领导、中层干部和基层员工三个阶层，最容易推卸责任或者更有机会推卸责任的往往是中层领导干部。高层领导和基层员工都没有那么多的借口可以推卸责任，但中层干部看似有不少机会，而这样的机会往往不是机遇而是陷阱。

（1）向平行推卸责任。

向平行推卸责任就是往同僚身上推，而且是你推我，我推你，问题从终点又回到了起点，这就叫推磨。在学校里面中层干部平行推卸责任的机会很多，因为在学校工作中，每个中层干部所在的都是一个独立的部门，它不可能跟其他部门没有关系而独立来操作一件事情，肯定是和其他部门有关联的，只要和其他部门有关联，就会产生推卸责任的机会，这叫平行的推卸责任。但是一旦发生这类的事情，往往会被人冠以“推诿、扯皮”的标签，于人于己都不是一件明智的事情。

（2）向下推卸责任。

部门里出了问题，工作往往是下属干的，所以中层很容易说，这是我手下人干的，他们素质和能力都不强。我在企业工作时，如果部门工作出了问题，若往下属推卸责任，老板总是说，下属业绩不高、工作出了问题，主要责任在上司。如果下属不会干、不能干，那是你没培养培训好；如果下属能干不愿意干，那是你没有激励好；如果下属愿意干也能干，但干不成事，那是你没有将平台搭建好。总之，出了问题，若向下属推卸责任，除了让人感觉你不能担当外，就是领导与管理能力不强。

（3）向上推卸责任。

高层领导在组织外部资源的时候，或者在制定某些方针策略、确定具体手段方法的时候，可能会有出入，但是千万不可以把领导的过错或领导的某些失误，当作自己事情做得不好的唯一借口。其实目的、目标明确后，有很多路可以走，甚至走的过程中还可以不断修正。到底哪些是因为领导决策导致的问题，哪些是因为自己执行导致的问题，必须要客观理智地去面对。即使领导决策错误，也轮不到中层去推卸责任，更不宜在背后特别是面对下属发表不利于全局、不利于领导形象的言论。

（4）向外推卸责任。

有的人一不小心就会得罪人，有一些人会很聪明，与其在系统内得罪人，不如到系统外去，找人来做替罪羊、推卸责任，这叫向外推卸责任。比如经济形势不好，他就说“你看看经济形势不好，就业率和就业质量的目标肯定完不成”“我们项目评不上，是因为我们没有去找关系，现在有多少评委是真正客观公正的”。这样的抱怨和推卸责任的确不会得罪自己学校的人，但最终得罪的还是自己。因为客观环境是一样的，在同等条件下，为什么有的部门、有的人就能做得很好呢？

以上这些是中层干部推卸责任的几种方式。我们现在讲执行力，执行力有一个概念叫没有任何借口。既然没有任何借口，那么我们就不要推卸责任。如果都要把所有的事情总结为做得好与不好，那么从两个维度去思考：第一个维度是客观原因，第二个维度是主观原因。而客观原因我们往往控制不了，以此为借口只能导致不作为，所以中层干部事情做得不好，千万不能因为客观原因的存在，而拒绝承担主观责任，拒绝改进和完善。

三、中层领导的理念

1. 既要唯上，又要唯实，还要唯心与唯新

唯上：是指按照上级、上司的理念、制度、方案、要求等来做事。不唯上就得不到机会，得不到认可和资源，失去发展的基础。

唯实：按照职业教育办学规律和学校与专业的实际来做事。不唯实就不能持续发展，就不能真正做出特色。

唯心：得人心者得天下，要知道下属心里想什么、上司心里想什么，当然也要知道自己想要什么，然后尽可能达成平衡。

唯新：要向新加坡南洋理工学院学习，人人创新、时时创新、处处创新、事事创新。每个中层和每个教师每年都该有创新项目。

2. 工作要点面结合、虚实结合

职业教育发展到今天，需要面上做质量、求规范，点上做特色、谋创新、求突破。

特别是各项改革工作更需要点面结合，由面到点或由点到面。只有面没有点，难成特色，难有成果。只有点没有面，难有推广，难以整体上水平。

工作要有所为、有所不为；要有所实、有所虚，且实事必须实做，实事不能虚做，否则不能落地，不出业绩和成果；虚事必须虚做，虚事不能实做，否则会耗费大量人力、物力等宝贵资源。当然何为实事？何为虚事？对于不同的部门、不同的发展阶段，会有不同的答案。

3. 要向上管理，向下负责

向上管理：是为了给你、你的上司和学校取得最好成绩而有意识配合你的上司一起工作的过程。因而要迎合上司的长处，尽量避免上司的短处。

向下负责：提供平台给下属，对下属的工作结果负有责任，对下属的成长负有责任。出了问题，要勇于负责，而不是向下推卸责任。

4. 要态度，更要才干

要功劳不要苦劳；要关注态度，更要关注才干。如何让态度转换为绩效、让苦劳转换为功劳是我们需要解决的问题。只有能力才会产生绩效，态度必须转化为能力才会产生绩效，这才是正确的观念。很多中层管理者喜欢态度好的人，喜欢听话的人，喜欢加班的人，人们也常常从经验上得到态度比能力更重要的结论。的确，态度好、能力差可以通过培训和培养来提升，但对于能力强、态度差的人，我们需要有胸怀容人，有能力驾驭人。

5. 管理的基础是制度

管理的基础是制度，没有规矩不成方圆。小单位可以主要靠感情，大单位则要靠制度。组织发展初期可以靠感情，发展中期要靠制度。员工素质很高时可以靠感情，否则必须靠制度。感情可以凝聚人心，也可以形成文化。对于知识分子这个群体，光靠制度肯定不行，但无论如何制度是基础，没有制度更是不行。

6. 管理的根本要靠文化

一流的团队靠文化，二流的团队靠制度，三流的团队靠人管人。高职院校之间的竞争最终将会演变为文化的竞争，唯有文化的发展才是真正的特色发展、可持续发展。中层管理的对象是人，必然要以人为本，将部门管理与人文文化相结合，能否真正形成一流的团队靠文化，需要中层管理者的思想作引导，更需要身先示范，做好带头和表率作用。

7. 中层必须会搭平台、带队伍

自从做中层开始，就面临着一个和以前很大的不同：现在考核的不是我们个人的业绩和行为，而是我们所带领的整个团队的业绩和行为。只会唱戏不会搭台不行，不能给更多的人提供平台，就无法保证一个部门全面快速地发展。只会搭台不会唱戏可能也不行，除非你培养了领军人物。要完成个人唱戏、给他人唱示范戏、和大家一起唱戏、退到幕后为大家搭台让别人唱戏这个过程。

8. 管理的重点是“解决问题”

当今中国大多数高职院校仍存在很多的问题，特别是发展很快的学校，发现问题是很容易的。但中层领导的工作重点不是发现问题、汇报问题、上交问题，而是解决问题。只发现问题、汇报问题甚至抱怨问题而不解决问题只能滋生不满和怨气。不要奢望解决完这个问题就不再有新的问题，中层的工作常态就是不断面对问题，工作就是修行，把自己修炼成一个解决问题的专家是我们共同追求的目标。

9. 学会高效的时间管理

不少中层经常处于工作超负荷、加班是常态、每天像救火、身体亚健康的工作状态，究其原因可能很多，但时间管理不好往往是关键。我个人的经验无非三点：一是拒绝拖延症，对于计划内的工作尽早完成。二是将大部分时间放在重要且不紧急的工作上，如确定战略、队伍建设、教师培养、准备工作、锻炼身体等，进而使自己没有那么多既重要又紧急的工作。很多人常常焦头烂额往往是将本来重要不紧急的工作一拖再拖，进而变成又重要又紧急的工作。三是给自己留出余地，应付突如其来的事情或者增加休息时间。

10. 同类事情做标准，不同事情要协同

如何才能高效？方法自然非常重要。其实日常的工作无非两大类，一类是相同的、相近的或重复性的工作，另一类是不同的事情。对于第一类工作一定要做标准、做流程，特别是第一次做绝不可应付了事。无论是授课计划、课程标准、精品课程、专业建设方案、校企合作的特色学院等，我都会做出一个基本的标准放在那里，以后无论是自己还是教师就有了这个标杆，在此基础上规范、创新和完善。对于第二类不同事情的工作，一定要讲究各项工作的协同，找到一个抓手，带动各项工作的完成，或者说用一根针去穿千条线。例如我们通过现代学徒制这个抓手提升了人才培养目标，提升了人才培养模式，带动了课程建设、实训基地建设、师资队伍建设、科研与社会服务以及二级学院建设的全面转型升级。

四、获得高层领导的认可

在工作中，或许你付出了很多的智慧、心血、时间和汗水，但如果没有得到领导的认可，你所付出的一切可能都没有太大价值，即使你自己感觉很有意义，但很难得到领导的资源支持。如果没有支持你们的事业生存和发展的平台及资源，即使你的下属愿意追随你，这对他们的发展也是不公平的。而要想得到领导的认可，需要在工作中学会合理的坚持与圆满的沟通，能够贯彻领导的战略意图，完成领导的预定目标，有效提升个人执行力，将学校的战略、规划、目标和任务转化为成果和业绩。每个人都希望得到领导的认可，但常常不尽如人意。有人抱怨怀才不遇，有人愤慨没有得到公正待遇。到底如何才能得到领导的认可呢？

1. 执行中坚持领导是对的

领导也是人，是人都会犯错误，他既然犯错误，为什么他都是对的呢？领导作为一个个体，作为一个独立的人，肯定会犯错误，这是不可避免的。但是在职场里、工作中，当他作为你的领导的身份出现的时候，特别是决策已定、开始执行时，你就要相信他是对的并坚决执行。第一，这是因为一个企业或一个组织如果不能令行禁止，它将无法正常有效地运转，甚至陷入混乱局面。第二，人们常常会低估领导的智慧，站在自己的角度和高度，依靠自己的阅历和智慧，常常无法真正领会领导的意图。当你去执行了，或经过一段时间的检验，你往往会发现领导确实是正确的。第三，目标确定了，条条大路通罗马，路不是一条，方法不是一个，认真地去做，往往不会错。

2. 合理的坚持与圆满的沟通

当领导的意见和你的意见不一致的时候，领导要你向东，你一听感觉死路一条，这个时候你固然要执行、要服从，但必须要沟通。首先表态一定会执行，但是沟通不可以放弃。领导叫向东，我就向东，死路一条我也不管，那是愚忠，至少是不负责任，那不是我们所希望的，而是要沟通。跟领导沟通的时候要注意，沟通方式比沟通内容更重要。所以要倡导合理的坚持、圆满的沟通。既然决定要向东，不妨再来讨论一下，向东可能会带来什么结果，向西会产生什么利弊，只要这个领导不是那种故步自封、刚愎自用的人，他自己就会明白，而不是由你来指出来他错在哪里。由下属指出来自己错在哪里的方式往往是领导不愿意接受的。用很愉快的方式交流，人们称之为圆满的沟通。

3. 分清承上启下与上传下达

承上启下与上传下达是有区别的，很多中层干部仅仅满足于上传下达，而做不到承上启下。上传下达就是领导讲了，我再去跟下面的人讲，下边有意见我就向上反馈给领导。领导安排的事情传达过了，至于下面的人接下来采取什么行动，我不知道，也不用负责。其实这不需要一个中层来做，安排一个秘书即可。而承上启下是找寻对策，付诸行动，确保结果。目前不少学校的职能部门面对教育部和省教育厅的任务，就是上传下达，而有些二级学院的领导也会采取同样的工作方式，这样基层的教研室和老师就无所适从，面对上面千条线，不知哪些工作应该有所为、哪些有所不为，更不知如何去为，最后常常是自下而上一级应付一级，许多工作无法落到实处。所以，承上启下跟上传下达的区别在于制定策略，付诸行动，确保结果。仅仅是上传下达，那是一般工作人员或秘书的工作，没有尽到中层承上启下的职责。

4. 汇报工作谈结果

作为一个高职院校的中层，能否得到领导的认可，基石就是你做出的事情、你干出的绩效。对领导而言，常常是结果至上、绩效至上，你究竟做了多少事情，而且这个事情最好要用数字来说话。你跟领导交流谈工作的时候，一定要养成这个习惯：汇报工作谈结果，请示工作谈方案。汇报工作一定要先讲结果，但是有的人不太习惯。有的中层干部，唯恐领导不知道自己在做什么，而领导更关心的是事情做成了没有，结果是怎么一回事。所以要养成习惯，跟领导汇报工作先谈结果，领导需要，再谈过程。有人会问，那跟领导汇报工作只谈结果，领导要的就是结果吗？过程就不管了？错！这个概念要辩证，领导首先要结果，同时领导有权关注过程，千万不能二选一。领导重视结果，同时不放弃过程的管理，既要结果，也要过程，这两者并不矛盾。

5. 请领导做选择题

作为中层干部，我们工作中经常会有些问题请示领导该怎么解决。在请示领导的时候，我们可能会遇到这样的情形，你去请示他：“院长，我这个部门出现这样的事情，您看怎么解决?”话刚讲完，院长便说：“你部门的情况我肯定没你了解，我不能给你一个答案，我们需要各负其责，你决定不了的可以给我们几个解决问题的建议，我们帮你来决策，但不能我们越俎代庖。”本来是诚惶诚恐地想请领导点拨、指导一下的，结果反而成了安排领导干自己的活。客观上来讲，在这种领导手下干活，可能心情不太好，但是肯定更有利于自己职业的成长，他给了你充足的机会，让你自己去思考问题和解决问题。人都是有惰性的，如果总是让领导做问答题，做着做着就变成大事小事都是领导做主，自己就成了一个操作者而已。

下边和大家分享一个我们曾经写给领导的请示，请示中会给领导三个选项，并且每个选项给出利弊分析和本部门的建议。

工商管理系关于华好学院独立及相关专业整合的请示

校领导及有关部门：

我校2011年4月成立华好学院并依托工商管理系进行筹建。两年来，华好学院校企合作办学的“双元”培养体制和机制已相对成熟，由连锁经营管理（美容会所管理）、工商企业管理（化妆品企业管理）、市场营销（化妆品营销）组成的专业群也相对完整，到今年9月份，在校生将达到520多人，如果把工商管理系相关专业整合进来，在校生将达1 000余人，办学规模也已可观。目前工商管理系有系本部、华好学院、创业中心三驾马车，三个机构的体制机制不一样，业务功能不一样，发展目标和方向也不一样，再加上工商管理系今年启动大类招生，人才培养方案急需分类统筹考量；位于第三实训楼的我系实训基地需要专业整合后统一布置；9月份开学后大类招生的学生如何分流也需提前安排。所有这些都需要将华好学院独立及相关专业整合尽早提到议事日程，工商管理系根据学校相关领导的意见和建议，经系党政领导班子多次开会协商并组织教研室、专业教师座谈会讨论，已统一思想，现将相关事宜请示如下：

一、机构重组的思路

1．作为国家首批示范院校，今后的专业建设要走“精品专业”发展之路，专业要办就要办成在国内，至少在省内一流的专业，否则就不必要去办。

2．我校资源有限，特别是高水平师资严重不足，专业发展不能再走外延式发展的道路。工商管理系在做大的过程中寻求到了做强的机会，拟将原有3个机构10个专业（方向），分离合并重整为两个学院6个专业。

3．“与产业紧密对接、与企业深度合作”是高职办学规律的体现。过去几年工商管理类专业走过了一条没有行业背景但“以质量求生存”的发展之路，而接下来必须“以特色谋发展”。不发展不敢说就是死路一条，但必然是不进则退。

4．当今高职专业的发展，特别是像我校本身就没有行业背景，而每个专业都没有几个教授甚至副教授，面对这样的局面，想单纯依靠自己来把专业做成精品很难，因而需要“跨界”，需要“协同”，需要“他山之石”，需要“整合再生”，要以一个开放的心态谋取更大的平台和更多的资源才能获得更好的发展。

5．专业变革是正常的，高职对接的产业不断在调整、在升级，企业不断在发展变化，专业不可能不改造、不升级。谁都不可能抱着几门课一直教到老，当然一些基础课、平台课会保持其固有的学科稳定性，但专业课必然会变化。我们需要尽可能找到一个永远是朝阳的产业，然后只是随着它的升级而调整，从而尽可能保持稳定性。

6. 创业是一个永恒的话题，各个专业都需要进行岗位创业，而创业教育也需要依托专业进行深化和落地。工商管理系可拿出两个专业尝试与创业融合，探索出一条创业与专业紧密合作的发展之路。

7. 为体现高职规律及特色，此次专业重组考虑学科体系但不局限于学科，可按产业来分，也可按创业来分，两者均可围绕工商管理来建设专业。

8. 任何机构重组与专业调整方案都会有利有弊、有得有失，也很难一步到位，需要逐步完善，但要在发展中完善，不能等最完善的方案出现再进行调整，一方面会错失发展机会；另一方面也会让教师情绪不稳定，影响当前工作的开展。

二、机构重组的意向

方案一（建议优先选用）：

将现有工商管理系的三个机构重组成两个学院。

1. 华好学院：将工商管理系原有工商企业管理、市场营销、连锁经营管理划归华好学院，与工商企业管理（化妆品企业管理方向）、市场营销（化妆品营销方向）、连锁经营管理（美容会所管理方向）整合在一起，组成华好管理学院，从今年起这三个专业全部主要面向美容化妆品行业培养人才，也就是从今年开始华好管理学院新生只有三个专业，不再设带括号的专业方向。集中资源和力量做强这三个有强大行业背景和有企业鼎力支持的专业。

2. 创业学院：将创业管理专业（方向）、电子商务、物流管理三个专业整合在一起组成创业管理学院。依托三个专业围绕创业教育、创业孵化、创业管理、创业培训和创业研究开展专业建设及全校创业教育工作。（电子商务、物流管理两个专业单纯依靠自己的力量是很难在国内、省内领先的，需要依托创业这个平台和资源借势而为，创业也需要找两个专业试行专业与创业的深度合作）

优点：工商管理系所有专业都能通过跨界或协同找到自己赖以发展的平台和资源，有效促进各专业以及创业教育的快速发展。

缺点：行业与专业的结合毫无疑义，但创业教育与专业的结合尚属尝试阶段，会存在一定的风险。但风险还是可以掌控和化解的。两个学院的名称有待进一步推敲确定。

方案二（若方案一不可行，建议使用）：

先按方案一所讲成立华好管理学院，工商管理系原有的创业管理专业方向、电子商务、物流管理及创业中心保留不变，待全校机构重组与专业调整开始后再一并考虑。如果学校确实要成立商务学院，也可将电子商务、物流管理与其他专业整合在一起。

优点：分两步走比较稳妥，给创业教育与专业的结合一个思考的时间和实践的空间。

缺点：成立商务学院不一定是最佳选择。新的学院需要校内外资源的支持与累积，领导和团队需要适应和磨合，专业与专业群定位需要周密调查，所有这些都需要很高的时间成本，如果没有现成的较为充足的资源作支撑，新学院很难快速发展，我校作为首批示范校很多专业不适合从头来过，而是需要高起点快速发展。

方案三（建议不采用）：

将工商管理系六个专业（方向）与华好学院现有三个专业方向（人物形象设计专业已经移交艺术学院）整合在一起，创业中心独立统管全校的创业教育。

优点：该方案既减少了专业数量，又变动小、易操作，使原有工商管理系完整地保留下来，对教师们的冲击会小一些。

缺点：电子商务与物流管理两个专业如果依托华好集团的资源建设，专业发展前景不容乐观，同时也难以共享其他专业资源，这两个专业管理体制与华好学院差别较大，这样便失去了此番整合的意义。

三、其他相关事宜

1. 拟组建的两个学院名称：重组后的学院或机构名称需要进一步商定，如果华好学院改为华好管理学院可能还需要与企业协商。

2. 华好管理学院：各专业主要面向美容化妆品行业培养人才，但并不排除给学生其他行业的选择，故校内外实训基地也不全都是美容化妆品行业类型。

3. 创业管理学院：各专业培养学生的创业精神、创业能力，但不是所有学生都是创立企业，也可创立一份事业或者比同类专业的学生更具创业精神和就业能力。该学院还面向全校各专业开展创业教育、创业孵化、创业管理、创业培训和创业研究。

4. 实训基地：第三实训楼分配给工商管理系、华好学院及创业中心的区域依然会统筹考虑，四层是整合后的华好管理学院，而创业管理学院中的电子商务和物流管理专业可共享四层的机房及教室。五楼的南面一半用于创业孵化园及创业产学研基地。

5. 教研室：专业整合虽然去掉了一些专业（方向），但这只是从今年新生开始，两届老生依然维持原有专业（方向）和人才培养方案不变，所以原有教研室在近两三年内均保留。

6. 教师去向：此次整合是按专业统筹考虑，教师去向可自由选择，然后系里统筹考虑教师的愿望及专业需求并进行调配，报人事处审批。

7. 华好管理学院的体制：华好管理学院的体制应该是双主体办学，不该由企方出任院长，而校方却是执行，这样会使教师加入华好管理学院有顾虑。

8. 创业管理学院除创业教育和专业建设外还有创业孵化、创业管理、创业培训和创业研究等其他事务，可以保证教师的工作量和职业发展通道。其教师工作量的核算也应采用区别于其他院系的教学工作量计算方法，即改为教师综合工作量考核。

以上是我系讨论研究后的结果，恳请领导予以审议并尽早提上议事日程。

2013 年 5 月 16 日

五、赢得横向部门的支持

每一次我在做“中层领导力与执行力”的培训时，总会问学员一个问题：“作为中层，你认为承上、启下、平行哪一个更好做，哪一个更难做?”我最希望听到的是“在我们学校平行很好做”，而事实上几乎每一次听到的答案都是“平行最难做”。的确“平行”不好做，如果有哪个学校做得好，我自认为这个学校的管理水平很高。因为我特别不喜欢听一些中层说“屁股决定脑袋”，我认为能够决定每个中层脑袋的就是学校的总体方针和战略。如果每个人按照“屁股决定脑袋”来做事，一定会各自为政、各行其是，从而出现相互推诿、相互扯皮的状况，致使工作效率很低，工作效果难如人意。

1. 跨部门协作的难点

（1）没有强制性。

在跨部门协作中，由于各部门中层职位相同，权力相当，彼此间没有领导与被领导的关系，因此跨部门协作不具有强制性。

（2）部门本位主义。

在具体工作中，因为立场不一样，各中层必然会出现矛盾和分歧。教务处可能从教学的角度看学校的发展，科研处会从科研的角度看学校的未来，财务处则会从规则中守住自己的底线，人事处会从编制和绩效工资总额考虑问题……其中必衍生出很多矛盾和分歧，这非常正常，视角不同看法必然不同，但对学校整体目标的实现则影响很大。

（3）以自我为中心。

由于学校内部的分工与考核，各二级学院以及各职能部门在合作中也会形成相互竞争的关系，再加上各自并不太了解其他部门的工作，往往会出现心中只有本部门，本部门工作最重要的表现，这就很容易导致各自为政，团结与协作不足。

（4）不主动沟通。

学校中层横向间缺乏沟通，出现问题时大家都采取观望态度，不主动沟通寻求解决办法，这也是横向管理的难点之一。

（5）害怕担责。

在学校中层部门合作中，确实存在着功过归属问题。正因为害怕担负责任，两部门在合作时都很谨慎，一旦出现可能出错的情况，就马上向上级汇报，目的是告诉领导该做的都已经做了，如果再出现什么问题就与自己无关；有些事情本来完全可以自己处理，却仍然不主动决策，也不与合作部门沟通，而是直接提交给高层领导，以避免自己担负责任。这两种做法的实质都是不干分内的事，怕担责任，而将问题转嫁给上司解决。

2. 跨部门协作的基本对策

（1）树立全局观念。

无论是各二级学院、各职能部门还是学院与职能部门之间出现争论、分歧和矛盾的时候，首先应站在学校全局的立场和共同的目标上看问题；其次应换位思考，这时换位比定位更重要，不要一味地认为对方是错的，而要多从对方的角度上看问题，反省自己的偏颇与过错。学校各中层应杜绝本位主义，树立全局意识，在一个团体里通力合作。事实上，团队中每个人都很重要，谁也离不开谁。

（2）推倒部门墙。

“部门墙”在很多组织都存在，对于很多高校，几乎是普遍现象。“部门墙”对于学校的危害显而易见，应该予以铲除。若真想解决，首先，要推行学校的组织变革，以成果为导向，以目标为起点，以考核为核心，重新设计与完善组织结构（机构、职位、功能、权责）。其次，产生“部门墙”的核心原因，是学校的管理不系统、流程不畅顺，导致的管理低效。解决这个问题的有效方法就是进行业务流程的重组和再造。最佳的流程须具备三大特征：可靠、可行和高效。可靠是指学校业务流程能在规定范围内，经济而又可靠地运行；可行是指学校业务流程能够按照预定计划执行，它能够有效地运作，达到事先期望的结果；高效是指学校业务流程中所消耗的金钱与时间都是最少的。

（3）成立项目组。

学校日常的工作都是由各二级单位和职能部门各司其职，需要各部门协调和共同完成的工作和任务常常会出现效率低下的情况。对于特别的一些工作任务可成立临时项目组，从相关部门抽调人员以目标、结果为导向进行协同工作，如遇到难以协调的问题则由校级领导出面会诊解决。项目组将打破传统组织机构直线职能制的特点，形成一种网络化的组织形式，行使一定的权力，在规定的时间内完成项目任务，达到预期目标。任务完成后，项目组自动解散。

（4）主动沟通，避免猜疑。

中层之间出现问题分歧，要找当事人沟通。学校应该倡导这样的风气，要求所有管理人员必须进行彼此间的直接沟通，避免背后的相互议论，造成误会的加深。中层管理者拥有一定的组织资源和决策权，对学校的发展有重大影响，一旦他们之间相互猜疑，副作用极大。因此，在横向管理中，中层管理者彼此间应尽量避免没必要的猜疑。学校对此应建立自上而下的文化和氛围，让主动沟通、有效沟通成为人们的一种自觉行动。

（5）正确面对内部抱怨。

在日常工作和项目推行过程中，经常听到各部门同事的抱怨。如“我很忙，你说得很有道理，可我实在做不过来，我手下又没有多余的人安排”，“这件事情不是我不想按时完成，可是二级学院不及时上交资料，我无法开展工作”。面对这些抱怨，首先，考虑工作是否做到了有所为、有所不为；其次，有所为的工作哪些是紧急而重要的，即需要首先去完成的；再次，重新配置和调整人力资源；最后，形成有利执行力的文化与机制，并坚持执行。

3. 中层如何得到同行的支持

（1）看法不同，缘分相同。

角度不同，结果不一。中层干部由于岗位不同，对某一个事情的看法肯定是不一样的。为此，我们需要学会换位思考。你的看法可能是对的，但是对方的看法可能也有道理，千万不可以说我认为就是这样的，其他想法都是错的。我们需要摆脱本位主义，如果本位主义太多，管理上的矛盾跟冲突就会非常多，于人于己都不是一件明智的事情。最重要的是要有全局观，所有的中层干部都应该有一种大局意识，一定要明白所有的部门协同作战，学校才会有更好的发展。大家要珍惜缘分，缘分让我们在同一平台上做事情，要协同作战，破除本位主义，为了我们共同的事业、共同的家园而携手向前。

（2）尊重第一，道理第二。

有理走遍天下，谁有道理听谁的。但是因为大家都是中层干部，谁也不比谁大，谁也不比谁小，大家都没有强制性。你认为有道理，对方可能认为就是没有道理；你认为这个事情应该这样做，而对方认为就是应该那样做。在这种情况下，对方能不能配合你，能不能支持你，很大一部分取决于平常你在他心目中的位置有多高，平常他对你有没有好感。如果平常他对你有好感，那么这个事情他就会配合你、支持你；如果对方对你没有好感，叫他配合你就比较难。因而平时要尊重对方，还要乐于助人。

（3）高调做事，低调做人。

做工作、出业绩的时候，往前冲、往上跑，做得比人家好，这就是高调做事。但是为人的时候，谈到工作能力，谈到个人工作业绩的时候，自己要谦虚、要内敛，这就是低调做人。关于高调做事和低调做人，这是我们中国的文化。在西方，可能是另外一回事，西方是做得好我就要讲，不讲其他人不知道；而在中国，是希望你做得好，讲得少，大家对你的评价就高，如果你做得好，但是自己到处讲，结果反而降低人家对你的评价。这是东方文化与西方文化的区别。我们倡导高调做事、低调做人，做人不要太张扬，即使你能力强，但是张扬，到最后结果并不好。

（4）淡泊名利，无欲则刚。

中层干部在一起，免不了有一些利益上的纷争。我的建议是退一步海阔天空，今天你努力了，但是没有得到应有的结果，后面可能还有一个更大的机会在等你，而且作为中层无私才能无畏，无欲才能更刚。我们需要放眼未来，有的时候吃小亏是福，自己受点委屈真没什么，这也是中层干部的一个很重要的修炼。作为中层要学会受委屈，不受委屈，你的职业生涯发展反而会更有难度。在此基础上，我们还需要勤奋做事、简单做人，即做事情勤奋一点，做人简单、低调一点。

（5）予人玫瑰，手有余香。

“予人玫瑰，手有余香”，能帮人的地方要帮人，不能袖手旁观。学校是各个部门的联合运作，你今天帮了别人的忙，明天也会有人来帮你的忙，这就是一种合作关系。而且每个部门都有自己独立的业务工作，不可能你需要，其他的部门所有的工作都停下来，就听你的，配合你。所以你要搞清楚对方忙不忙，你去的时机好不好。时机掌握不好，很容易吃闭门羹；时机掌握好，可能效果就比较明显。如果在别人急需帮助之时，你伸出援助之手，在你需要帮助之时，别人也一定会鼎力相助。

关于中层及部门之间的横向合作，我们很多人最佩服的是新加坡南洋理工学院。在赴该校学习交流的日子里，一直被他们那种无界化的组织文化和工作方式所震撼。

新加坡南洋理工学院（NYP）组织无界化的概念是：现实中的问题是不分界限的，因此，工作之间的界限或学科之间的界限也是无法看到的。基于这个原则，NYP把团队协作精神发挥到了极致，不同部门、不同学系之间有求必应，反应迅速，在实践教学和项目研发中密切合作，使不同学系的教学和实践活动得到充分交流，促进了资源与人才的共享，在效率上、效果上、效益上取得了多赢。

无界化就是指没有边界，具体到学院来说，就是没有各个系部之间、系部与学院其他部门之间的明确的分界。这是基于学院整体工作思路而制定的一种工作方式。当一个大型的项目到来时，往往不是某一个系部通过自己的努力就能够完成的，这个时候就需要全院上下，凡是涉及的部门要进行“无界化”的合作。这种合作在新加坡南洋理工学院内也是随处可见的：当一个部门在工作中遇到问题，需要其他部门帮助时，可以提供帮助的部门都会立刻做出正面的积极响应，共同努力完成任务，而并不计较是否会影响到本部门的工作或利益。

“无界化”的概念，实质上就是一种团队合作精神。当这种概念、这种精神被普遍接受和应用时，学院作为一个整体，其工作效率会得到极大的提高，其发展速度和内涵质量也会得到很大的提升。这种“无界化”也不仅仅存在于新加坡南洋理工学院的内部，学校为企业提供技术支持，企业为学校提供实习岗位和就业机会，双方都在不断地为彼此提供着各种形式的帮助和支持。

在各个院系中，课室与实验室组合在一起，使教学与科研、项目研究融合在一起；在项目开发中，院系各部门紧密合作，各学系教职员都积极参与，共享教学资源，例如：工程系、信息科技系、设计系和化学与生命科学系通常进行跨部门工程项目的开发；机械学科和医学工程学科师生组合，研制出能对脑血栓患者治疗有突破性进展的特制金属丝细管；计算机学科和医疗化验结合，用计算机程序对血样进行分析，结果即刻就能在计算机屏幕上显示出来，并还原出病理图案等。

六、有效调动下属积极性

教师是学校中最重要的资源。作为中层，科学地激发教师的工作热情，最大限度地开发这种具有创造性的资源，可以为学校创造财富，促进学校持续健康快速地发展。每个领导都希望自己手下都是“既愿意干活又能干活”的人，但现实中如何才能调动下属的工作热情，让他们动力十足地工作，是摆在中层管理者面前的重要课题。

1．认识什么是激励

哈佛大学维廉·詹姆士研究表明：在没有激励措施下，下属一般仅能发挥工作能力的20%～30%；而当他受到激励后，其工作能力可以提升到80%～90%，所发挥的作用相当于激励前的3～4倍。

有人说：激励是满足人的需要、激发人的动机的一个心理过程。很多领导者看到这个关于激励的概念就会说，知道员工需要涨工资、需要被提拔，可是我没有这个权力或资源，那如何实现激励呢？由此看来，这样对激励进行定义是有问题的，因为确实看到有人有钱有权也未必能够真正激励员工，而有人无钱无权也可以调动员工的积极性。那到底什么是激励呢？

“激励是为了特定目的而去影响人们内在需要和动机，从而强化、引导或改变人们行为的反复过程。”你认同这个定义吗？人的需要和动机有很多种，是可以影响、可以变化的，可以转化到与组织目标相吻合的需求上来，这就要看领导者的影响力了，也就是要看领导的激励能力了。

所以“激励”通俗地说，就是调动人的积极性，使其把潜在的能力充分地发挥出来。从组织的角度来说，领导者激励员工，就是要激发和鼓励其朝着组织所期望的目标表现出积极性、主动性，符合要求的工作行为。

2．学习几个激励理论

激励理论是我们进行激励活动的基础，把握好激励理论，可以让我们进行有效的实践。在此介绍三个主要的激励理论：需要层次理论、双因素理论、公平理论。

（1）需要层次理论。

美国心理学家亚伯拉罕·马斯洛提出的需要层次理论是人们引用较多的经典理论。他认为，人类的需要可分为五个层次：生理需要、安全需要、归属需要、尊重需要和自我实现需要。马斯洛将生理需要和安全需要称为低层次需要，而把归属需要、尊重需要以及自我实现需要称为较高层次需要。马斯洛还认为：人的行为受到人的需要的影响和驱动，但只有尚未满足的需要才能够影响人的行为，已满足的需要起不到激励作用。人的需要由于重要程度和发展顺序的不同，可以形成一定的层次性。马斯洛指出，只有当低层次的需要得到满足后，才会产生更高一个层次的需要。人的行为是受人的主导需要决定的。对于具体的人来说，并不是任何条件下都同时具有这五个层次需要且保持它们之间同等的需要强度。这样，对人的行为方向起决定作用的就是这个人在这一时期的主导需要。

马斯洛的需要层次理论提出后得到了普遍的重视。该理论简单明了，易于理解，也符合人类动机形成的基本规律。但是，需要层次理论也受到了很多的质疑，不少人进行了补充和修正，基本上认为：①对需要五个层次的划分过于机械。②需要并不一定遵循等级层次递增。③很多行为后果可能满足一种以上的需要。④一个人的个人观感对个人的需要和动机有重要影响，有人满足低层次需要后并不一定对高层次需要有所渴求。⑤五个层次的需要都是本我的需要，人还有超我的需要，为信仰、国家、民族等奉献或献身的需要层次；等等。但无论如何，需要层次理论是值得学习与参照的理论。

对于中国高职教师这个群体而言，以上五种需要的重要性排序你认为是怎么样的？会与马斯洛的观点一致吗？按重要性的程度由低到高以序号1～5来表示，请将其序号填入以下括号中。

（　）生理需要

（　）安全需要

（　）归属需要

（　）尊重需要

（　）自我实现需要

对于高职教师而言，他们的需要重要性排序也许与马斯洛的观点不一致。虽然生理需要是最重要的，但教师们选择这个职业，肯定不认为钱是最重要的。何况目前教师的收入也解决了他们基本的生理需要，那排在第一位的对很多人来讲可能是尊重需要，也可能是自我实现需要，还可能是归属需要。事实上，要满足这些需要并不总是需要“钱”、需要“权”。当然，对于刚毕业参加工作的教师来讲，生理需要可能是最迫切的需要，但学校的体制和机制以及新教师的能力与业绩，很难实现通过提高薪酬来调动教师的积极性。你准备如何去做呢？可否通过影响他们内在需要和动机来实现个人目标与组织目标相统一呢？也就是将他们的需要调整到你所具备的资源与能力上来。比方说我没有资源和权限满足他们对于工资和奖金的需要，但可以将他们的需要调整到尊重、归属、自我发展、自我实现方面，而这些我是有能力、有资源去满足的，进而调动他们工作的积极性，实现他们个人发展目标与组织目标的协同统一。

（2）双因素理论。

双因素理论是美国心理学家赫茨伯格所提出的。赫茨伯格通过对 2 000 多名工程师和会计师的访谈调查发现，引起人们不满意的因素往往是一些工作的外在因素，大多数同他们的工作条件和环境有关；能给人们带来满意的因素通常都是工作内在的，是由工作本身所决定的。

赫茨伯格提出，影响人们行为的因素主要有两类：保健因素和激励因素。所谓保健因素是指那些与人们不满情绪有关的因素。保健因素处理得不好会引发人们不满情绪的产生，处理得好可以消除这种不满。保健因素只能起到维持的作用，不能起到激励的作用。所以保健因素又称为“维持因素”，只是为了消除不满，达到满意。

赫茨伯格认为，保健因素主要有以下内容：

①企业或组织的政策及行政管理。

②员工与管理者的关系、地位。

③工作环境和条件、劳动保护、安全。

④工资水平、个人生活。

⑤工作中的人际关系。

而所谓激励因素，是指与人们满意情绪有关的因素。与激励因素有关的工作处理得当，能够使人产生满意情绪；如果处理不当，其不利效果也顶多只是没有满意情绪，而不会导致不满。赫茨伯格认为，激励因素主要有以下内容：

①工作表现的机会和工作带来的愉快。

②工作上的成就感。

③由于良好的工作成绩而得到奖励。

④对未来发展的期望。

⑤职务上的责任感。

双因素理论对我们的启示是：保健因素做到极致，教师对它只是没有不满意，而绝不是满意。另外一个激励因素，包括工作本身的挑战性、他人承认度、带来的成就感以及有没有发展和进步的机会等，它能直接导致满意。保健因素只能达到没有不满意，激励因素则是令人满意，真正调动人们的工作积极性。

（3）公平理论。

“不患寡而患不均”，对于知识分子更是如此。公平理论作为工作激励理论是亚当斯正式提出的。公平理论描述了日常生活中常见的现象，即人们通常都有一种要求受到公平对待的需要。员工不仅把自己的努力与所得报酬做比较，而且还会把自己和其他人或群体做比较，并通过增减自己付出的努力或投入的代价，来取得他们所认为的公平与平衡。

亚当斯认为，人们通过寻求人与人之间的社会公平（即他们所拿到的报酬与其绩效是否相称合理）而被激励。这里所谓的公平是指人们相信相较于他人的待遇，自己也受到了公正的对待。在评估中参照对象起到了十分关键的作用。

根据公平理论，从工作中得到的结果包括薪酬、领导的赏识、晋升、人际关系的变化，以及内在心理上的报酬。得到这些报酬个人所付出的代价是对工作的投入，诸如贡献自己的时间、经验、努力、认识和负责精神等。

人们往往把自己的结果与投入之比与他人（参照对象）的情形相比较。

比较如下：结果/投入（自己）＝结果/投入（他人）

这一对比是非定量的和主观的，比率也是非精确的，但个人的态度却受到影响。在比较中有三种可能的情况：

①感到报酬公平。

②感到报酬不足。

③感到报酬多了。

当人感到报酬公平，心态就容易平衡。有时尽管他人的结果超过了自己的结果，但只要对方的投入相应也大，就不会有太大的不满。

当人们感觉自己报酬相对低了，认为受到了不公平的对待，有可能采取以下措施来求得平衡：

①通过减少努力来降低投入。

②要求加薪来增加报酬。

③使他人改变产出的结果或投入。

④离开或调走。

⑤变换比较目标。

当感觉自己高于合理水平时，对多数人而言，不会有什么问题。但研究表明，在这种不公平下，有些人也会努力减少这种不公平，有可能采取的行为有：

①通过付出更多的努力来增加自己的投入。

②如果计件的话，员工会减少产量增加质量。

③有意无意地曲解原先的比率。

④设法使他人减少投入或增加产出。

公平理论基于对人性的认识而推断，在许多情况下，个人会高估自己的投入和他人的收入，而过低地估计自己的收入与他人的投入，从而经常出现心理上的不公平感觉，导致员工对组织或管理人员不满。即使出现自我感觉高于合理的公平水平，在一段时间内个人可能会加倍工作，但一段时间后，便会在心理上进行自我平衡。公平理论认为，只有在上述比率相等时，才会对员工的行为有激励作用。

公平理论对中层管理者而言，是有借鉴意义的。首先，我们用报酬或奖励来激励员工时，一定要使员工感到公平合理。其次，作为管理者不仅要做到内部公平，还要注意横向比较、外部比较。最后，公平理论表明公平与否来自个人的感觉，管理者应该注意对员工公平心理的疏导，使其树立正确的公平观念。

3. 调动下属积极性的方法

在学习上述激励理论建立组织的激励机制的基础上，很多中层领导者希望能有些拿来即用的方法，在日常工作中帮助自己调动教师的积极性。下面介绍 10 大类 70 余种调动员工积极性的方法，供你在实际工作中有针对性地合理运用。

（1）榜样激励。

为员工树立一根行为标杆是激励的第一要素。在任何一个组织里，管理者都是下属的镜子。可以说，只要看一看这个组织的管理者是如何对待工作的，就可以了解整个组织成员的工作态度。“表不正，不可求直影。”要让员工充满激情地去工作，管理者就先要做出一个样子来。

①领导是员工们的模仿对象。

②激励别人之前，先要激励自己。

③要让下属高效，自己不能低效。

④塑造自己进取有为的形象。

⑤做到一马当先、身先士卒。

⑥用自己的热情引燃员工的热情。

⑦你们干不了的，让我来。

⑧在员工当中找寻并树立榜样人物。

（2）目标激励。

人的行为都是由动机引起的，并且都是指向一定的目标的。这种动机是行为的一种诱因，是行动的内驱力，对人的活动起着强烈的激励作用。中层领导者通过设置适当的目标，可以有效诱发、导向和激励员工的行为，调动员工的积极性。

①让教师对部门的发展前途充满信心。

②用共同目标引领全体教师。

③把握“跳一跳，够得着”的原则。

④制定目标时要做到具体而清晰。

⑤要规划出目标的实施步骤。

⑥平衡长期目标和短期任务。

⑦从个人目标上升到部门共同目标。

⑧让下属参与目标的制定工作。

（3）授权激励。

有效授权是一项重要的管理技巧，重任在肩的人更有积极性。不管多能干的领导，也不可能把工作全部承揽过来，这样做只能使管理效率降低，下属成长过慢。通过授权，管理者可以提升自己及下属的工作能力，可以极大地激发下属的积极性和主人翁精神。

①不要成为公司里的“管家婆”。

②用成就感调动员工的积极性。

③“重要任务”更能激发员工的工作热情。

④准备充分是有效授权的前提。

⑤在授权的对象上要精挑细选。

⑥看准授权时机，选择授权方法。

⑦确保权与责的平衡与对等。

⑧有效授权与合理控制相结合。

（4）尊重激励。

给人尊严远胜过给人金钱。尊重是最人性化、最有效的激励手段之一。以尊重、重视自己员工的方式来激励他们，其效果远比物质上的激励要来得更持久、更有效。可以说，尊重是激励员工的法宝，其成本之低，成效之卓，是其他激励手段都难以企及的。

①尊重是有效的零成本激励。

②对有真本事的大贤更要尊崇。

③责难下属时要懂得留点面子。

④尊重每个人。

⑤不妨用请求的语气下命令。

⑥尊重个性即是保护创造性。

⑦尊重下属的个人爱好和兴趣。

⑧尊重部门中的非正式组织。

（5）沟通激励。

下属的干劲是“谈”出来的。管理者与下属保持良好的关系，对于调动下属的热情，激励他们为企业积极工作有着特别的作用。而建立这种良好的上下级关系的前提，也是最重要的一点，就是有效的沟通。

①沟通带来理解，理解带来合作。

②建立完善的内部沟通机制。

③消除沟通障碍，确保信息共享。

④善于寻找沟通的“切入点”。

⑤与下属谈话要注意先“暖身”。

⑥沟通的重点不是说，而是听。

⑦正确对待并妥善处理抱怨。

⑧引导下属之间展开充分沟通。

（6）信任激励。

信任是诱导他人意志行为的良方。领导与员工之间应该要肝胆相照，你在哪个方面信任他，实际上也就是在那个方面为他勾画了其意志行为的方向和轨迹。因此，信任也就成为激励诱导他人意志行为的一种重要途径。

①信任是启动积极性的引擎。

②用人不疑是驭人的基本方法。

③信任年轻人，开辟新天地。

④对业务骨干更要充分信赖。

⑤切断自己怀疑下属的后路。

⑥既要信任，也要激起其自信。

（7）宽容激励。

胸怀宽广会让人甘心效力。宽容是一种管理艺术，也是激励员工的一种有效方式。中层领导者的宽容品质不仅能使员工感到亲切、温暖和友好，获得安全感，更能激励员工自省、自律、自强，让他们在感动之中心甘情愿地为组织效力。

①宽宏大量是做领导的前提。
②宽容是一种重要的激励方式。
③原谅别人就是在为自己铺路。
④给犯错误的下属一个改正的机会。
⑤得理而饶人更易征服下属。
⑥善待“异己”更能收拢人心。
⑦容许失败常常等于鼓励创新。
⑧要能容人之短、用人所长。
(8) 赞美激励。

任何人都渴望得到别人的赞美和肯定。赞美是一种非常有效而且不可思议的推动力量，它能赋予人一种积极向上的力量，能够极大地激发人对事物的热情。用赞美的方式激励员工，中层领导者所能得到的将会远远地大于付出。

①最让人心动的激励是赞美。
②用欣赏的眼光寻找下属的闪光点。
③懂得感恩才能在小事上发现美。
④摆脱偏见，使称赞公平公正。
⑤赞美到位才会有良好的效果。
⑥当众赞美下属时要注意方式。
⑦对新老员工的赞美要有区别。
(9) 竞争激励。

在部门内部建立良性的竞争机制，是一种积极、健康、向上的引导和激励。领导者提供赛马的机会给下属，能充分调动员工的积极性、主动性、创造性和争先创优意识，全面地提高部门的活力。

①竞争能快速高效地激发士气。
②建立健康有序的竞争机制。
③活力与创造力是淘汰出来的。
④用“鲇鱼式”人物制造危机感。
⑤用“危机”激活团队的潜力。
⑥引导良性竞争，避免恶性竞争。
(10) 文化激励。

团队文化是推动组织发展的原动力。它对组织发展的目标、行为有导向功能，能有效地提高工作效率，达成工作绩效。优秀的团队文化可以改善员工的精神状态，熏陶出更多的具有自豪感和荣誉感的优秀员工。

①团队文化具有明确的激励指向。
②团队文化是长久而深层次的激励。
③用优秀的团队文化提升战斗力。
④用团队价值观同化全体员工。
⑤强有力的领导培育强有力的文化。
⑥用良好的环境体现组织文化。

七、提升中层领导的执行力

高职院校中层的执行力，指的是贯彻学校战略规划、完成预定目标的能力，是把学校战略、规划转化成为部门工作特别是成果的关键。执行力包含完成任务的意愿、完成任务的能力和完成任务的结果。执行力，就个人而言，就是把要做的事做成功的能力。

一个学校的执行力需要各个层面的人共同努力。决策层定位于“做正确的事”，中层领导定位于“做事正确”，基层员工的定位是“正确地做事”。那么，为什么要如此强调中层领导的执行力？首先要充分认识中层领导自身的地位和作用。中层领导是各部门的负责人，是中层执行者，是连接高层领导班子和普通员工的纽带，是每一个部门的中坚力量，其自身角色应定位准确，方法正确，执行力强；若自身角色定位不准，角色错位，职责不清，执行力就下降。

1. 中层领导力自检与自省

我在企业时，每个季度对中层都有执行力的考核与评价，主要是根据相应的标准分别由基层评价、中层互评和高层评价，然后找出问题、相互沟通，不断提升和完善。虽然高校短期内还很难进行执行力的评价，但是我们可根据下列的评价指标（见表 1 – 1）去自检和自省。

表 1 – 1　中层领导执行力评价表

序号	与执行力有关的问题	基层评价	中层互评	高层评价
1	领会学校发展目标，并有效制定本部门目标，推动部门达成目标			
2	将学校、部门的全部重要信息向下属及时、有效地传达，不截留信息			
3	能做到实事求是，不会“报喜不报忧”			
4	自身、上司、同事都认为你能严格遵守规章制度			
5	让自己和团队迅速领悟变革，积极适应并推动变革			
6	上级交办工作很放心，你不会常被上级或同事催着办事			
7	很少说“大概”“还行”等含糊词语，养成用数据说话的习惯			
8	发现问题能提出可操作的解决方案，而不只是停留在对问题的抱怨上			
9	善于从系统的角度去解决问题，通过改善流程或改善执行，预防类似问题发生			
10	所有请示、邮件、申请、电话等事项，都能及时在要求时间内答复			

续上表

序号	与执行力有关的问题	基层评价	中层互评	高层评价
11	善于学习，虚心听取他人意见			
12	在执行力方面，以身作则			
13	坚持把日常工作不折不扣地高标准完成，做到日事日毕			
14	“全力以赴”以最快的效率完成工作目标，不等、不靠，不是所谓的“尽力而为”			
15	习惯先从自身找问题，而不是找借口把责任推给客观原因和他人			
16	给下属明确的工作计划和任务，根据变化及时调整并跟踪任务完成情况，及时向下属反馈他的业绩、你的期望和对他的评价			
17	对工作有强烈的责任感，认识到自己的工作对同事、团队、部门会有很大影响			
18	你的团队成员和你一样忙，而不是只有你自己在忙，在成熟业务上你的下属比你做得还好，而你有时间拓展新业务或尝试创新			
19	善于总结，善于知识管理，使自身和骨干的经验、能力转化为团队的知识和能力			
20	具有强烈的进取心，能以极强的主动性，独立自主地以极大热情做好自己的工作			
评分合计				

2. 执行力差的主要原因

（1）不知道干什么。

很多高职院校的中层领导抱怨：20% 的人干着 80% 的活，80% 的人干着 20% 的活。可有不少教师却说，除了按部就班地上课，不知还应该干什么，以至于有很多人认为在大学当个教师是最舒服的一件事。如果一个部门有不少教师是这种状态，谈何执行力？学校的战略如何落地？部门的发展从何谈起？没错，上课是教师的天职，但如果教师不知道高职教育的规律，不过问高职教育的改革，不关心“95 后”学生的学习特点，不了解服务的行业和企业，这样的课从早上到晚又有何意义？教师们不知干什么，到底问题出在哪？我想主要是两个方面的原因，一是部门领导自己也不能确切地知道让教师们干什么；二是不知道如何让教师们愿意干、用最好的方法把事干成，所以干脆就不干。

（2）不知道怎么干。

相对“不知道干什么”，有更多的年轻教师是“不知道怎么干”。面对自上而下的大量的项目、任务，很多教师不知从何做起，做了也经常是做不成或应付了事。这不全是教师们的态度的问题，更多是能力的问题。许多年轻教师没有受过专业的训练、经过师傅带徒弟的悉心培养，更没有人教给过他们做事的正确高效的方法，一切靠自己摸索，的确有很长的路要走。当然，这里面还有一个比较普遍的深层次原因，就是学校中高层领导业务能力不强，自己不知道怎么干，就没法对下面的人说清楚。校领导说不清，中层领导也说不清，教研室主任还说不清，最后是真正执行的最底层的教师就是不会干，有苦又说不出。

（3）干起来不顺畅。

这些年各高职院校还是引进了大量高层次人才，他们业务水平高，工作能力强，但开始工作后就不断感慨："为什么做点事那么难？"一件事好像人人都管，可人人都管不了；"多干活多犯错，不干活不犯错，只要态度好就行"，很快工作热情就被消耗殆尽。作为中层的确有难处，但可否由从我做起撕开一个突破口，去改变那些推诿扯皮、效率低下的流程与环节？当然，如果我们没有能力去改变，就必须适应我们不能改变的，并将这一理念传递给我们的下属，至少要在本部门内形成一种"改变他人不如改变自己"的文化，进而将"发现问题、上交问题、抱怨问题"转化成为"面对问题、消化问题、解决问题"的文化。否则"干起来不顺畅"这个问题就会滋生不满和怨气，甚至演变成"哀莫大于心死"的可怕局面。

（4）不知道干好了有什么好处。

不少高职院校及中层单位和部门尚未能建立起科学合理的绩效考核体系，以至于在很多工作面前，教师们不知道干好了有什么好处，干不好有什么坏处。我们管理学院 60 余名教师，有财政编制的只有 25 个，有编制和没编制的教师收入相差较大，人员流动是必然的。我说：我不奢求与你们天长地久，但我们在一起一天，我对你的发展负一天责任，也请你对管理学院的发展尽一天职责。也许你在管理学院得到的金钱收入不多，我也无力解决，但你们在我院得到的收入 = 金钱收入 + 能力收入 + 经验收入 + 业绩收入 + 情感收入。我们认为那种抱着"给多少钱、做多少事"态度的人是最傻的，因为你在这里做了几年，钱没挣多少，能力没有培养，经验没有积累，业绩没有提升，情感也没有满足，以后连跳槽的能力和机会都没有。如此下来，教师就知道干和不干不一样，干好和干坏也不一样了。

3. 解决执行力差的方法

清楚了执行力差的原因，解决的办法也就变得明朗了，那就是要做到"目标明确、方法可行、流程合理、激励到位、考核有效"。下边我以我们管理学院落实广东省一流高职院校建设计划中关于科研与社会服务相关指标为例，来说明工作的目标、方法、流程及激励与考核。

"科研与社会服务"一直是我们管理学院的短板，我校获得广东省一流高职院校建设项目立项后，分配给我们的相关指标主要是：建设期四年要完成 50 篇核心论文；400 万元纵向科研课题到账；200 万元横向技术服务到账；省部级以上课题 4 个（其中国家级 1 个）；专利 4 个；社会培训 1.08 万人次，培训到账经费 320 万元；等等。这只是科研与社会服务部分，关于教学改革和人才培养还有更多指标。工作目标已经非常明确，到底用什么样的方法、流程去实现，如何激励与考核，就成了摆在我们面前的关键问题。

我们的想法是必须将部门的发展与教师的个人职业发展协同起来。为此在新学期开学第一周，管理学院即召开了为实现一流高职院校建设任务而组织的个人与学院协同发展研讨会，10 位不同岗位的教师从不同侧面分享了个人与学院的协同发展。在此基础上，向全院教师发放职业发展意向问卷。问卷如下：

管理学院教师职业发展意向调查问卷

为了解各位老师未来三年的职业发展意向，优化服务工作，请配合填写此问卷，并在 3 月 21 日前将电子版反馈给院办黄老师。

姓名：　　　　教研室：　　　　职称：　　　　学历：

1. 是否有职称晋升计划？

A. 否　　　　B. 是，拟晋升__________（讲师、副高、正高）

2. 是否有学历进修计划？

A. 否　　　　B. 是，拟进修__________（硕士、博士、博士后）

3. 是否有课题申报计划？

A. 否　　　　B. 是，申报领域：

4. 是否有发表论文计划？

A. 否　　　　B. 是，写作方向：

5. 是否有指导学生参加技能竞赛意愿？

A. 否　　　　B. 是，拟参加__________比赛

6. 是否有课程建设计划？

A. 否　　　　B. 是，拟建设__________课程

7. 是否有申报专利、软件著作权、外观设计著作权等计划？

A. 否　　　　B. 是，拟开发__________作品

8. 是否有开发社会服务项目计划？

A. 否　　　　B. 是，拟开发__________服务

9. 希望得到的支持：

（1）课题申报指导

（2）如何指导学生技能竞赛

（3）如何发表高质量论文

管理学院

2017 年 3 月 15 日

回收问卷后我们进行了认真的分析、总结，并有针对性地提出了近期的工作安排，针对教师们个人职业发展的需求，对照管理学院的发展目标，落实各项相关工作，具体如下。

管理学院教师职业发展意向摸底情况及工作安排

一、摸底基本情况

本次对管理学院教师职业发展意向摸底调查回收56份问卷，82%的教师有职称晋升意愿，27%的教师希望进修更高层次学历，87.5%的教师有申报课题的想法，91.1%的教师想发表论文，78.6%的教师希望指导学生竞赛，57%的教师有课程建设计划，8位教师有意获得专利（软件著作权），打算开展社会服务项目的教师占37.5%。

各位教师希望得到的服务或支持，按照关键词出现频数列示如下：

1. 科研能力培训，包括申报课题、论文撰写、科研经费使用、理论研究方法等。
2. 竞赛指导能力培训。
3. 参加科研团队。
4. 资金支持，主要是科研经费。
5. 场地支持，包括社会服务项目场地、实验室等。
6. 对接社会资源，拓展社会关系，争取项目合作。
7. 外出交流学习。
8. 专注于教学和科研工作的支持。
9. 企业实践。
10. 职称晋升指导。

二、相关工作安排

1. 组织开展系列科研能力培训活动，以校内外专家报告为主，由谭院长牵头。

2. 组织开展系列竞赛指导交流活动，以校内外竞赛指导教师分享为主，由胡院长牵头。

3. 请科研能力强的教师牵头组建科研团队，邀请专家指导团队教师确定研究方向与研究计划，结合管理学院与学校签订的责任书中关于一流校科研任务与业绩指标要求，在资金上给予支持，由谭院长牵头。

4. 组织一次关于职称评审的学习活动，让教师们把握评审政策，明确努力方向，由教师发展中心牵头。

5. 与有意申请专利或著作权的教师单独沟通，根据条件进行支持，由谭院长牵头。

6. 个别教师提出关于场地、实验室、岗位配置等方面的需求，因为是个性化需求，择机单独沟通。

7. 关于行政人员外出交流与学习的问题，由阚院长牵头，并在全体教师会议上予以说明。

管理学院

2017年4月15日

管理学院各中层领导按上述分工及工作安排，落实各项工作任务，务求实现一流高职院校建设的相关任务与目标。但我们在工作中发现，科研工作的难度很大，不是搞几次培训即可解决问题，必须要有关键的几个学术带头人带领大家去完成这些业绩指标和标志性成果，为此，我们研究制定了《管理学院学术带头人培养计划》，并以文件的形式下达。

管理学院学术带头人培养计划

（2017 年 7 月—2019 年 6 月）

根据我校关于一流高职院校建设任务书的要求，结合管理学院发展需要，用两年时间培养一批学术研究方向明确、特色突出、团队齐整的学术带头人。

一、学术带头人的培养领域与数量（见表 1）

表 1　学术带头人的培养领域与数量

序号	专业领域	数量/人
1	店长职业教育	1
2	中国特色现代学徒制	1
3	中小企业创新与创业教育	1
4	零售业发展	1
5	供应链管理	1
6	电子商务	1
7	门店管理与技术创新	1
8	日用化学品创新	1
9	零售数据分析	1
10	顾客服务体验	1
11	学生服务	1
12	教师发展	1
13	职业技能竞赛	1

二、学术带头人遴选条件

学术带头人培养对象须接受过系统化的学术研究训练，具有主动开展科学研究的意愿，具备主持项目团队的品质、意识与能力。在此基础上，学术带头人培养对象应符合如下条件：

1. 近三年来发表论文论著合计 2 篇（部）以上或有专利授权 2 项以上。
2. 近三年来获得市级以上课题 1 项以上。
3. 对所在专业领域的研究状况及发展动态有全面认识与深入理解。
4. 对未来两年的研究工作有切实可行的计划。

5. 年龄不超过45周岁。

6. 谨守学术道德规范。

三、学术带头人遴选流程

采取个人自荐与科研工作负责人推荐两种方式提出备选名单，遴选流程如图1所示。

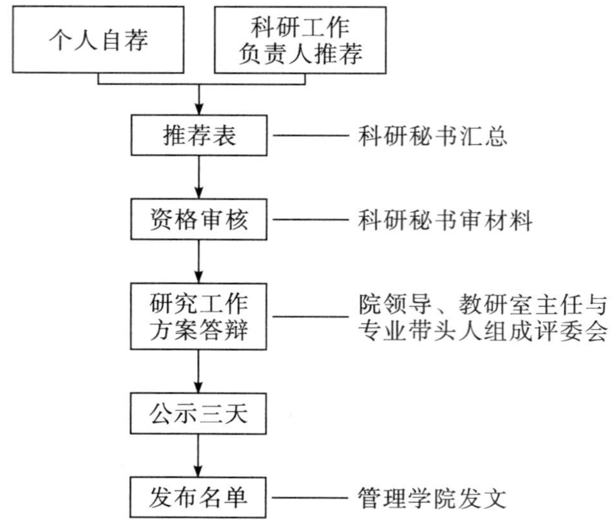

图1　学术带头人遴选流程

四、业绩要求与学术带头人认定

（一）业绩要求

学术带头人培养对象在两年培养期内，需要按照研究工作方案开展相关工作，并要达到如下业绩标准。

1. 形成具体的研究方向与研究主题，并有代表性成果。代表性成果可以是论文、论著、研究报告、专利授权、课题立项等形式。

2. 建立了研究团队，开展了具体的研究工作，在相关成果中有具体体现。

3. 团队合计发表科研论文4篇或论著4部，新增省级以上课题1项。

4. 面向教师或学生开展学术报告4次。

5. 团队成员参加本专业领域全国性学术会议不少于4次。

6. 成为本专业领域学术组织的会员。

7. 形成本专业领域代表文献资源积累，图书不少于20部，其他文献不少于120份。

（二）学术带头人认定

培养期结束后，学院组织培养对象进行汇报，对通过评价的培养对象，由学院发文认定为学术带头人，享受学术带头人相应待遇。关于学术带头人的待遇另行规定。

五、配套支持

学院将整合院内便利条件及相关资源，支持学术带头人培养对象开展研究工作，具体包括：

1. 在学院内部预算中列支学术带头人培养专项经费。

2. 在排课过程中，为学术带头人培养对象提供开展科研工作的便利条件。

3. 优先安排学术带头人培养对象下企业学习。

4. 优先安排学术带头人培养对象参加学术型进修培训活动。

5. 安排科研服务人员协助学术带头人培养对象办理经费报销、设备申购等事务性工作。

6. 选择合适地点，建设研究团队研讨专区，设立研究文献陈列设施。

7. 依据学校关于教师工作量的相关规定，考虑学术带头人培养对象的工作需求，给予适当支持。

六、检查与考核

培养期间，管理学院组织对培养对象研究工作进行检查，对没有认真履行责任的培养对象，由院长办公会商定处理意见。

管理学院

2017 年 6 月 21 日

第二部分 确定发展战略

有一个词叫“折腾”，为什么会折腾呢？是因为没有方向。近年来中国的高职教育从不缺理念，也不缺大的方向，可为何教师们还是常常抱怨“折腾”呢？一个学校的高职教育到底如何发展，战略如何确定？它一定是一个自上而下又自下而上反复融通的过程。到底是学校办二级学院还是二级学院办学校，哪一种方式才能促进学校健康快速发展呢？这一定也是一个上下融通的过程。而现实情况往往是二级学院等着学校的顶层设计，顶层设计出来后又会抱怨不符合自己学院的实际；有些学校则认为各二级学院情况各异，很多方面难以进行顶层设计，即使有也难以实施。由此很多学校制定战略规划要经过上上下下几个回合，在这个过程中有些二级学院会根据自己的情况率先制定本学院的发展战略，进而成为支撑学校发展的重要支柱；也有些二级学院无所适从，“等、靠、要”成了惯用的工作方式，而学校又常常是“看苗浇水”，这些学院就在抱怨中慢慢衰退，或面对学校的整体战略盲目跟从，不知哪些该有所为、哪些该有所不为，进而找不到自己学院发展的方向，带领教师们瞎折腾，最后有负学生、有负教师，也有负中层这个重要的岗位。

本人做管理学院院长（工商管理系主任）8 年来，一直谨记“方向比努力更重要”。不是说努力不重要，作为一个中层，它一定很重要，但有比它更重要的，那就是方向，也就是二级学院的战略。我作为这个学院的领军人物，不能带错路，否则越努力越背道而驰，越南辕北辙。这需要我们用“脑”工作，而不只是用“力”工作。我们每天都需要有独处的时间静心思考，找寻职业教育和本学院发展的本质与规律，反思日常工作的利弊得失，不能每天很忙，却不知忙什么；不能走出去太远，却忘记为什么出发。“做正确的事与正确地做事”是我日常工作的基本信条，这就是战略和战术的问题，也就是方向和方法的问题。如何才能做到，无非是两个方面的问题：一是事物的自然规律是什么？即高职教育以及商科职业教育的本质是什么？二是我们的具体情况是什么？即我们有形的和无形的资源与能力是什么？只考虑前者会过于理想主义，虽然符合事物发展的本质，但无法真正落地；只考虑后者会过于现实主义，让我们只有眼前的苟且，做教育需要有理想、有情怀。当然难就难在这两个方面都在不断地发展和变化，而且理想与现实总会有不小的距离。

我们的经验是，不要总是抱怨这也不能做，那也不能做，问题的关键是要想清我们可以做什么，有了一些可以做、能做成的事，原来不能做的也就慢慢有了办法。做战略绝不是定目标那么简单，而是首先找到职业教育的发展规律；其次分析外部的环境和内部的条件，找出优势和劣势、机会和挑战；再次是确立发展目标和主要任务；最后是要确立自己的竞争优势，这是确保实现战略目标的关键。本人就任管理学院院长（工商管理系主任）8 年期间，从一上任制订了短期发展的一揽子计划，到后期制定了“十一五”“十二五”两个五年规划，再到每个五年期间又根据工作的实际制订了一些行动计划，为工商管理系和管理学院确立了符合职业教育规律及自身发展实际的战略，找准了前进的方向，实现了预想的目标，现摘选有代表性的几个规划、计划或方案与大家共享。

一、工商管理系谋求发展的“一揽子计划”

本人 2008 年晋升工商管理教授，可当时所在的工商管理系却一穷二白，没有重点专业、没有教学成果，总体水平位于学校 8 个院系的末尾。学校领导动员我，希望我能为学校做更大的贡献，出面来做这个系的领军者。2009 年 1 月 1 日，我从一个教研室主任直接晋升为统管全系的系主任，于我而言的确不易，但好在来工商管理系做教师的 8 年时间里，非常了解系里的情况，自己又身为省教学名师，又是国家精品课程的负责人，深知高职教育的基本规律。本人上任 10 天后，即 2009 年的 1 月 10 日，便向学校领导提交了工商管理系短期发展的一揽子计划。

工商管理系近期谋求发展的一揽子计划

校领导：

工商管理类专业虽然不是近年来中国高职发展的主流专业，但它必定是影响高职办学经济效益和社会效益的一个非常重要的专业群。一个综合性院校的发展要上档次、上水平、有影响力，其管理学院（系）的发展必将是一个重要的支柱。近年来，工商管理系确实落后于其他院系的发展，而随着示范专业建设成果的逐步显现，这种差距会进一步拉大，我们工商管理系全体教师非常有危机感和紧迫感，且知耻后勇，现已动员所有力量，奋起直追，恳请领导给予支持。我们希望这种支持不只是扶贫式的支持，而是恳请领导从全院战略发展的角度来审视工商管理系的未来定位并给予较大力度和较快速度的支持。经过一段时间的调研，工商管理系目前存在的主要问题、对策措施和恳请领导支持的项目如下：

一、工商管理系目前存在的问题

工商管理系目前存在的问题主要是资源的不足，包括财务资源也包括人力资源，包括有形资源也包括无形资源，主要如下：

1. 实训室不足：在全院各系部中最少。
2. 办公室不足：在全院各系部中人均最少。
3. 建设资金不足：没有国家示范专业等项目，建设资金全校最少。
4. 师资队伍不足：数量少，层次不高，观念、理念相对滞后。

5. 现有专业资源不足：专业少且不精，大众化多有特色的少。

6. 品牌与特色资源不足：能够形成品牌和特色的无形资源很少。

二、解决问题的对策措施

我们按存在问题的轻重缓急，近期提出如下对策措施：

1. 建设工商管理系会议室：为专业建设发展、专业学习研讨、教师内部培训、对外合作交流提供场地，也可暂时缓解办公室不足的困境。

2. 建设工商管理产学研中心：为工商管理系的产学合作、工学结合提供一个良好的平台，为工商管理系的快速发展提供一个有利的契机，同时也能为工商管理系吸引优秀人才筑巢引凤。

3. 新增2个专业发展方向：工商企业管理专业（创业管理方向）和市场营销专业（连锁经营管理方向）为专业发展拓展空间，为专业发展打造品牌。

4. 引进2名骨干教师：近期引进2名高层次人员，分别担任工商企业管理、物流管理专业骨干教师，条件成熟可培养其为专业带头人。

5. 统筹规划实训室：针对目前工商管理系校内实训室数量少、档次低的特点，统筹规划工商管理系校内实训基地，建设市场营销专业实训基地（校园学生超市），申请将3号楼二层、三层作为工商管理系实训基地统筹规划。

6. 加强教研室主任、教学秘书、实训员的管理：以教研室主任换届、行政秘书换岗、实训室验收为契机，加强上述三类人员管理，形成以系正副主任为领导、教研室主任为中坚、专业教师为骨干、教学与行政秘书紧密协作、实训室管理员认真负责的一个高效团队。

7. 制定工商管理系教师手册：在工商管理系形成以制度管理为基础、以文化建设为引领的工作氛围，让人人有标准、事事有规范，改变原有工作拖拉、相互推诿的不良局面，让更多的教师成为既愿意干活又能干活的人。

8. 带领教师尽快出成果、出业绩：尽快出成果、出业绩不只是迅速扭转工商管理系落后局面，更是为教师们建立信心。一个团队需要有士气，需要受鼓舞，无疑打胜仗是一个良方。这需要发挥教学名师的带头作用，更要整合现有的资源，依靠一切可以依靠的力量。

三、恳请领导予以支持的项目

1. 工商管理系关于会议室建设的请示（希望下学期开学投入使用，培训教师得有场地，已上报张院长）。

2. 工商管理系关于在学校南郊设立“工商管理产学研中心”的场地申请（已上报张院长、科技处）。

3. 工商管理系关于设置工商企业管理专业（创业管理方向）可行性分析报告（已上报教务处、王副院长、张院长）。

4. 工商管理系关于设置市场营销专业（连锁经营管理方向）可行性分析报告（已上报教务处、王副院长、张院长）。

5. 关于创业管理方向自主招生一个班（50人左右）的申请（已口头报告学生处）。

6. 关于调入纪××、付××担任工商企业管理、物流管理骨干教师的申请（已上报人事处）。

7. 关于推荐工商管理系教研室主任人选的申请报告（已上报人事处）。

8. 工商管理系关于给予教学秘书黄××副主任科员的建议报告（随后上报人事处）。

9. 关于在西区学生宿舍楼附近建立市场营销专业实训基地（校园学生超市）的请示报告（已与张副院长沟通，相关报告开学后上交）。

10. 关于将3号楼二层、三层作为工商管理系实训基地统筹规划的请示（具体方案随后上交）。

工商管理系

2009年1月10日

二、工商管理系“十二五”发展规划

工商管理系“十二五”发展规划是本人任系主任后着手起草的第一个完整的五年规划。此时工商管理系经过2年的全面建设与发展，相关制度已经完善，团队文化已经确立，专业建设基础已经形成。如果说2009—2010年是我们夯实基础的阶段，那“十二五”期间则是我们快马加鞭、持续改进、不断创新的五年：2011年，我们成立了校企双主体办学的“华好学院”；2012年，我们成立了统管全校创业教育的“创业教育中心”，以优秀的成绩完成了省示范建设验收；2013年，我们全面启动了教学方法与工作方法的改革；2014年，我们完成了专业结构的调整、项目化课程体系的改造，成立了校企双主体办学的“百果园学院”，成立了教师发展中心；2015年，我们实施现代学徒制试点，推行“翻转课堂”教学模式改革，成立了百果园职教联盟，成立了管理学院科研中心。这期间，管理学院（2014年工商管理系改名为管理学院）教学改革荣获2014年国家教学成果奖；所有专业建设成为省重点或市重点专业，2门课程获国家精品资源共享课，3个基地成为省级校外实训基地，组建起拥有省级教学名师、省级教学团队的师资队伍；社会培训与服务全面开展；学生培养质量全面持续提升，优秀学生不断涌现。回首走过的路，所有这些都离不开我们工商管理系“十二五”发展规划的制定与实施。

广州番禺职业技术学院工商管理系“十二五”发展规划

一、“十一五”工作回顾

（一）“十一五”取得的成绩和经验

“十一五”期间工商管理系按照“搭班子、定战略、带队伍、定制度、抓落实、出成绩”的工作思路在专业建设、课程建设、实训基地建设、师资队伍建设、校企合作以及学生培养和就业等方面取得了较大的成绩。

1. 注重领导班子建设，根据《番职院教学单位领导班子工作条例》的相关要求，三位领导精诚团结、优势互补，既有分工又有合作地进行了各自的工作安排，并按学校要求坚持每周一次召开系党政联席会议，在充分沟通的基础上就系内重大问题进行集体决策并达成共识。

2. 在对全系各项工作进行充分调研的基础上，工商管理系提出了谋求未来发展的一揽子计划，其中专业建设是重中之重。针对专业少且不精、大众化多且有特色的少这样的专业发展状况，确立了“调整专业结构，重整专业布局”的工作思路。经过深入广泛的调研和可行性分析，工商企业管理专业申请设立“创业管理”这一新的专业方向，市场营销专业申请设立“连锁经营管理”这一新的专业方向。在此基础上，两个专业方向又进行了新专业的申报。2009 年“创业管理”实施了单独招生，2010 年连锁经营管理专业正式成立。至此，工商管理系形成以“创业管理”和“连锁经营管理”为特色，以工商企业管理专业为中心，以物流管理专业为龙头，以市场营销和电子商务专业为两翼的 6 个专业建设格局。

3. 2009 年工商管理系申报了两个省示范建设项目。一个项目是以工商企业管理专业为中心，确立了素质与能力层层递进、工作与学习反复交替的人才培养模式。该专业将带动创业管理、市场营销、电子商务、连锁经营管理 4 个专业，通过资源共享、优势互补，谋求各个专业的共同发展。我系为这 5 个专业搭建一个共同的基础平台，实现课程、教材、师资、实训基地的共享。另一个项目是物流管理，并为该专业确立了“企业内植、实境耦合”的人才培养模式，通过与企业全方位、全过程的合作，实现对学生职业岗位能力和素质的培养。2009 年市场营销专业成为广州市示范建设专业。

4. 在确定了“调整专业结构、重整专业布局”的工作思路之后，工商管理系就将工作重心转移到“建立各项制度，狠抓工作落实”上来。经过一段时间的酝酿和准备，出台了《工商管理系教师手册》。从此工商管理系的管理以制度为基础、以文化为导向，做到人人有标准，事事有规范，通过制度的落实走上规范化、程序化的轨道，将制度逐步形成一种文化，进而成为全体教师一种自觉的行动。工商管理系以校领导的希望为动力，确立了“进取、高效、真诚、友好”的团队文化。

5. 经过周密的筹备，工商管理系成立了工商企业管理、市场营销、电子商务、物流管理等 4 个专业指导委员会，全面推进校企合作和专业建设。系领导带领各专业教师走访企业近百次，建立校外实训基地 40 余个，每个专业均有 2 个能实现顶岗实训的核心紧密型合作企业，订单培养企业有 5 个，校企合作开创了非常可喜的局面。

6. 工商管理系加大课程建设力度，建设 22 门网络课程，9 门精品课程，2 门国家级课程，3 门省级课程，4 门市级课程，9 门校级课程。其中工商模拟市场实训、职业规划与成功素质训练获国家精品课程，通用管理能力获省级精品课程，推销实务获市级精品课程。工商模拟市场实训获广州市网络课程一等奖。

7. 根据工商管理系专业建设与发展规划，制定了实训基地建设规划，完成了创业产业园、校园超市、产学研中心、工商系信息化项目的建设方案以及第三实训大楼工商管理系实训室的平面布置和建设方案。

8. 按照学校安排圆满完成本系负责的国家示范性建设 22 个三级子项目的验收工作，

并以较高的质量完成了本系数据平台的填报工作。

9. 2009年9月，启动“青蓝工程”，目的就是要通过加大教师培养力度，优化师资结构，提高师资水平，全面提升青年教师的专业品质、专业知识和专业技能。“青蓝工程”分两步走，第一期用1年的时间培养一批合格乃至优秀的高职“双师型”讲师；第二期用3~5年的时间培养一批合格乃至优秀的高职“双师型”副教授。“青蓝工程”第一期培养任务简称“十个一”方案，已全面完成。

10. 加强师资队伍的培养，定期或不定期地进行培训，培训内容主要涉及四方面。一是宏观方面的高职教育未来发展的定位与思考；二是中观层面的各专业人才培养模式和课程体系的建立；三是微观层面的高职教师的角色定位与课堂教学方法；四是教师的职场竞争力和职业发展等。在每个学期末召开专业建设总结与规划研讨会，还召开了一次全系教师的说课比赛、一次青年教师的课程设计汇报会以及全体教师的课程标准研讨等。“十一五”期间工商管理系有一名教师获得广东省教学名师，工商企业管理教学团队获院首届优秀教学团队。

11. 按照上级有关部门的要求组织学生参加各种技能大赛，先后获省级以上大奖30余项；组织本系创业管理、网上创业、市场营销技能、ERP、物流管理以及工商模拟市场专业技能大赛，每年均有千余人次参加并取得良好效果。

12. 以联合国教科文组织提出的“教育的四大支柱”为指导，培养学生学会认知、学会做事、学会相处和学会生存等基本素质，学生综合素质好、岗位适应能力及转换能力强、就业岗位广、就业率高、创业能力强，且有良好的可持续发展能力。良好的专业人才培养体系和科学的教学模式培养了一批又一批优秀的学子。我系黄晶晶同学荣获“全国三好学生”称号。而在近年来的广东省大学生“挑战杯”创业大赛上我系学生更是屡创佳绩。得益于地方良好的经济发展优势、广州番禺职业技术学院的示范建设以及系师生的不懈努力，近年来工商管理系毕业生的一次就业率均在99%以上。

（二）存在的问题分析

1. 工商管理系现有教师35名，其中副教授及以上的仅5名，讲师12名，其余为尚未获得中级职称的青年教师。由此看出，教师职称结构极不合理，给工商管理系的教学改革特别是科研与社会服务的发展带来较大的困难。

2. 通过省示范校的建设，工商管理系各专业获得了良好的发展，但依然处于追赶的局面，还没有真正形成自己的品牌和特色，与国家示范校建设中形成的重点专业相比，还未能实现领先，专业建设依然任重道远。

3. 工商管理系现有实训条件非常有限，仅有一个物流实训室、一个ERP实训室和一个设备陈旧的机房，严重影响了学生实践能力的培养，从而也影响了各专业建设的质量和速度。

4. 工商管理系对外服务的能力还较弱，虽然有一定数量的对外培训，但主要集中于个别人，还缺少一个能承担企业和社会培训与咨询的团队，这一问题主要源于师资队伍的现状。

二、“十二五”发展形势分析

（一）人才培养面临的经济环境分析

中国高职教育以“就业”为导向，这一点毋庸置疑。当前能承载大量从业者的产业和岗位依然是低端的制造业及高技能的操作人员。所以很多人认为只要我们的大学生能够就业，不妨将教育的重心下移，暂时不考虑高职与中职的区别。对于不少高职院校来讲，他们的专业设置决定了他们人才的培养定位很难区别于中职，若坚持以就业为导向，就没必要非得区分高职与中职。但从长远发展来看，如果高职生挤占了中职生的就业岗位，中职生挤占了农民工的岗位，这从总体上并不能解决中国的就业问题。因此，高职到底如何进行专业设置、如何进行人才培养定位，才能适应中国经济及行业企业的需要，才能在一定程度上引导中国经济与产业的发展，这是我们需要考虑的问题。“就业、择业与创业”绝不是学生个体层面的问题，更是专业设置以及院校办学方面的问题。高等职业教育的“高等性”是一个无法回避且未来必须要面对和解决的问题，否则将没有我们的发展空间。高职院校不能培养只是与农民工抢饭碗的高职生，尤其像我们这样的学校。

（二）专业建设面临的产业背景分析

《珠江三角洲地区改革发展规划纲要（2008—2020年）》提出：“重点发展金融业、会展业、物流业、信息服务业、科技服务业、商务服务业、外包服务业、文化创意产业、总部经济和旅游业，全面提升服务业发展水平。”规划中还提出：“完善创业扶持政策，健全创业服务体系，加强创业培训，构建全国性的创业带动就业孵化基地……建立创业投资引导基金，发展创业投资。创新中小企业融资模式。”从中可以看出无论是物流管理专业、电子商务专业还是创业管理方向都有着非常好的产业支持与发展背景，而工商企业管理和市场营销是面向所有行业、所有企业的传统专业，无论经济社会如何变化，其市场需求将长期存在，而专业能否发展的关键在于自身的办学质量。

（三）创业教育面临的政策环境分析

创业教育已在世界范围内引起普遍重视，成为国际教育界的潮流，同时也是世界经济和社会发展的必然要求。虽然创业教育在我国高校已开展10年，但我国创业教育水平仍然处于初级阶段。因为大部分高校不仅缺乏对创业教育的理性认识，更缺乏统一协调、有效运作的组织机构，缺乏从事创业教育的高素质师资队伍，缺乏有利于开展创业教育的大学文化，没有形成高校创业型人才培养的有效模式。今年5月下发的《教育部关于大力推进高等学校创新创业教育和大学生自主创业工作的意见》明确指出：“创新创业教育是……一种教学理念与模式。……创新创业教育要面向全体学生，融入人才培养全过程。……以改革人才培养模式和课程体系为重点，大力推进创新创业教育工作，不断提高人才培养质量。加强创新创业教育课程体系建设，把创新创业教育有效纳入专业教育和文化素质教育教学计划和学分体系。”我校已连续多年毕业生就业率达到全省第一，我们无须像其他学校那样再固守“以就业为导向”，而应该向更高更远的目标努力。我校要在未来发展中永保示范地位，成为高职领军院校，就必须要以前瞻的思想、超前的行动、扎实的工作将创业教育做出成果、做出特色。

三、“十二五”发展规划

（一）指导思想

以《国家中长期教育改革和发展规划纲要（2010—2020）》《国家中长期人才发展规划纲要（2010—2020）》《珠江三角洲地区改革发展规划纲要（2008—2020）》的精神为

指导，积极探索中国高职教育的“高等性”“职业性”和“教育性”的规律，完善专业建设，大力优化人才培养结构，全面提升人才培养质量。贯彻落实《教育部关于大力推进高等学校创新创业教育和大学生自主创业工作的意见》的具体要求，站在全校战略发展的角度重新审视工商管理系的未来定位。在今后五年中，“创业教育”将会成为中国高职进一步发展的重要趋势，工商管理系有责任有义务也有能力为我校的创业教育做出最大贡献，“十二五”期间要将工商管理系建设成为支撑学校发展上新高度的一个重要支柱。

（二）基本原则

1. 本着务实、创新的原则，突出高职教育与本科及中职不同的办学特色，在突出“职业性”的同时，强调“高等性”和“教育性”，切忌将“高等”下移为“中等”，将“教育”视作“培训”。

2. 虽然中国的经济结构决定需要大量的一线操作型人才，但是高等职业教育不能培养只是与农民工抢饭碗的高职生，因而要从单纯的“以就业为导向”转变为“以优化就业岗位和促进学生创业”为导向。

3. “学以致用”和“一技之长 + 综合素质”的理念与目标是经实践检验，确保我校高等职业教育持续健康发展的理论基础与重要依托。它不仅是对学生的要求，更需要教师去践行。

4. 根据人才市场的需求和我们拥有资源的现状，工商管理系各专业的人才培养要走“大平台、宽基础、高素质、强技能”的发展道路，因而各专业要遵循“资源共享、优势互补、有机结合、共同发展”的原则。

5. 工商管理系的发展本着多方共赢的原则进行，要为学生的成长提供更好的环境，为教师的成长打造更有利的平台，为学校的发展做出更大贡献，最终实现学校、院系、师生多方共赢，共同发展。

（三）发展目标

1. 战略目标。

“十二五”期间，工商管理系以人才培养（学生和教师）为核心，以专业建设为重点，以创业教育为特色，形成涵盖工商企业管理、创业管理、物流管理、市场营销、电子商务、连锁经营管理 6 个专业的建设格局，确立打造 2 个广东省示范专业、1 个广州市示范专业、1 个校级重点专业和建设 2 个新专业的发展目标，至 2015 年工商管理系在校生规模达到 1 600 人左右。在保持高就业率的同时，工商管理系要优化毕业生就业岗位，提高学生薪酬水平和可持续发展能力；打造一支高素质的“双师型”教学团队，提升教师职场竞争力和职业发展能力，最终实现社会、学校、院系、师生多方共赢的和谐局面。

2. 具体目标。

（1）完成工商企业管理和物流管理 2 个省示范专业的建设任务，使之成为在广东省长期具有真正示范作用的专业。

（2）深化校企合作，探索校企双主体办学模式，力争成立特色学院。

（3）设立“创业管理”专业，通过单独招生，达到 100 人的规模。

（4）成立创业教育中心，全面提升我校创业教育水平，使之在全省乃至全国领先。

（5）建设和完善管理信息化实训中心、创业产业园、工商管理产学研中心及现代物流综合实训中心4个校内实训基地以及高质量高水平的3个以上的校外实训基地。

（6）加大校企合作力度，甄选订单培养企业，优化学生就业岗位，提升学生的就业质量，并促进其可持续发展。

（7）继续实施“青蓝工程”，探索“双师型”教师培养的新机制。

（8）进一步完善工商管理系的团队文化，打造一支进取、高效的优秀教学团队。

（9）加大教学改革的力度，加强课程建设与课堂教学质量的提升。

（10）在完成高质量的人才培养的同时，加大社会服务的力度，在对外培训和咨询方面取得突破性进展。

（四）实施措施

1. 高标准完成省示范建设任务。

（1）优化人才培养定位。

工商管理系6个专业的人才培养以“高素质、强技能”为本位，以服务为宗旨，以就业和创业为导向，优化各专业现有就业岗位，提高学生薪酬水平和可持续发展能力，培养学生的创业与创新能力。确立“通”“专”结合的人才培养方式：“通”是指培养学生面向更多企业就业的能力，也就是注重专业通用能力以及综合素质的培养；“专”是指面向特定的企业、特定的岗位进行订单培养，满足合作企业个性化和具体化的要求。这种培养方式有助于构建以培养通用职业能力、专业群职业能力、专业核心能力和个性化发展能力以及创业创新能力为核心，服务就业和终身学习并重，培养职业核心能力与可持续发展能力并举的人才培养体系。

（2）改革专业课程体系。

依据人才培养定位提出的以服务为宗旨、以就业为导向，以设计科学、开放、动态的课程体系为目标，构建“公共课程（组）+专业群平台课程（组）+专业专门能力课程（组）+专业选修课程（组）”的课程体系。其中公共课程是全院基本素质课程。专业群平台课程是与其他相关专业共享的职业通用能力课程。专业专门能力课程是直接对应具体工作和职业发展对学生能力的要求，是形成本专业特有的核心能力的关键课程。专业选修课程是学生在掌握本专业必备知识和技能的基础上根据就业方向和个人发展需要所选修的课程。专业选修课程提供四个系列供学生选择，一是专业纵深发展，二是专业拓展发展，三是自主创业，四是订单培养。学生从中可以任选一个系列，订单培养系列是选择其中一个企业的订单课程。由此工商管理系各专业将构建职业化、共同化、核心化与个性化并行的科学、动态、开放的课程体系。

（3）探索新型教学形式。

按照“工学结合”“教、学、做”一体化的要求，探索“大班授课、小班研讨、项目训练”的新型教学组织形式，切实提高学生的综合素质与专业技能。“大班授课、小班研讨、项目训练”是教学组织中的三种形式，它们之间并无确定的顺序关系，有的课程需要先大班、后小班、再训练；有的课程也会打破这一顺序，先项目、后讨论、再讲授。“大班授课”以“教”为重点，安排那些有着非常丰富的企业经验和教学经验以及很高综合素质的优秀“双师型”教师来担任，这样可以让更多的学生享受更为优质的教师资源。“小班研讨”以“学”为重点，主要指围绕理论要点或项目方案进行与现实工作、学习、生活或与现实社会现象相结合的讨论，以学生“学”为主，充分发挥学生探究学习的作用。“项目训练”以“做”为重点，充分体现“工学结合”的要求。

（4）完善订单培养模式。

在德国我们找不到一种职业教育与我们的高职教育能很好地对应，但我们找到了自己的一种培养模式与他们的“双元制”非常类似，那就是我们的订单培养。目前，工商管理系的几个订单班就是本着双向选择的原则，由企业先在校选拔一定数量的学生，然后根据学生的就业岗位双方共同商定培养计划，确定课程体系及师资团队。之前我们是利用课余时间为学生安排订单培养，“十二五”期间我们会为学生安排来自不同的订单企业的选修课程，即将订单班的培养纳入人才培养方案中的一个选修课程系列，完善培养模式，规范教学管理。从目前情况看，越来越多的企业已经意识到与学校联合培养人才是他们人力资源管理的重要举措。从这一点我们看到了中国推行“双元制”的希望，我们相信订单培养模式可能会成为高职教育的一种趋势。

（5）提高课程教学质量。

“十二五”期间，工商管理系要将提高课程质量作为一个系统工程来抓，要从课程设计、课程标准、授课计划、课堂组织、教学方法、教学保障等多个方面形成一个质量管理与质量保障体系。课程的设计与教学方法不再拘泥于基于工作过程的系统化和项目化教学，而是一切从实际出发，教无定式，教无定法，但一定要重视先进经验的学习与传播，要在高起点上进行新的突破。课程标准既要先进又要可行。授课计划既要规范具体，又要务实弹性。网络课程与精品课程的建设将成为一项常规性的工作，既要重视建设，更要重视运用和完善。而课堂的组织体现了教师的教学基本功，要加强培训和交流。

2．加快创业教育发展步伐。

（1）立足创业专业，培养第一批创业者。

专业教师通过学习调研，深入了解国内外先进的创业教育课程体系和实现形式，建立和完善创业教育专业课程及实践体系，第一学年重点培养学生的创业意识和创业精神，第二学年重点通过专业课程培养创业技能，第三学年逐步孵化出微型创业企业。

（2）设置创业能力实训平台。

该平台可以引入国际上流行的基于“模拟公司”（相关配套软件）的实训模式，加强学生对一般公司的认识。模拟时，除商品和货币是虚拟的并且不发生实体移位，其他如票据、账册、操作方式、核算方法等均按照现实经济活动中通行的做法设计和运作。学生可在其中经历全部业务操作流程，了解和弄清其各环节之间的联系，包括人力资源管理、财务、市场营销、采购等各方面能力的锻炼，而又不必承担任何经济活动风险。

（3）引入“创业苗圃”进驻创业产业园。

在创业产业园规划出专门区域用于示范型创业企业培育，设置“预孵化—创业孵化—加速孵化”三级孵化体系。“预孵化”即“创业苗圃”，一般在6~8个月内为富有创业激情的学生提供零成本创业。推行“合约管理+育种评估+园丁服务”的工作机制，为每个种苗提供全程跟踪孵育服务。同时采用“创业导师+专门孵化+资金集成”的服务模式，为学生提供全方位的专业化孵化服务。同步配套设置网上创业园区，便于师生之间交流和创业相关信息的流通。

(4) 引入中国青年创业国际计划（YBC）项目。

YBC 项目是一个旨在帮助青年创业的教育性公益项目，能提供 3 万 ~5 万元小额无息贷款，通过动员社会各界特别是工商界的资源，为创业青年提供“一对一”的导师辅导以及“无利息、无抵押、免担保”的资金支持，引导青年进入工商网络，帮助青年成功创业，成就具有社会责任感的未来企业家。计划将与番禺区共青团合作成立 YBC 办公室，用于为创业学生提供更好的资金来源和创业平台。

(5) 引入校外企业导师。

创业教育引入“校内导师 + 校外导师”一帮一辅导的模式，对于校外导师进行严格要求：有相关企业经验 3 年以上或有创业经验 2 年以上，能定期对学生进行跟踪式辅导，能定期解答学生提出的疑难问题。校外导师制度将解决校内导师创业经验不足和市场经验不足等问题。

(6) 开业专家资源服务。

开业专家公司提供青年创业“服务包”，采取门诊式 + 会诊式 + 一帮一结 + 网上专家咨询的“4 + 1”的服务模式。本专业可与其保持长期合作，用于指导学生创业型企业的培育工作。

(7) 推出品牌主题活动。

可以推出“创业之星”创业系列大赛、“创业青春行”创业交流系列活动、“创业教育研讨”论坛等品牌活动。这些活动分别从理论、实践等多角度对创业进行深度解析，从而有效帮助大学生规避创业风险，提高成功率。

(8) 创业教育研究。

我校要在创业教育方面取得突破性成果，一定离不开创业教育的研究。我们需要通过创业研究获得最新的理论与实践上的指导，也需要通过创业研究来提炼我们的实践成果，同时还需要通过创业研究来加强与外界的交流并扩大我们的影响力。

(9) 全校开展创业教育课程。

由点及面，在建设好创业管理专业的同时将创业教育向全校推广。一是通过 2 门课程“创业管理实务”和“跳蚤市场实训”来激发和培养全校学生的创业意识和创业精神；二是通过创业苗圃的孵化以及 YBC 项目等重点扶植有创业条件和创业能力的其他专业的学生。

(10) 开设创业学院或校企双主体办学的学院。

当工商管理系的创业管理专业已成功培养出一批创业者后，当面向全校各专业的创业教育也发展相对成熟时，可组建创业学院。该学院可从工商管理系分离出来单独成立，也可根据工商管理系各专业的实际情况将该系改组。或者与企业合作开设双主体办学的学院，全面提升人才培养的质量，服务企业和服务学生的发展。

3. 完善实训基地建设。

(1) 实训基地建设原则。

充分体现以职业技能和职业素质培养为主，将理论教学、实训教学与实际工作有机地结合。实训室建设应紧跟市场的变化，营造真实的或仿真的实训环境，使学生在仿真的环境中，有目的地进行职业素养训练。实训室的建设要按专业大类分，实现资源共享，不能与专业一一对应。实训室建设应结合相关职业技能鉴定，使学生获得职业技能资格证书，同时为企业、为社会提供技术、管理、培训等服务，体现开放性的要求。实训室的建设要灵活应变，要留有发展空间，当人才需求多的时候要扩充，当人才需求少的时候要减少。校外实训基地要尽量选择技术水平和管理水平较先进、有较强实力和特色、管理规范、运作良好、离我系较近、能满足教学需要的企事业单位，保证学生学有所用，学以致用，以用促学，实现产、学、研相结合。实训基地的建设所需投入较大，仅靠学校的投入是不够的，为此一方面要坚持总体规划、分步实施、突出重点、体现效益的原则；另一方面要充分发挥学校优势，以各种途径和方式，争取企事业单位和社会各界的支持与合作。

（2）实训基地建设任务。

工商管理系将建设和完善三级实训体系，一是依靠信息系统的校内虚拟实训，二是校内与企业真实环境相似的生产性实训，三是学生走向企业或社会的顶岗实习。“十二五”期间，工商管理系立足职业技能人才培养目标，加大实训基地建设投入，充实、更新、提高实训基地水平，初步实现理论与实践一体化、教室和实训室一体化的格局。具体建设任务如表 1 所示。

表 1　实训基地建设任务

实训基地类别	实训基地名称	建成时间	使用专业
虚拟实训	管理信息化实训中心（第一期）	2011 年	工商管理系各专业
	管理信息化实训中心（第二期）	2014 年	工商管理系各专业
生产性实训	创业产业园（第一期）	2011 年	全校学生
	创业产业园（第二期）	2014 年	全校学生
	现代物流综合实训中心（第一期）	2011 年	物流管理
	现代物流综合实训中心（第二期）	2014 年	物流管理
顶岗实习	工商管理产学研中心（第一期）	2011 年	工商管理系各专业
	工商管理产学研中心（第二期）	2014 年	工商管理系各专业
	校外实训基地	长期建设	工商管理系各专业

（3）实训基地的运作与管理。

实训基地的运作要注重五个核心要素的把握。一是实训教学目标，要突出职业技能与综合素质的培养。二是教学方案，应包括专业人才培养方案、实训课程教学标准、国家职业资格标准、实训教学计划、实训教学考核、实训教学总结等。三是教材建设，要及时反映企业管理与行业的发展进步，一方面注重操作练习，另一方面要及时更新观念和资源。四是教学模式和教学手段，要结合自身实际大胆探索，逐步建立开放的实践教学体系，模拟真实的职业环境，更有效地促进学生实践能力培养。五是实训教学师资队伍，要重视实训教学师资队伍建设，“双师型”教师要在教学师资队伍中占据相当的比重，要增加校外企业兼职教师的比例，有利于学生接受最新的来自社会实践的专业知识。还要加强实训基地管理教师的培养，全面提高实训基地的管理水平。实训基地的管理按学院有关管理规章制度执行。建立健全本系实践性教学管理制度，严格执行和管理，力求科学、合理、规范。

4. 加强师资队伍建设。

（1）师资队伍建设目标。

工商管理系现有教师35名，其中副教授及以上的仅5名，讲师12名，其余为尚未获得中级职称的青年教师。由此看出，教师职称结构极不合理。“十二五”期间教师队伍数量控制在45人以内，争取培养2名教授、5名副教授、10名讲师。为此要加大教师培养力度，优化师资结构，提高师资水平，全面提升青年教师的专业品质、专业知识和专业技能，使之成为一名合格乃至优秀的“双师型”讲师或副教授，从而为人才培养和社会服务奠定坚实的基础，同时也为教师个人的发展提供契机和帮助，最终实现个人发展与院系发展的“双赢”。

（2）以团队文化促队伍建设。

工商管理系不乏战略思想和管理理念，但发展的关键在于落实，如何提高团队的执行力是摆在我们面前的一项重要任务。而执行起源于意识，落脚于科学，执行的基础是意志力，执行最后形成一种文化。打造执行力的三个要素是制度、速度和细节。为此，“十二五”期间将进一步完善《工商管理系教师手册》，其目的在于人人有标准、事事有规范，彻底改变“突击、应付”的工作习惯。系主任和秘书有自己明确的工作职责；教研室主任、专任教师、实训室管理员和学生辅导员有自己的工作标准；而日常各项工作有其程序和规则。虽然学校也有相关的制度，但我们希望通过《工商管理系教师手册》将学校的制度进一步落实，也希望通过《工商管理系教师手册》的实践来不断完善和规范我们的制度。我们相信通过制度的落实一定会使工商管理系的管理走上规范化、程序化的轨道，制度会逐步形成一种文化，进而成为全体教师一种自觉的行动。

（3）继续实施“青蓝工程”。

工商管理系于2009年9月启动旨在改善师资结构、提高教师水平、加快专业建设的“青蓝工程”。“青蓝工程”分两步走，第一期用1年的时间培养一批（约10人）合格乃至优秀的高职“双师型”讲师。第二期用3~5年的时间培养一批（约5人）合格乃至优秀的高职“双师型”副教授。现第一期培养任务已圆满完成。“十二五”期间，工商管理系将重点启动和实施第二期任务，即培养一批（约5人）合格乃至优秀的高职“双师型”副教授，同时将第一期任务转化成为日常化和规范化的师资培养措施，也就是说凡是加入我系的新教师全部要用一年的时间完成以下“十个一”任务，即：①认一位导师；②编著一个标准教案；③制作一个标准课件；④完成一门课程设计汇报；⑤进行一次企业调研；⑥组织一项专业建设活动；⑦进行一项技能考核；⑧撰写一篇论文；⑨参与一项科研项目；⑩担任一个班的学生导师。而第二期的培养任务由培养对象根据培养目标和自己的实际情况来确定，由系里提供导师和其他方面的资源支持。每位培养对象制订一个个人培养计划，以自愿为主、协调为辅的原则在本系安排“师徒结对”。培养对象可就培养过程中遇到的困难或需提供的支持向系领导寻求帮助。“青蓝工程”将实施期中和期满考核，考核的目的不在于结果，而在于过程；考核的目的不是找出问题，而是如何改进和提高。教师在期中与期满考评中通过个人述职汇报个人的成长。各教研室对培养对象进行期中与期满考评，给出培养对象进一步发展的意见或建议。系领导对培养对象也要进行期中与期满考评，给出培养对象进一步发展的意见或建议以及具体的支持与帮助措施。

5. 加大为企业和社会服务的力度。

工商管理系为发挥对企业和社会的服务功能，运用自身在政策研究、管理咨询与服务社区方面的优势，“十二五”期间拟成立一个集应用研究、技术服务及实训教学为一体的“工商管理产学研中心”，同时也作为工商管理系的一个对外窗口，一个面向社区、企业和市场的联络站。如果这一中心得以批准成立，它将为工商管理系的产学合作、工学结合提供一个良好的平台，为工商管理系的快速发展提供一个有利的契机，同时也能为工商管理系吸引优秀人才筑巢引凤。

（1）为政府和单位提供地区发展政策研究。

为广州市尤其是番禺区的政府部门和事业单位的决策提供意见参考，是本中心的一项重要的服务内容。通过与市、区、镇、街道的政府机构开展横向的合作研究项目课题，为政府机构、事业机关进行应用性课题调研，为政府的决策和政策推行提供信息参考和意见建议，这样的合作模式已获得来自政府和事业单位的认可。2007 年，工商管理系与大岗镇人民政府合作完成番禺区软科学研究课题，对农村自治问题等展开了深入研究并为相关工作的改进提出了趋势判断和政策建议。同样是在 2007 年，工商管理系辅助桥南街道办事处对桥南街辖区内的企业情况进行摸查研究，为国务院副总理吴仪到访该区前做了深入的调研工作，获得桥南街好评。这些工作产生了双赢的效果：一方面帮助政府部门进行科学决策，提供决策的透明度和专业性；另一方面也提高了工商管理系教师的科研能力，创造了一定的经济和社会效益。

（2）为企业和社会提供咨询与培训服务。

在工商管理系的产学结合的专业建设过程中，不少跟我们联系的企业都向我系提出了让专业教师参与企业的管理咨询活动的需求。他们希望专业教师能够作为管理专家，为企业在运营中碰到的问题进行诊断和分析，并提出解决问题和改进绩效的咨询报告。如果建立一个咨询研究中心，不但能够提供讨论的场地，也能较好地接洽新的咨询业务。一旦能够以咨询的形式开展与企业的合作，建立实训基地，开展订单培养，安排学生顶岗实习以及推荐就业，就有了一个良好的切入口，同时这也是教师下企业实践的一个窗口。在咨询的过程以及与企业开展其他合作的过程很自然会产生培训的需求，尤其是对管理人员的中小规模的培训活动更是在我系过去的实践当中多次出现。在一个固定的场所开展中等规模的培训活动，不但能够巩固与企业的关系，同时培训管理的过程也可以让学生参与进来，让我系学生参与培训过程的辅助性工作，如培训效果测评、培训过程监控和联络等，对工商管理类学生来说是一个很好的锻炼机会。

（3）为学生提供实习实训平台。

工商管理系各专业的实训由三个环节构成，一是依靠信息系统的校内模拟实训；二是校内与企业真实环境相似的生产性实训；三是学生走向企业的顶岗实习。经过多年的探索与实践，我系的学生校内生产性实训已初见成效，建成了国家精品课程的工商模拟市场这一生产性实训项目。但工商模拟市场实训是面向学生这一特定的顾客群体，其经营与管理的商品也是较为单一地满足学生需要的物品，因而它与真实的市场所面对的行业、产业、产品以及消费群体、经营环境等各个方面还有较大的差距。在学校家属区这样一个黄金商业地带建立产学研中心，将为各个专业的学生走向真正的市场、现实的企业进行实习和实训提供一个很好的平台。该中心将成为工商管理系六个专业（方向）的校外实训基地，以满足各专业人才培养方案中所规定的专业技能课程的校外顶岗实习或市场调研等任务要求。

（五）实施步骤

1. 2012 年 6 月前全面完成省示范建设项目，即工商企业管理专业及专业群示范建设任务和物流管理专业示范建设任务，并取得预期成果。

2. 2011 年年底以前成立创业教育中心；2012 年年底以前，创业管理专业取得阶段性成果，申办校级以上重点专业建设项目；2015 年年底全校创业教育取得突破性进展，申请成立创业管理学院或者是校企合作的双主体办学的学院。

3. 2011 年年底以前工商管理系三级实训基地一期建设项目全部完工并投入使用；2014 年年底以前工商管理系三级实训基地二期建设项目全部完工并投入使用。

4. 2012 年年底以前完成对所有教师职业道德、职业素养、职业能力的全面培养；2015 年年底以前培养 2 名“双师型”教授、5 名“双师型”副教授、10 名“双师型”讲师。

5. 2011 年完成工商管理产学研中心环境建设，2012 年开始加大内涵建设力度，2015 年发展壮大走向成熟。

6. 在 2013 年起的后示范期间，进一步深化校企合作及教学改革，特别是人才培养模式的改革以及课程体系和教学方法的改革。

四、主要困难和保障措施

（一）主要困难

1. 因校编人员占全系教师总数的 2/3，所以其稳定性的保障与积极性的调动是实施“十二五”建设规划的一个主要方面。

2. 学校激励机制及管理与执行效率低下是阻碍我校快速发展的一个重要障碍，也是影响大家工作积极性和工作氛围的一个重要原因。

（二）保障措施

1. 实行真正意义上的“二级管理”，切实做到“责、权、利”对等。

2. 实训基地的建设需要资金的支持，也需要管理效率的支持。

3. 改革与完善师资队伍的激励与约束机制，保持队伍的活力与稳定。

4. 创业管理专业、创业教育中心、创业管理学院、校企双主体办学的学院的设立，渴望得到学校的支持与帮助。

工商管理系

2010 年 12 月 31 日

三、校企深度合作升级人才培养目标和人才培养模式的实施方案

工商管理系“十二五”发展规划是2011—2015年的五年规划，其间一定会随着职业教育的发展、内外环境的变化制订更为具体的行动计划或实施方案，甚至对五年的发展规划进行补充和完善。2012年年底，我们完成了广东省示范高职院校的验收，专家对我们2个重点建设专业及专业群给予了很高的评价，但同时也指出2个关键问题：一是人才培养目标与本科、中职界限不清，二是人才培养模式未能实现与企业零对接。当然这两个问题不是我们特有的问题，而是当时中国高职院校普遍存在的问题。后示范期间如何发展，我们的专业建设如何超越获得领先，这两个问题成了我们工商管理系后示范专业建设的抓手与突破口，为此我们提出，通过深化校企合作来升级人才培养目标和人才培养模式。

工商管理系
校企深度合作升级人才培养目标和人才培养模式实施方案

三年多的省示范项目建设全面促进了工商管理系专业、课程与师资队伍的建设，人才培养质量得到大幅提升。如何确定后示范时期的工作重点是摆在我们面前的一项重要任务。经系领导研究决定，未来五年将校企深度合作升级人才培养目标和人才培养模式作为工商管理系发展的主要抓手。《国家教育事业发展第十二个五年规划》明确高等职业教育重点培养产业转型升级和企业技术创新需要的发展型、复合型和创新型的技术技能人才。校企合作是落实人才培养任务的基本路径，促进职业院校的专业设置与产业布局对接、课程内容与职业标准对接、教学过程与生产过程对接、学历证书与资格证书对接、职业教育与终身学习对接是具体要求。以国家和地方教育政策对高等职业教育人才培养目标的思想为指导，结合我校“十二五”发展规划关于开展校企合作提升人才培养质量的具体任务，立足工商管理系“素质与能力并进”的人才培养模式改革需要，制定本方案。

一、人才培养目标和模式存在的问题及改革目标

（一）存在问题

工商管理系现有专业包括工商企业管理、市场营销、物流管理、电子商务、连锁经营、工商企业管理（创业管理方向）等，专业实力不强、发展缺少特色是基本现状，在人才培养目标和人才培养模式方面存在的主要问题概括如下：

1. 人才培养目标与人才培养模式缺少行业特色。
2. 部分专业人才培养目标不具体，“万金油”的特点比较突出。
3. 人才培养模式与企业融合度较低，与“五对接”的要求有较大差距。

4. 人才培养模式改革缺少校企合作平台支撑，许多设想难以落实。

（二）改革目标

1. 加强师资队伍结构优化与能力提升，转变教师的职业教育观念。

2. 整合专业资源，调整专业布局，重点加强与零售连锁企业的合作，凝练专业人才培养特色。

3. 打造校企合作平台，为人才培养模式改革创造条件，提升工商管理系体制与机制的创新能力。

4. 升级专业人才培养定位，完善人才培养方案，提升就业质量。

二、总体思路

将产教融合作为升级专业人才培养层次的总抓手，立足工商管理系人才培养目标，拓展与优化战略合作伙伴，以校企合作体制机制创新为主线，以订单班、校企共建特色学院、实训室等为载体，以校企合作办学规律研究和工作团队建设为保障，搭建具有价值创造能力的产教融合平台，进而培育专业发展能力与特色。

三、提升人才培养质量对校企合作的基本需求

由注重就业率向就业率与就业质量并重的转变，是高职院校人才培养工作转型的基本背景。自国家示范院校建设工程结束后，我校明确提出要将提高人才培养质量作为学校育人工作的核心。人才培养工作的转型对校企合作提出了如下基本需求。

（一）保障相对稳定及高质量的实习与就业岗位供给

高质量的实习与就业岗位是提升人才培养质量所需要的基本条件，薪资水平、学习与晋升机会、工作环境、企业社会影响力等是体现质量的基本内容。相对稳定主要体现在两个方面，一是企业在一定期间内能够提供的岗位要满足学生实习和就业的需求，二是行业相对集中。

（二）创设人才培养模式体制与机制创新的改革平台

体制与机制建设是校企合作长效性的根本保障。新形势下的校企合作需要通过现代学徒制、双主体办学、集团化发展等模式实现职业教育与产业发展的融合式发展。

（三）开辟教师深入实践提升教学与科研能力的渠道

教师是决定职业教育质量的关键，未来的校企合作应该为教师深入企业实践提供渠道，帮助教师成为教学能手，成为行业专家。

（四）提升教学与科研服务市场价值的转化机制

校企合作不仅仅要帮助学生获得职业发展的机会，还肩负着提升专业教学与科研服务社会能力的责任。课程、实训室、竞赛、专业教学指导委员会等要成为校企之间价值交互网络的重要节点，在立足人才培养的基础上，要提升专业的社会服务能力，提升专业教师工作的附加值。

四、工商管理系校企合作现状及存在的问题

工商管理系秉承开放式办学的理念，在校企合作方面积累了一定成果，与一批合作企业建立了稳定的关系，同番禺区经贸局、番禺厂商会等机构保持良好合作，形成了以订单合作为特色的校企合作模式和具有代表性的校企共建课程项目。

从未来人才模式转型的角度看，目前工商管理系校企合作存在如下问题：

1. 对校企合作规律的研究略显薄弱。

2. 合作领域的集中度偏低，重点合作领域有待明确。

3. 合作伙伴的层次同人才培养质量提升需求存在差距，小型和微型企业偏多，行业领军企业偏少。

4. 校企合作工作的系统性与规范性有待提升，工作团队的结构与效率需要改善。

5. 校企合作内容过于单一，对教研成果的社会转化功能薄弱。

五、重点工作内容

（一）加强科学研究，提升校企合作的科学性

充分利用学校对专业调研工作的支持政策，深入行业企业开展调查研究；引导教师通过课题申报、撰写论文等方式积极探索校企合作规律；建立教师之间的交流与成果分享机制，促进研究工作与教学改革实践的结合；在条件具备的情况下，成立相关研究团队或研究机构，提升此项工作的系统性。

（二）明确管理职责，提升校企合作工作效率

进一步明确校企合作工作的领导责任，明确专业带头人与教研室主任在校企合作方面的工作范畴；逐步建立与完善合作伙伴遴选标准、校企合作绩效评价标准、合作企业关系管理等方面的制度与规范；条件具备的情况下，尝试建立校企合作工作团队或部门，提高为专业开展校企合作的服务能力。

（三）优化合作伙伴，提升校企合作层次定位

在进一步拓展合作网络的同时，逐步优化合作伙伴，重点加强与行业领军企业的合作；根据工商管理系人才培养定位的要求，重点做好同零售连锁企业的深度合作。

（四）深化合作模式，探索集团化办学

进一步完善课程实习、顶岗实习、订单班、共建实训基地等校企合作模式；逐步探索同核心合作企业的深度合作，开展“双主体”育人，探索围绕核心企业与相关院校协同发展；开展现代学徒制的前期探索，在条件成熟的情况下，开展现代学徒制试点；探索集团化办学新模式，稳步推进基于校企合作的特色二级学院建设。

（五）丰富合作内容，促进校企之间多维度互动

为教师下企业创造机会与条件；引导教师与企业一起进行课程开发、课题研究及服务项目开发；鼓励专业实训室向社会服务平台转型；充分利用南郊产学研中心，

将其建设成为工商管理系校企合作的窗口。

六、实施步骤

校企深度合作势必涉及教师思想观念、行为模式、系管理体制等深层次因素，因此需要稳步推进。实施过程的基本线索是：首先通过培训、进修、研讨等形式统一思想（凝神），然后逐步优化合作企业，将办学方向集中到重点行业领域（聚焦），在条件成熟的情况下，探索体制机制新模式（健体），培育以课程、社会服务项目、教师团队等为具体载体的可持续发展能力（筑魂）。

第一阶段：凝神

开展系列专业建设调研与研讨活动，重点组织对教研室主任、专业带头人及专业骨干教师的培训，学习职业教育政策、先进院校办学经验、企业大学建设经验、教学法等，并深入开展各专业人才培养方案的大讨论。通过交流学习，统一对深化校企合作提升人才培养质量的认识。

第二阶段：聚焦

优化校企合作伙伴，加强同行业领军企业，特别是同零售连锁企业的战略合作。如借助华好集团、真功夫餐饮及百果园公司探索开展职业店长教育，并逐步拓展在各专业的试点。突出创业教育特色，将创业素质培养融入工商管理系人才培养体系。加大教师下企业学习的支持力度，通过教师能力的转变带动专业发展模式改革。

第三阶段：健体

通过专业群建设，明确各专业协同发展的关系。选择紧密合作企业开展深度的订单班合作，在条件成熟的情况下成立双主体办学机构。围绕职业店长人才培养目标，适当兼并专业，优化专业布局。成立以社会服务为使命的团队或部门，提升专业教学成果的开发与社会转化能力。

第四阶段：筑魂

探索校企深度合作模式，提升校企深度合作办学的绩效。进一步加强专业教师项目开发能力和社会服务能力的培训。集中师资、经费、场地等相关资源，实施重点项目攻关，在教学团队、课程、教学标准、社会服务项目、竞赛、校园文化活动等方面形成具有影响力的标志性成果。

七、预期成果

以深度校企合作引领人才培养模式改革，并非朝夕之功，需要相关条件的配套，更要抓住改革机遇，把握工作节奏。工商管理系希望在如下几个方面取得成效：

1. 毕业生整体就业质量有显著提升。

2. 师资结构有重大改善，教师专业教学能力及行业服务能力有显著提升，培育1~2个具有社会服务能力的教师团队及相关服务项目，培育1~2个具有一定影响力的研究团队。

3. 形成较为完善的学校和企业双主体办学体制。

4. 行业特色突出，明确工商管理系整体及各专业具体的人才培养目标，具有清晰的行业定位与岗位定位，在培养行业高层次职业技能人才方面形成较为广泛的社会影响力。

5. 与行业领军企业建立互惠共赢的战略合作关系，形成基于人才培养的多层次战略合作。

6. 各专业基本形成“五对接”的人才培养模式。

7. 在课程、课题、实习基地建设、职业技能竞赛等方面取得较高层次的标志性成果。

8. 国际化办学有所突破。

9. 新兴教育教学技术手段得到较好应用。

工商管理系
2012 年 12 月 31 日

四、管理学院“十三五”发展规划

2014 年，我校工商管理系更名为管理学院，原有的工商管理系经过“十二五”期间的全速发展，到 2015 年年末，我们完成了追赶，无论是课程建设、专业建设、基地建设，还是团队建设，特别是人才培养方面都取得了突出的成绩，且在某些方面实现了领先，如校企双主体办学、创新创业教育、现代学徒制试点、教师发展中心等。随着 2016 年的到来，我们又站在了“十三五”的起点。中国职业教育发展之快让我们始料未及，面对各个学校的日新月异，我们从未放弃自己的忧患意识，知道自己是从哪里来，也明白自己该往哪里去。雄关漫道真如铁，而今迈步从头越。我们动员管理学院各专业、各部门，依靠大家的智慧，制定了“十三五”发展规划。

广州番禺职业技术学院管理学院“十三五”发展规划

依据《现代职业教育体系建设规划（2014—2020 年）》（教发〔2014〕6 号）、《广东省人民政府关于创建现代职业教育综合改革试点省的意见》（粤府〔2015〕12 号）、《广东省职业技术教育改革发展规划纲要（2011—2020 年）》（粤府办〔2011〕39 号）、《广州市中长期教育改革和发展规划纲要（2010—2020 年）》（穗字〔2011〕11 号）等文件精神，按照学校关于编制“十三五”发展规划的总体要求，制定本规划。

一、“十二五”期间管理学院工作总结

“十二五”期间，管理学院围绕“搭班子、定战略、带队伍、建文化、创示范”的工作思路主动适应人才培养的社会需求，调整专业结构，重整专业布局，在专业

建设、课程建设、实训基地建设、师资队伍建设、校企合作、教研教改、技能竞赛与科研社会服务等方面都取得了标志性的成果，2014 年获得国家教学成果二等奖。

（一）专业建设

“十二五”期间工商管理系以省示范建设为抓手，将传统专业做出质量，将新型专业做出特色，全面提升工商管理系专业群的建设水平及影响力。其中工商企业管理、物流管理专业被评为省重点专业，市场营销和电子商务专业被评为广州市示范专业，连锁经营管理（美容会所管理）专业被评为市重点专业。在此基础上，工商管理系还创建了校企合作的二级学院——华好学院，并建成美容会所管理、化妆品企业管理、化妆品营销、人物形象设计等四个专业（方向），依托传统优势专业对接美容化妆品行业，构建了基于产业链的专业群，从根本上改变了以学科体系设立专业群的传统格局。与此同时，还面向全校创立了创业教育中心，立足本系创业管理专业方向的创业教育研究、人才培养模式、创业教育课程体系、专业师资队伍、创业孵化基地引领辐射全校创业教育。形成了工商管理系、华好学院、创业教育中心三驾马车齐头并进的大工商专业群格局。后示范时期，为集中资源、积聚力量做强优势专业，进行专业整合，将 10 个专业及方向整合为 6 个专业及方向，并形成了“三个特色学院＋三个特色中心”的管理学院新格局，即华好学院、百果园学院、电商学院（筹）和创业教育中心、管理学院教师发展中心及管理学院研究中心。

（二）课程建设

在对用人单位广泛调研和岗位工作任务分析的基础上，借鉴德国、新加坡等地的职业教育经验，依据工作过程系统化等职教理念，制定了各专业及专业方向的人才培养方案，构建了以“高素质、强技能”为特色的课程体系；制定了与岗位工作相适应的课程标准；按照工学结合的理念对专业课程进行科学系统的设计与实施，取得了好的成果。其中“职业规划与成功素质训练”“工商模拟市场实训”2 门课程获得国家精品课程、精品资源共享课程并入选首批高职慕课，“职业规划与成功素质训练”课程获国家精品视频公开课程，“通用能力”等 3 门课程获得省级精品课程、精品资源共享课程，“推销实务”等 6 门课程获得市级精品课程，“电子商务”等 15 门课程获得校级精品课程，19 门课程获得校优质课程，30 门网络课程。出版了《职业规划与成功素质训练》《工商模拟市场实训》等 30 余部教材。因课程建设成效显著，“商科学生‘实战型、体验式、网络化’素质与技能并进的课程创新与实践”项目获得 2014 年国家教学成果二等奖。

（三）校企合作

“十二五”期间，工商管理系的校企合作从 1.0 时代的顶岗实习发展到 2.0 时代的订单培养，再发展到 3.0 时代的以学校为主导的双主体办学，最后发展到 4.0 时代的以企业为主导的双主体办学。3.0 时代校企共建了华好学院，4.0 时代校企共建了百果园学院。2011 年为服务区域经济发展、适应产业转型升级需要，与美容行业知名企业广东华好投资有限公司按照“合作办学、合作育人、合作就业、合作发展”的原则共同组建了华好学院，在国内高职院校首开美容会所管理专业方向，人才培养定位为美容会所店长，人才培养目标是身心合一、内外兼修、高素质、强技能且具备创新创业能力的美容行业管理及服务人才。2014 年与百果园公司共同成立百果园学院，定位于双主体办学、双元培养的特色专业学院，并积极开展“招生即招工、入校即入厂、校企联合培养”的现代学徒制试点工作，全面提升技术技能人才的培养能力和水平，服务行业企业的发展与转型升级。2015 年，在电子商务专业牵头完成资格审查、材料审核、面试答辩等环节的 PK 后，我校作为唯一一家高职院校最终成功获得淘宝大学县域电商人才服务商资质，这标志着我校电商人才培养在创新校企合作模式、培育电商人才、提升社会服务方面又迈出了坚实的一步。

（四）实训基地建设

按照“虚拟实训、生产性实训、顶岗实习”层层递进的三级实践体系建设校内外实训基地。按照省示范性高职院校建设项目任务书，全面完成了工商管理信息化实训中心、创业产业园、产学研中心校内实训基地以及 60 个校外实训基地的建设任务。后示范期间，在第三实训楼第四层楼建设管理学院新的实训基地，建筑面积近 6 000 平方米，申请市财政资金 300 余万元，目前已建设完成；将西区食堂负一层改建为创业产业园，建筑面积近 2 500 平方米，投入使用以来，在学生创新创业项目实训方面发挥了重要作用，获评广州市大学生创业示范基地、广州市 3D 技术培训基地等称号；开辟第三实训楼第五层楼为创业孵化园，建筑面积近 3 000 平方米，按计划完成了场地装修任务并投入使用。建设 60 余个校外实训基地，其中我们合作的华好集团、顺丰快递公司分获广东省大学生校外实训基地称号。

（五）师资队伍建设

工商管理系于 2009 年启动了“青蓝工程”，2014 年成立了教师发展中心，其目的是通过加大教师培养力度，优化师资结构，提高师资水平，全面提升青年教师的专业品质、专业知识和专业技能。“青蓝工程”分两步走，第一期是用 1 年的时间将入职时间较短的青年教师培养成合格的高职教师，第二期是用 3 ~ 5 年的时间培养一批优秀的高职教师。“青蓝工程”第一期培养任务简称“十个一”工程。第二期是通过完成 6 门必修课并安排专业群骨干教师赴德国、新加坡和我国香港及内地等学习职业教育的先进经验，在课程改革、实训基地建设、校企合作等方面提升课程建设与专业建设的能力与水平，并通过参加相关培训、承担项目任务提升团队领导与合作能力以及项目实施与管理能力，进而成为优秀的高职骨干教师。为培养“双师型”教师，工商管理系有针对性地选择骨干教师下企业、安排青年教师去企业参加培训、设置校企合作岗位以及专职顶岗实习指导教师等，均取得良好的效果。教师发展中心则是全方位地、常规化地为教师发展提供支持和服务。“十二五”期间，有 1 名教师获得广东省特支教学名师、7 名教师晋升教授和副教授、1 名教师当选广东省技术能手、1 名教师入选广东省高等学校优秀青年教师培养计划、5 名教师入选千百十人才培养对象、10 余位教师获得技能竞赛或教学比赛大奖。工商企业管理专业教学团队获广东省高职教育优秀教学团队建设立项。教师发展中心孵化出新教师培训站、骨干教师训练营、名师工作室、职业规划咨询室等项目，并创立《青蓝》期刊、中心网站、中心微信群等多种传播媒介与工具。

（六）教改、科研与社会服务

工商管理系针对教改存在的问题，“十二五”期间启动新一轮以“深入、领先、全员”为特色的教学改革，全面推行课程体系、“翻转课堂”与微课程的开发运用教学改革。为深入产教融合、校企合作，启动了特色二级学院的建设及现代学徒制试点的研究与实践。为加强师资队伍建设，启动了教师发展的研究与实践。“基于学习共同体的高职院校教师发展行动研究”获得全国教育科学“十二五”规划 2015 年度重点课题立项。“现代学徒制市场营销专业教学标准研制项目”“基于校企协同创新的特色专业‘双元培养’办学体制与机制的研究与实践”等近 10 项课题获得广东省教育厅等部门的省级立项。《美容美体学》《美容会所经营与管理》两部教材选题获得“十二五”职业教育国家规划教材选题立项。为使教学成果及师资队伍建设成果社会化、市场化，开发省培项目“高职教师综合能力提升培训班”“高职中层领导力和执行力高级研修班”“‘翻转课堂’与微课程的开发运用”“中高职电商骨干教师技能培训”等，共培训近 2 000 名教师。承担了来自政府、行业协会、企事业单位的横向课题近 20 项，金额 60 余万元。

（七）学生与党务工作

“十二五”期间，我系积极贯彻学生处、校团委的指示和要求，结合工商管理系具体实际，开展学生思想教育与管理工作，努力为学生服务。在学生工作中，坚持以党建工作为先导，做好学生思想教育工作，以学风建设为抓手营造良好校风，以素质拓展训练为龙头提高学生综合素质，以队伍建设为切入点增强学生组织战斗力，以贫困助学工作为着力点切实推进学生服务工作，内塑工商管理系精神，外树工商管理系形象，积极依靠和发挥党支部、学生政治辅导员、团学组织的作用。我系学生工作 2010—2015 年连续五年被学校评为学生工作先进单位；校团委授予我系团委 2013 年度、2014 年度、2015 年度“五四红旗团委”光荣称号；我系两次获得“新生军训优秀营”称号；2013 年毕业生工作评比中我系被评为先进单位；我系在 2010 年、2011 年、2013 年、2015 年，四次被评为“三下乡”工作“先进单位”或“模范单位”。

（八）学生就业与人才培养

用人单位及麦可思调查报告对工商管理系学生的整体评价是学生综合素质好、岗位适应能力及转换能力强、就业岗位广、就业率高、创业能力强，且有良好的可持续发展能力，优秀学生层出不穷。近年来，工商管理系毕业生的就业率均稳定在

99%左右的水平。2010年工商管理系召开了“优化就业岗位提高就业质量研讨会”。从那时起，工商管理系的就业工作重点就从就业数量转向就业质量。鉴于工商管理系毕业生就业范围广、就业岗位多的特点，我们集中对毕业生进行跟踪调查研究，从而总结出了毕业生就业的优势行业、优势岗位，并把这些研究结果作为优化就业岗位的依据，在教学改革和课程建设中做出相应的调整。经过不懈努力，工商管理系毕业生薪酬稳步增加，就业岗位不断优化。近年来，在全国专业技能竞赛以及广东省大学生挑战杯创业大赛上，工商管理系学生更是屡创佳绩，获得国家级、省级、市级技能大赛近80个奖项。其中在2013年第十三届“挑战杯”全国大学生课外学术科技作品竞赛中获国赛二等奖及交叉创新二等奖，在全国市场营销职业技能竞赛中多次获全国二等奖，在全国大学生管理决策模拟大赛总决赛中多次获得一等奖，在“用友杯”全国大学生创业设计暨沙盘模拟经营大赛中获总决赛一等奖，等等。

二、管理学院未来发展存在的主要问题

1. 管理学院大多专业没有行业背景，选择什么样的行业、什么样的企业进行合作还显得比较随机，因而专业定位和人才培养定位仍不清晰，人才培养质量有待进一步提高。工商企业管理专业依托创业做特色还需探索；连锁经营管理专业依托美容会所做店长还需要再斟酌；电子商务人才培养定位与中职没有太大区别，还显得较为低端；物流管理专业的人才培养定位也尚待进一步考量。

2. 百果园学院的市场营销专业培养职业店长定位清晰，但现代学徒制人才培养工作可能存在挑战，尤其是现代学徒制要做大做出规模、做出标准规范等，重要的是人才培养的全过程是否经得起考验？经得起校方的教学质量评估？能否得到社会的认可？学生在岗学习感受和职业成就感是否具有高满意度？种种问题，都是从无到有，也是摸着石头过河，但现实问题是不允许人才培养的过程出问题，这就给我们提出了很大的挑战。

3. 师资队伍建设依然任重道远。管理学院现有的66名教师中，财政编制27人，教授仅有1人，副教授仅有11人，博士仅有4人。师资队伍结构不合理，高层次人才严重不足，有多年企业经验的“双师型”教师数量也不够，师资队伍的现状制约了专业的高水平发展，升本的前景更是渺茫。

4. 教师科研与社会服务能力及管理学院整体的科研与社会服务水平都较低，省级以上的研究项目较少，高水平论文与规划教材均较少，服务企业与社会的能力更显薄弱，还不能有效承担企业和社会培训与咨询工作。

三、管理学院“十三五”建设思路与目标

一条主线是：将管理学院建设成为国内一流的职业店长培养学院。一流的职业店长培养学院需要有一流的专业、一流的课程，更要有一流的学生、一流的师资和一流的校企合作，也就是要重点打造“名生、名师和名企”。

两个关键是：一是抓好品牌专业和特色学院的申报与建设，二是人才培养体制与机制的创新。为将管理学院建设成为国内一流的职业店长培养学院，“十三五”期间必须成功申报省品牌专业和市特色学院，同时以现代学徒制双主体办学为引领创新人才培养的体制与机制。

三个基点是：专业建设一定要围绕“学生、企业和教师”三个基本点。专业建设一定要回归服务学生、企业和教师，摒弃单纯为了评估、为了获奖、为了成为重点和示范的思想。

八项任务是：一是整合现有专业，与行业协会及行业领先企业合作，建设国内一流的职业店长培养学院；二是校企合作组建特色专业学院和职教联盟，并尝试组建连锁型“职业店长职教集团”；三是加大与行业协会合作的力度，使校企合作从单纯地面向行业领先企业转向政、行、企、校四方联动；四是制定和发布现代学徒制专业教学标准，扩大现代学徒制的办学与人才培养模式的试点成果和实施范围；五是整合全院资源和力量，积极申报品牌专业与特色学院，全面提升人才培养的质量；六是以“服务、创新、专业、发展”为宗旨，大力加强教师发展中心与师资队伍建设；七是在成立管理学院研究中心的基础上组建若干研究所，提升管理学院科研与社会服务水平；八是加强思想政治教育与学生管理工作，启动名生工程，全面提升人才培养质量与就业质量。

四、管理学院“十三五”主要建设任务

（一）整合现有专业，与行业协会及行业领先企业合作，建设国内一流的职业店长培养学院

为将管理学院打造成为国内一流的职业店长学院，“十三五”期间，一方面继续与深圳市百果园实业发展有限公司（简称“百果园公司”）进行深度合作，将百果园学院、现代学徒制店长班做出质量和特色，为百果园公司2020年完成开店5 000家的战略目标提供人才的储备与支持；另一方面将名创优品股份有限公司（简称“名创优品公司”）作为强强联手、战略性合作的又一个重要企业，通过双方的深度合作，培养一批高素质的职业店长，满足该公司每年1 000家开店速度对人才的需要，并通过打造“海外店长班”培养一批精英店长，为公司在海外市场的拓展提供人才支持。在此基础上，整合管理学院现有的工商企业管理、市场营销、连锁经营管理、电子商务和物流管理5个专业，与广东省连锁协会和中国连锁协会合作，在零售连锁企业中找寻除现有的果品、小百货外的其他合作企业，重点在化妆品等美容行业领域寻求合作机会，培养职业店长。通过行业、企业与学校优化资源配置，创新线下与线上职业店长人才培养模式，共同培养经济社会发展所需要的现代零售业的高层次技术技能型人才。

（二）校企合作组建特色专业学院和职教联盟，并尝试组建连锁型职业店长职教集团

“十三五”期间，管理学院在已有的华好学院、百果园学院等特色学院的基础

上，以工商企业管理专业为依托，与名创优品（中国）有限公司合作成立名创优品学院，培养企业所需要的职业店长，满足企业迅速扩张对高质量人才的大规模需要。电子商务和物流管理专业在条件成熟时也可与企业合作成立特色专业学院，或两专业整合成立电商学院。百果园学院和名创优品学院在条件成熟时，在全国相关高职院校成立百果园学院和名创优品学院的连锁学院，并在原有百果园职教联盟的基础上，面向全国高职、中职甚至本科高校发起成立名创优品职教联盟。国家鼓励中央企业和行业龙头企业、行业部门、高等职业院校等，围绕区域经济发展对人才的需求，牵头组建职业教育集团，支持有特色的专科高等职业院校以输出品牌、资源和管理的方式成立连锁型职业教育集团。“十三五”期间，在百果园职教联盟、名创优品职教联盟获得良好发展的基础上，牵头成立职业店长连锁型职业教育集团，为现代连锁型的零售业培养职业店长。

（三）加大与行业协会合作的力度，使校企合作从单纯地面向行业领先企业转向政、行、企、校四方联动

校企合作是职业教育生命力的根基，是管理学院探索新型二级学院发展模式的立足点。在继续优化校企合作质量的基础上，管理学院将加大与政府、行业协会合作的力度，使校企合作从单纯地面向行业领先企业转向政、行、企、校四方联动，深入开展基于校企合作的特色学院建设，在积极引入外部资源助力人才培养的同时，尝试以优质的教育教学资源服务企业、服务地方经济，逐步将校企合作关系引入良性互动的新局面。“十三五”期间，校企合作方面的重点工作内容：一是围绕职业店长人才培养定位，探索与广东省连锁经营协会、中国连锁经营协会等行业协会的深度合作，与百果园公司、名创优品公司充分发挥职业教育联盟的平台支撑作用，加强行业、企业与校际的资源共享。二是完善校企合作评价制度与工作机制，优化校企合作伙伴，提升校企合作的系统性与针对性。三是充分发挥校内实训基地在校企合作中的作用，在满足学生实习实训需求的基础上，凝练优质教研成果服务区域社会经济发展，促进校内实训室转型升级为综合服务平台。四是整合电子商务专业与物流管理专业教学资源，联合中职院校及相关服务机构，建设县域电子商务创业人才培养平台。五是选择具备潜力的教师与课程，联合校外专业机构进行二次开发，提升教学服务向外输出的能力，力争打造2～3个受到社会肯定的服务项目。

（四）制定和发布现代学徒制专业教学标准，扩大现代学徒制的办学与人才培养模式的试点成果和实施范围

“十三五”期间，在百果园学院继续推行“店长班”现代学徒制的办学模式和人才培养模式，完成广东省职业教育专业教学标准研制项目——“现代学徒制高职市场营销专业教学标准”，不断总结试点的经验和成果，按照“合作共赢、职责共担”原则，在实施招生与招工一体化的基础上，校企共同设计人才培养方案，共同制定专业教学标准、课程标准、岗位标准、企业师傅标准、教学组织标准、教学质量评价标准、质量监控标准及相应实施方案，经省教育厅验收后向省内和百果园职教联盟

发布该标准。在此基础上扩大现代学徒制的办学与人才培养模式的实施范围，与条件成熟的名创优品公司、伊丽莎白美容连锁机构等企业共同开展现代学徒制的人才培养，推广百果园公司店长班的试点成果，完善现代学徒制的校企双主体办学、双元培养的体制、机制和人才培养模式。

（五）整合全院资源和力量，积极申报品牌专业与特色学院，全面提升人才培养的质量和水平

切实把广东省品牌专业和广州市特色学院的申报与建设摆在“十三五”工作的重中之重进行谋划和推进，在培养一流人才、产出一流成果、打造一流平台、造就一流师资等“四个一流”上下功夫。管理学院将整合工商企业管理、物流管理两个省重点专业以及市场营销、电子商务和连锁经营管理三个市重点专业的相关资源与业绩，以打造“职业店长”培养学院为目标，积极申报广州市特色学院。以国家教学成果奖、国家教学名师、省重点专业、省优秀教学团队、省级实训基地、国家级技能竞赛获奖为基础，在创新人才培养的体制、机制及人才培养模式、高水平师资队伍的建设与培养、在线开放课程与新型一体化教材、校内外实训基地建设、国际化交流与合作、产学研与社会服务以及教学质量保障体系建设、创业创新型人才培养等方面下大功夫，并注重标杆引领，找准自己学习和比较的最佳对象，扎实推动专业建设，力争成为国内同类专业中的一流标杆。

（六）以“服务、创新、专业、发展”为宗旨，大力加强教师发展中心与师资队伍建设

“十三五”期间，教师发展中心进一步探索教师发展长效机制，建立常态化的教师交流平台，提升教师教学、科研、社会服务与文化传承能力，进而提高教师教学能力以及自我学习与协作发展的水平，促进教师专业发展。主要围绕教学观念与文化传播，运用现代教育思想和教学手段，实现教学管理现代化；围绕教学与课程研究，发现教学问题，探索教学规律，形成教学理论、教学评估、教学方法、教育技术、教育心理学等教学研究领域的相关成果；围绕教学培训与指导，形成“新教师培训站”“骨干教师训练营”“职业发展咨询室”“名师工作室”等多个教师发展工作坊以及教学午餐会、教学沙龙、教师俱乐部、教学竞赛等机制化、常态化、长效化的教学交流项目，扶持和培养一批骨干教师、优秀教师、高职教育领军人才以及教学名师，打造理论扎实、经验丰富的省级教学团队。围绕教学评价与反馈，在明确教学质量评价目标和评价标准的前提下，针对教师教学质量、教学工作过程和学生学习效果开展诊断性评价、形成性评价和总结性评价，形成以学校为本、结合教师自我评价和教师发展中心评价的教学评价与反馈体系。围绕教学咨询与服务，设立教师成长档案，为广大教师提供教学录像、教研沙龙、微格诊断、评教结果深度分析、教学生涯整体设计、心理辅导与危机干预等有关教学、职业规划、心理健康等个性化咨询服务；建立完善的教学资源网络，提供课程资源、学术文献资源、名师线上工作室、优秀教师访谈、电子期刊、教学思考与工作提示、教学参考资料、教学交流与讨论等资源服务。

（七）在成立管理学院研究中心的基础上组建若干研究所，提升管理学院科研与社会服务水平

科学研究是提升人才培养质量的前提，是支持管理学院可持续发展的基础。在成立管理学院研究中心，全面提倡以科学的精神和方式开展工作与学习的基础上，管理学院将加大力度强化专业带头人、教研室主任、中青年骨干教师的科研意识与科研能力，围绕专业培养学术带头人与研究团队，形成适应人才培养需求的研究体系，力争在1～2个专业领域组建若干研究所，形成有一定社会服务能力和社会影响力的研究成果。“十三五”期间，科研方面的重点工作内容：一是联合校内外机构共建现代服务业研究中心，搭建教师科研平台；二是重点培育以教师发展中心为平台的教师成长研究、以百果园职业教育联盟为平台的果品流通行业数据研究和店长人才发展研究、以创业教育中心为平台的小微企业发展研究等项目；三是加大全体教师，特别是专业带头人、教研室主任、中青年骨干教师的科研能力培训，支持教师通过挂职锻炼、社会兼职、访学、参加高层次学术会议等形式提升科研水平；四是引入具有较高科研水平或社会服务能力的高层次人才。

（八）加强思想政治教育与学生管理工作，启动名生工程，全面提升人才培养质量与就业质量

在思想政治教育工作进行过程中创新工作方法，采用寓教于乐的方式，努力提高思想政治教育质量。积极提高学生党员和学生干部的整体素质，发挥他们在日常的学习和生活中起到的作用。大力抓学风、提高教育质量的同时，充分发挥第二课堂的导向作用，努力营造学习氛围，创造学习条件，服务学院的中心工作。素质拓展活动名目众多，品牌活动有待拓展，发展品牌活动，减少活动数量，提高活动质量和影响力。重视专业社团的扶持，发挥其在拓展素质中的重要作用。就业教育不够深入，学生就业质量有待提高，针对这种情况，我们必须重视毕业指导和就业教育的作用，实行“全程化”的就业教育。在此基础上启动名生工程。名生工程一是让学生在学校提供的平台上学得好，培养一批技能竞赛优胜者；二是在企业提供的平台上做得好，培养一批准店长、经理；三是在自己创造的平台上发展好，培养一批成功的创业者。以此全面提升人才培养质量与就业质量。

五、管理学院转型升级为“职业店长学院”的实施方案

在管理学院“十三五”发展规划中，“职业店长学院”是未来五年的建设重点，也是一个核心，各项工作都将围绕它来展开。传统的二级学院大多按照学科体系进行设置，如管理学院，本科也是这样设置。而“产教融合、校企合作”是职业教育的基本规律，如果管理学院没有确定的行业背景、相关专业没有确定的工作岗位，想做出质量、做出特色都难。我们已经成立了校企双主体办学的华好学院、百果园学院，其他学校也都有这类的企业学院，但事实证明，以一个企业的名称来命名教学的机构并不是最好的选择。一方面校企合作不会从一而终，当两者不能协同发展、不能持续双赢，必将分道扬镳，更何况企业受市场的影响较大，故对人才的需要也难以持续永恒。另一方面无论是从学生的需求还是服务社会的责任来看，长期以一个企业的名称来命名二级学院等教学机构

都不是很适合的。基于此，我们面对中国零售业对职业店长长期稳定及庞大的需求，成立职业店长学院，华好学院、百果园学院依然保留，它们是职业店长学院下属的以企业为主导成立的企业学院，它是动态的、开放的，今年是百果园学院，明年也可吸收千果园学院加入。而管理学院与职业店长学院的关系是，前者是为顺应现有的体制，由上级主管部门确定的编制内的机构名称，职业店长学院是其内涵和特色。为了统一思想和行动，我们专门制定了管理学院转型升级为“职业店长学院”的实施方案。

管理学院转型升级为“职业店长学院”的实施方案

中国高职教育正处于一个转型升级的年代，因为行业企业在转型升级，高职各专业的人才培养目标、人才培养模式、课程设计与组织以及校企合作模式等也需相应转型升级，而原有按学科体系构建的二级学院也需要转型升级。像管理学院，它由市场营销、工商企业管理、连锁经营管理、电子商务和物流管理等专业组成，大多专业没有行业背景，很难进行深度的产教融合与校企合作，专业群的建设很难基于产业链进行整合与优化，无法实现广州市教育局关于“一学院、一产业”的特色专业学院建设要求。根据国家信息统计中心有关调查数据显示，中国零售业在未来几年各类专业人才的需求量约1 000万人，而市场供应量仅有400万人左右，特别是店长人才缺口很大。目前中国高职尚无一家“职业店长”培养学院，也没有店长职业资格标准和专业教学标准。为此，管理学院拟围绕现代服务业之现代零售业的产业发展，确立“十三五”期间打造“职业店长学院”的发展目标。

一、办学思路

围绕广州市特色学院建设及学校重点专业建设发展规划，将专业、人才培养目标、人才培养模式、师资队伍等的转型升级与区域零售行业的转型升级紧密结合，为现代新型的零售连锁门店培养职业店长，打造国内最为专业的职业店长培养学院。为此构建了“一条主线、两个关键、三个基点、六大任务”的特色学院建设思路。

一条主线：将管理学院打造成为国内最为专业的“职业店长”培养学院。

两个关键：一是专业建设，二是课程建设。努力将专业群中的领头专业和主干专业打造成为广东省品牌专业，并成为国内一流专业；建设可推广、可示范的培养职业店长的课程体系及核心课程，并建成在线开放课程，同时服务其他院校和社会相关人员的学习。

三个基点：特色学院建设一定要围绕“学生、企业和教师”三个基本点，学生与教师的成长以及服务企业的成长是特色学院建设的根本。

六大任务：一是以教育生态建设为基础，加强领导班子建设，构建协同创新氛围，将管理学院建设成为“职业店长学院”，为“五合一”高地建设奠定基础；二是以原有百果园学院、华好学院等特色企业学院为基础，进一步构建校企双主体办学，探索以企业为主导的办学体制和机制；三是在试点成功的基础上，职业店长学院全面推行现代学徒制人才培养模式；四是在“人人成才”的育人前提下，启动“名生工程”，培养一批优秀的职业店长、经理及自主创业学生；五是加强管理学院教师发展中心和科研中心的建设，培养“双师型”教师和高层次人才，全面提升教师的教学水平与科研和社会服务能力；六是加强国际合作与交流，吸引海外留学生，同时配合企业的海外连锁门店的拓展战略，为企业开办“海外店长精英班”。

二、各专业发展定位

“十三五”期间，管理学院围绕现代零售行业职业店长培养目标，明确各专业发展定位。“零售业”是将商品及相关服务提供给消费者作为最终消费之用的行业。它针对特定消费者的特定需求，按照一定的战略目标，有选择地运用商品经营结构、店铺位置、店铺规模、店铺形态、价格政策、销售方式、销售服务等经营手段，提供销售和服务。职业店长学院培养的人才主要服务于“对传统零售业进行经营、管理、服务或技术改造和升级”，适应现代人和现代城市发展需求的零售新业态，定位于单店面积在300平方米以内、营业额每年在1 000万元以内的连锁零售门店。例如，目前开店已达1 300余家的在亚洲水果零售位于第一的百果园公司，两年时间开店1 100家（小百货店）、营业额达50亿元的名创优品公司，面向全国3 000家美容连锁店提供美容化妆产品的广东华好集团，以及为广大网上开店的店主提供服务的淘宝大学，均是我们已经深度合作的企业。管理学院已为这四家公司培养了大批合格乃至优秀的职业店长或储备店长。

围绕现代零售行业职业店长培养目标，管理学院各专业发展定位是：以工商企业管理专业为核心，以市场营销专业为龙头，以连锁经营管理和电子商务专业为两翼，以物流管理专业为支撑，打造国内最为专业的职业店长学院。工商企业管理是省重点专业和省优秀教学团队，拥有各专业共享的2门国家级精品资源课、国家教学成果奖及服务教师成长的教师发展中心，以其为中心可以为各专业提供发展的平台，发挥本专业培养职业店长的管理优势以及自主创业能力。市场营销专业在全校率先成立双主体办学、以企业为主导的特色专业学院——百果园学院，探索现代学徒制，被教育部选为典型，在2015年现代学徒制国际研讨会上做经验介绍，以其为龙头可引领各专业人才培养模式的转型升级。而连锁经营管理和电子商务两个专业是特色学院的两个翅膀，缺一不可，需要“线上线下”协同培养职业店长。而物流管理专业也是省重点专业，是特色学院的后盾，为各专业培养店长提供线上线下门店“物流”服务的支撑。如图1所示，为职业店长学院各专业发展定位图。

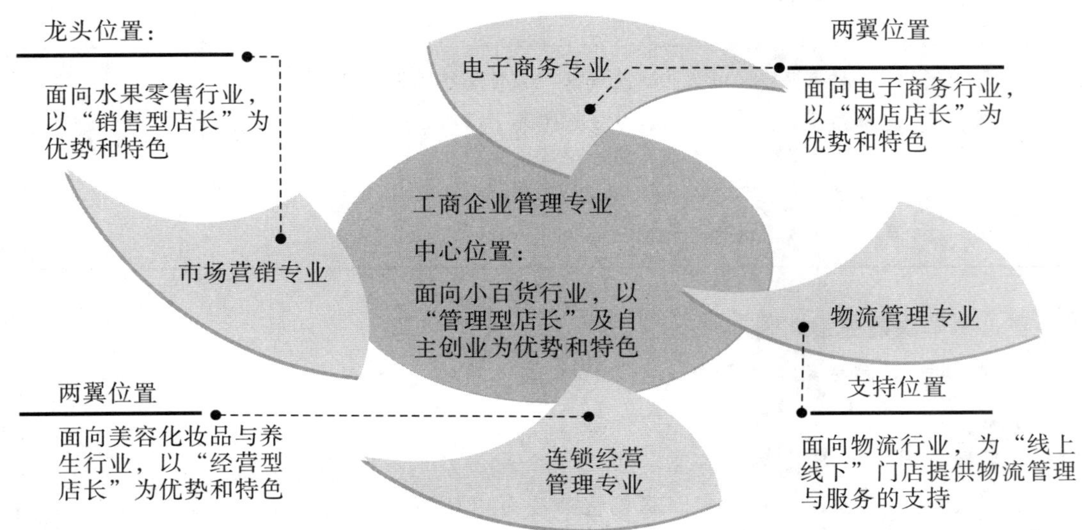

图1 职业店长学院各专业发展定位图

职业店长学院内部各专业具有优势互补作用，能促进专业间的合作与共享，提升专业建设水平，增强服务经济社会能力与集成创新能力，如表1所示。

表1　职业店长学院专业结构及优势互补对照表

序号	专业名称	各专业在特色学院中的定位与优势互补	服务的行业与企业代表	专业建设成果
1	工商企业管理	中心位置：以2门国家级专业共享的精品资源课及创业教育中心、教师发展中心的建设成果为各专业培养职业店长奠定基础；以小百货零售为依托，以“管理型店长”培养及自主创业开店为专业发展的优势和特色	小百货零售行业，以名创优品公司为代表	广东省重点专业；广东省优秀教学团队；国家教学成果奖
2	市场营销	龙头位置：以率先实施现代学徒制试点为引领，带动各专业人才培养模式的改革；以水果零售为依托，以“销售型店长”培养为专业发展的优势和特色	水果零售行业，以百果园公司为代表	广州市示范专业
3	连锁经营管理	两翼位置：为各专业培养店长提供连锁业态所特有的知识与技能；以美容、化妆品、养生保健为依托，以“经营型店长”培养为专业发展的优势和特色	美容、化妆品、养生保健，以广东华好集团为代表	广州市重点专业
4	电子商务	两翼位置：为各专业培养店长提供“网上开店”所特有的知识与技能；以“县域电商人才服务商”资质为依托，以“网店店长”培养为专业发展的优势和特色	淘宝大学、一洋电商、京东商城	广州市示范专业
5	物流管理	支持位置：物流是“线上线下”零售店经营必备的环节，为各专业培养店长提供“门店仓储”“电商配送”等相关的知识与技能；以零售业“云门店”为依托，以“精益店长”培养为专业发展的优势和特色	京东商城、亿牛科技、百世物流	广东省重点专业

三、拟解决的关键问题

1．解决百果园公司、名创优品公司等零售连锁企业大规模快速发展对“职业店长”的人才需要

百果园公司是亚洲最大的水果零售连锁企业，目前有1 300余家直营专卖店，计划到2020年门店数量达到5 000家。名创优品公司以优质低价挑战线上电商和线下传统百货，两年时间开店1 100家，收入50亿元，在全世界绝无仅有，公司平均每月开店80～100家，未来将以每年1 000家的开店速度在全国及亚洲进行布局。这类发展规模如此之

大、发展速度如此之快的企业在未来十多年的时间里，需要高职院校为其发展提供大量稳定、可靠的职业店长岗位所需要的人才。我们通过建设职业店长学院，百果园职教联盟、名创优品职教联盟以及店长职教联盟，不但自身为企业提供急需的人才，还与企业共同制定职业资格标准、现代学徒制专业教学标准以及店长培训的课程标准，通过在全国相关院校建设百果园学院和名创优品学院的连锁学院为企业提供更为深入和广泛的支持与服务。

2. 解决管理类专业学生没有明确的行业背景和清晰的人才培养定位，就业岗位低端，且无法区分中职、高职与本科的人才培养目标的问题

高职院校传统的市场营销、企业管理等专业大多没有行业背景、产教融合及深度的校企合作，面向各行各业，基于学科体系的理论泛泛培养，如此培养出来的学生不仅对行业、企业、岗位不“专”，难以适应企业激烈竞争的市场需要，也无法满足学生的学习要求，学生常常抱怨在市场干一个月要比在学校学一年收获更大。将管理学院改制为“职业店长学院”且实施现代学徒制，人才培养定位非常明确，就是“职业店长”。学生即使将来离开果品流通、小百货零售这些行业，不做水果专卖店店长、小百货店长，也能去其他各行各业的小型专卖店做店长。这一人才培养定位非常有利于传统市场营销、工商企业管理等专业的改革与发展，进而提高学生的就业质量。而且通过中职、高职、本科衔接，清晰地将中职的人才培养定位于“店员”、高职定位于“店长”、本科定位于统管几家店长的“经理”。

3. 解决高职院校人才培养遇到的“高等性”“职业性”和“教育性”有机融合的问题

目前，很多高职院校的人才培养都遇到“高等性”“职业性”和“教育性”有机融合的瓶颈。很多校企合作的人才培养是夹生饭、两张皮。校内的课程就是以学科体系的理论知识为主，体现“高等性”却做不到“职业性”；而在企业半年、一年甚至更长时间的顶岗实习体现了“职业性”，却给人感觉是让学生提前毕业，无法体现“教育性”。更有甚者，有些企业提供的岗位非但没有多少教育价值，而且就是将学生当作廉价劳动力，这样的顶岗实习更体现不了“高等性”。职业店长学院通过现代学徒制试点就是要改革传统校企合作人才培养中存在的弊端，体现“高等性”“职业性”和“教育性”的有机融合。具体做法是学校老师通过亲身在门店实践了解顾客与员工需求、参加店长培训学习课程、参加片区经理会议等形式，从实践中提炼实战性、实效性强的理论，进而再造课程体系，并开发学生在岗学习的专业课程。企业老师则通过学习专业理论、职业教育理论以及教书育人的思想和方法来提升其“高等性”和“教育性”。更重要的是，校企双方教师彼此通过岗位融合、工作融合、育人融合，最终实现“高等性”“职业性”和“教育性”的有机融合。

4. 解决现代学徒制专业教学标准的研制与推广的问题，扩大了现代学徒制办学与人才培养模式的试点成果和实施范围

管理学院2015年获得了省教育厅“现代学徒制市场营销专业教学标准的研制”项目立项。现代学徒制试点是建设“职业店长学院”的一项重要任务。教育部在《现代学徒

制试点工作实施方案》中明确规定，“完善人才培养制度和标准”是试点的主要内容。到底如何研制现代学徒制的标准，标准研制后又如何推广都没有经验可循。通过职业店长特色学院的建设，我们将现代学徒制市场营销人才培养定位于职业店长，校企按照“合作共赢、职责共担”原则，在实施招生与招工一体化的基础上，共同设计人才培养方案，共同制定专业教学标准、课程标准、岗位标准、企业师傅标准、质量监控标准及相应实施方案。校企共同建设基于工作内容的专业课程和基于典型工作过程的专业课程体系，开发基于岗位的工作内容、职业资格标准。通过组建职教联盟和店长职教集团推行现代学徒制教学标准和试点成果。

5. 解决校企合作“双主体”办学以“企业为主导”而不是以“学校为主导”的问题，进而令人才培养实现“零对接”

在中国高职院校“双主体”办学已有多年历史，但往往以学校为主导，进而无法实现用人单位所要求的学生毕业后与企业岗位的“零对接”。职业店长学院是“双主体”办学，但它是以“企业为主导”，而不是“以学校为主导”，通过校企合作、双元培养，实现与用人单位需求的“零对接”。具体体现在以下几个方面：一是需要企业积极主动地与学校合作实施现代学徒制；二是学生或学徒的培养主要在企业岗位上进行，而不是在学校进行；三是不是一味地将企业的老师引入学校，而是让学校的老师随学生一起下到企业去学习和指导；四是不能脱离企业和市场，单纯将实训基地建到学校，而是直接将实训基地放在企业的工作岗位上，让学生在岗学习。以企业为主导，它不仅在于企业的意愿与热情，更在于企业的规模与发展是否能够支撑现代学徒制的可持续发展，在于企业提供的学徒岗位是否具有真正的教育价值。

四、预期建设成果

1. 建设中国高职第一家“职业店长学院”，成为广东地区零售连锁业的人才培养与储备基地

“十三五”期间，将管理学院建成广州地区专门为零售连锁企业培养职业店长的特色学院。每年将为合作企业输送600余位合格毕业生，并努力将学生培养成为集销售型、管理型、经营型、精益型于一身的店长或储备店长。

2. 组建店长职教集团和相关职教联盟，研制职业店长任职资格标准并推行职业店长认证工作

建设职业店长学院下设的企业学院——百果园学院、名创优品学院、华好学院、电商学院等，并在全国分别建设各自的职教联盟，在此基础上组建店长职教集团，研制职业店长任职资格标准并推行职业店长认证工作。

3. 建设并完善职业店长学院教师发展中心，成为“师资提升与培训基地”

通过建设新教师培训站、骨干教师训练营、名师工作室、职业规划咨询室等项目，并创办《青蓝》期刊、中心网站、中心微信群等多种传播媒介与工具，为零售连锁行业培养职业店长打造适应教学、科研与社会服务的“双师型”教学团队，每年为社会培养店长不少于1 000人次。

4. 启动“名生工程”，让“职业店长学院”成为学生学习、就业、创业兼具个性发展的平台

职业店长学院注重学生个性发展，兼顾学生多方面发展需求，既提供系统的职业教育机会，满足学生继续升学的要求，又指导学生依托学校平台在技能大赛中成为名生，依托企业平台成为优秀店长或经理，依托创业平台成为成功的自主创业者。

5. 产教融合、校企合作的体制与机制将对各相关院校的相关专业群起到辐射与带动作用

职业店长学院按照产业—行业—企业—职业的产业链办学思路打造职业店长，将对各校相关专业建设起到辐射与带动作用，职业店长学院的政校行企共建共管的董事会（理事会）管理模式及自主运行机制，将对各校教学管理改革提供借鉴与示范。

第三部分 完善制度与文化

本人就任管理学院院长（工商管理系主任）8 年间，从一上任制订的工商管理系短期发展的一揽子计划，到后期制定的管理学院（工商管理系）“十二五”“十三五”两个五年规划，再到每个五年期间又根据工作的实际情况制订的一些重要工作的行动计划，为管理学院（工商管理系）确立了符合职业教育规律及自身发展实际的战略，找准了前进的方向。但战略的有效实施、目标的全面达成需要的是整个团队的执行力，而执行力的首要因素是制度与文化的建立。没有规矩不成方圆，制度是管理的基础，但二流的团队靠制度，一流的团队靠文化。面对知识分子这个群体，没有制度不行，单靠制度更是不行，为此，本人在上任之初确定了工商管理系的发展战略后，经过一个寒假的酝酿和准备，出台了《工商管理系教师手册》，制定了各岗位职责和工作标准及规章制度，并首次确立了“进取、高效、真诚、友好”的团队文化。制定该教师手册的目的就在于人人有标准、事事有规范，彻底改变“突击、应付”的工作习惯，希望通过制度的落实，令工商管理系的管理走上规范化、程序化的轨道，让制度逐步形成一种文化，进而成为全体教师的一种自觉行动，从而保证工商管理系战略目标的全面实现。下面与大家分享 2009 年 3 月出台的《工商管理系教师手册》的框架，以及在后来不断修改、补充和完善的岗位职责、规章制度和文化的建设与发展等内容。

一、制定《工商管理系教师手册》

《工商管理系教师手册》封面、封底：

原学校党委书记焦兆平题词：

希望工商管理系成为我校教学部门的管理示范

焦兆平
2009.3.16

原学校校长张连绪题词：

文化是管理的最高境界，打造优秀的团队文化是我们的心愿。

张连绪

2009.3.16

工商管理系文化

进取　高效

真诚　友好

——成为一个敢担当有作为的系

前　言

工商管理类专业虽然不是近年来中国高职发展的主流专业，但它必定是影响高职办学经济效益和社会效益的一个非常重要的专业群。面对飞速发展的高职教育，我们新一任领导班子和全体教师非常有使命感、紧迫感和危机感，既看到面临的机遇也感到严峻的挑战，现已动员所有力量，投入到工商管理系的建设与发展中来。首先，我们站在全院战略发展的角度重新审视工商管理系的未来定位，希望能够成为学校未来发展上档次、上水平的一个重要支柱。其次，我们调整专业结构，重整专业布局，形成了以工商企业管理专业为中心、以物流管理专业为龙头、以市场营销和电子商务专业为两翼的专业建设格局，并确立了打造一个广东省示范专业、一个广州市示范专业、一个院重点建设专业、一个系重点扶持专业的发展目标。

工商管理系拥有一支非常优秀的教师团队，群英荟萃、卧虎藏龙，不乏战略思想和管理理念，但发展的关键在于落实，如何提高团队的执行力是摆在我们面前的一项重要任务。而执行起源于意识，落脚于科学，执行的基础是意志力，执行最后形成一种文化。打造执行力的三个要素是制度、速度和细节。为此，我们推出《工商管理系教师手册》，其目的在于人人有标准、事事有规范，彻底改变“突击、应付”的工作习惯。系主任和秘书有自己明确的工作职责；教研室主任、专任教师、实训室管理员和学生辅导员有自己的工作标准；而日常各项工作有其程序和规则。虽然我们的制度还很不全面和完善，虽然学校也有相关的制度，但我们希望通过《工商管理系教师手册》将学校的制度进一步落实，也希望通过《工商管理系教师手册》的实践来不断完善和规范我们的制度。“进取、高效、真诚、友好”是我们的团队文化，它是我们的价值观，是我们的信仰，体现在我们的一言一行中，我们相信制度的落实一定会使工商管理系的管理走上规范化、程序化的轨道，制度也会逐步形成一种文化，进而成为全体教师的一种自觉行动。

“多少事，从来急；天地转，光阴迫。一万年太久，只争朝夕！”这句话是新年伊始，张连绪院长与我们共勉的毛泽东诗词，我们会以此为激励，为给每位教师打造成长的平台，为给工商管理系谋求更好的发展，为学院做出更大贡献而努力工作！

2009年3月10日

目　录

1. 工商管理系领导班子工作分工与岗位职责
2. 工商管理系教学秘书岗位职责
3. 工商管理系行政秘书岗位职责
4. 工商管理系教研室专业建设标准
5. 工商管理系教师课程建设标准
6. 工商管理系实训室管理员工作标准
7. 工商管理系辅导员参与专业建设工作标准
8. 工商管理系日常工作安排验收制度
9. 工商管理系日常教学管理制度

（1）排课制度

（2）调课制度

（3）课程教材及考试管理制度

（4）听课制度

（5）导师制度

（6）实训室（基地）教学管理制度

（7）教研室教研活动管理制度

（8）与教学相关的财务制度

10. 工商管理系教学管理档案归档内容及责任人

附：工商管理系教师通信录

以上列出了《工商管理系教师手册》的基本框架，目录中所列的相关制度和规范因不断进行补充、调整和完善，在此不再一一列出。这一手册的出台为当时工商管理系的日常管理奠定了非常好的制度基础。在执行过程中，首先从我本人做起，然后落实到系领导班子、教研室主任、专任教师、行政人员，每个人都有自己明确的岗位职责，都有自己的岗位工作标准，大家知道自己该干什么，知道如何去干。很快工商管理系就形成了“进取、高效、真诚、友好”的工作氛围。虽然大家感觉工作比以前任务重、要求高，但很团结、很充实、很开心、很快乐，而当专业与课程建设成果以及教师个人发展的业绩逐步显现的时候，教师们体会到了成功与收获的喜悦，体会到了自我的价值与团队的发展带来的尊重与荣耀。后来《工商管理系教师手册》慢慢发展成为《管理学院制度汇编》。现将管理学院最新的岗位职责与管理制度与大家分享。

二、明确行政人员分工与职责

（一）领导班子分工与岗位职责

学校中层每一次换届都要重新进行领导班子的分工与岗位职责的确定。2017 年管理学院新一任领导班子秉承“以德为先、以德为本”的原则开展工作，带领管理学院全体同仁逐步建立起“进取、高效、真诚、友好”的团队文化，为给每位教师打造成长的平台，为给管理学院谋求更好的发展，为给学校做出更大的贡献而努力工作。根据《广州番禺职业技术学院教学单位领导班子工作条例》的相关要求，管理学院 4 位领导精诚团结、优势互补，既有分工又有合作地进行如下工作安排：

管理学院院长：

①全面负责管理学院各项行政管理工作。

②全面负责店长职教集团和职业店长学院的各项行政工作。

③分管管理学院人事工作，负责人才引进、师资队伍建设、绩效考核和专业技术职务的推荐评聘等工作。

④分管管理学院财务工作，负责各项经费的申报、使用安排和审批。

⑤负责管理学院招生工作。

⑥负责管理学院教学督导管理工作。

⑦负责与学校继续教育学院对接的对外培训工作。

⑧负责与校办对接的来访接待工作。

⑨负责本单位社会治安综合治理和计划生育工作。

⑩完成学校党政和上级主管部门交办的其他工作。

管理学院党总支副书记：

①负责管理学院党务工作。

②全面负责管理学院学生工作。

③负责管理学院学生就业工作。

④负责管理学院的统战工作、保密教育工作。

⑤负责管理学院的工会工作。

⑥负责管理学院的廉政建设。

⑦抓好党总支自身建设，加强学习，努力提高政治素质和业务能力。

⑧完成学校党委交办的其他工作。

管理学院科研副院长：

①协助管理学院院长开展日常行政工作。

②分管管理学院的校企合作工作。

③分管管理学院科研工作。

④负责管理学院创业教育及我校创业教育中心工作。

⑤负责管理学院校外实训基地管理工作。

⑥协助院长做好店长职教集团和职业店长学院工作。

⑦负责国际交流合作办学工作。

⑧完成学校和院领导交办的其他工作。

管理学院教学副院长：

①协助管理学院院长开展日常行政工作。

②协助管理学院院长开展招生工作。

③分管管理学院的教学运行与管理工作。

④分管管理学院的专业建设与教学改革工作。

⑤负责管理学院职业技能竞赛工作。

⑥负责管理学院各专业职业技能鉴定工作。

⑦负责管理学院校内实训基地管理工作。

⑧完成学校和院领导交办的其他工作。

（二）行政人员工作分工与岗位职责

在大多数高职院校，专任教师不坐班，行政人员需要坐班，行政人员是二级学院管理与服务的核心成员，要依靠他们将二级学院这个家看好、管好、为教师们服务好。故行政人员这个团队的建设非常重要，需要进行明确的分工，确定岗位职责并进行有效的实施。管理学院的行政人员分为办公室成员、实训员、辅导员三大类。

1. 办公室成员工作分工与岗位职责

如表3－1所示，为办公室成员工作分工与岗位职责。

表3－1　办公室成员工作分工与岗位职责

岗位	工作分工	岗位职责
办公室主任	1. 主持办公室工作	负责办公室制度建设和业务建设，协调办公室各类行政工作人员开展工作，督促检查各岗位职责的执行情况，保障办公室各项行政工作顺利开展
	2. 上传下达，分解、落实工作任务	传达学院领导的工作指示和任务，分解及检查、督办落实日常行政事务
	3. 师资管理和考核工作	协助学院领导做好管理学院教师招聘、培养培训、考核、评先评优等工作
	4. 广东省一流高职院校建设项目	协助学院领导做好广东省一流学校高水平专业建设工作及二级管理、人事制度改革工作

续上表

岗位	工作分工	岗位职责
	5. 店长职教集团工作	协助学院领导做好店长职教集团成立、日常运行工作
	6. 校企合作工作	协助学院领导做好校企合作、特色学院建设、教师下企业锻炼等备案、管理与考核工作
	7. 来访交流、挂职培养、国际交流	做好外来单位和个人来校交流、挂职锻炼、国际交流等工作
	8. 省级师资培训项目工作	做好省级师资培训项目的组织、管理和服务工作
	9. 教学督导组织工作	协助督导组长编制督导工作计划和日常教学督导管理工作
	10. 其他	完成学院领导、学校职能部门交办的其他工作
教学秘书	1. 日常教学运行管理工作	①组织落实每学期的开课计划和学生选课工作； ②编排课表及其维护更新工作，包括教师、学生和实训室课表； ③协助任课教师办理调、停、补、换等手续； ④完成学期教师授课计划和实训教学计划的收集、整理、保管和上交工作； ⑤负责全院教师学期教学工作量的上交工作； ⑥协助学生办理免修、辅修、重修等申请，做好登记、汇总和上报工作； ⑦完成毕业生资格审查工作； ⑧做好教学数据采集、上报工作
	2. 教学质量监控的组织、实施工作	协助学院领导做好期初、期中教学检查和课程考核等工作
	3. 人才培养方案修订工作	根据学院教学总体规划和教学情况，协助学院领导组织各专业人才培养方案修订工作
	4. 教材管理工作	协助任课教师完成学生用书和教师用书的订购工作，负责教材的发放工作
	5. 考务管理工作	①组织教师命题； ②接收试卷并做好登记、保管、保密工作； ③上报监考教师名单； ④负责安排考试课室； ⑤完成考核材料收集、整理、保管和上交工作
	6. 实践教学运行及监控工作	协助学院领导做好顶岗实习、毕业论文等实践教学环节的组织管理工作

续上表

岗位	工作分工	岗位职责
	7. 职业技能鉴定工作	①汇总各专业每学期职业技能鉴定计划、整理和上交工作； ②上交报名学生的材料和缴费工作； ③协助校技能鉴定中心做好考务及通知发放工作； ④协助各教研室考风考纪宣传会议课室的安排工作
	8. 专业建设和课程改革工作	①协助学院领导做好专业建设、课程建设工作； ②做好教学质量奖及院、校各项教学竞赛组织、评比工作
	9. 招生工作	协助各专业做好招生计划方案、单独招生方案上报工作
	10. 导师工作	协助学院领导做好导师选拔和日常管理、考核工作
	11. 其他	完成学院领导、教务处交办的其他工作
行政秘书	1. 日常行政事务管理工作	①做好各级各类通知、文件收发转递工作，协助办公室主任处理日常行政事务； ②协助办公室主任做好校内外来访接待、公务用餐用车申请工作； ③负责短号申请、信件发放、名片制作、资料文印、公费医疗单和派车单归整、购书清单备案等工作； ④学院办公用品领取和管理工作； ⑤负责办公室环境的布置和整理工作； ⑥负责办公区域设施设备的报修、备案工作； ⑦协助学院领导做好年度工作计划和工作总结整理、上报工作
	2. 师资档案管理	①负责学校和学院文件及教师档案的整理、保管和转递，做好各类文件资料的立卷、存档和查询工作； ②负责学院师资数据采集、归档工作
	3. 会议管理	①负责学院会议室、洽谈室和企业导师工作室、图书室的管理工作； ②负责会议资料的准备、会场安排和会议记录整理等工作
	4. 考勤管理	负责学院考勤的收取汇总和上报、勤工助学岗位的考核和上报工作
	5. 数据平台工作	负责学院数据的采集、上报工作
	6. 工会工作	召集组织学院工会活动及工会物品、补贴发放工作
	7. 计生工作	协助学院领导做好计生工作
	8. 招生宣传工作	协助学院领导做好招生简章、学生手册的制定、整理、上报工作

续上表

岗位	工作分工	岗位职责
	9. 师资培训活动	协助办公室主任做好省级师资培训项目的班级管理、资料整理归档工作
	10. 产学研工作	协助学院领导开展产学研工作，负责校外实训基地协议书、牌匾、校外（企业）兼职教师登记、教师下企业锻炼资料汇总、归档工作
	11. 其他	完成学院领导、学校职能部门交办的其他工作

2. 实训员工作分工与岗位职责

如表3－2所示，为实训员工作分工及岗位职责。

表3－2 实训员工作分工及岗位职责

岗位	工作分工	岗位职责
实训员1	1. 牵头管理学院实训员开展工作	协助学院领导负责管理学院实训基地制度建设和业务建设，牵头、协调实训员开展工作
	2. 实训室日常管理工作	①负责管理学院机房、服务器室、呼叫中心等信息化实训室的日常管理工作； ②根据教学任务书，提前做好实训教学所需的设备、耗材的配备及软件安装等各项工作，保证实训教学能按时进行； ③负责实训设备的维护、保养和报备工作，及时对损坏的设备进行维修及报修； ④负责辖下实训室资产管理工作，确保实训物资账、物、卡一致； ⑤作为实训基地安全管理责任人，维护实训室环境，做好安全防范工作； ⑥做好实训室工作档案管理工作
	3. 网络维护工作	负责管理学院办公区和实训区网络维护工作，确保内部网络通畅运行
	4. 软件维护工作	负责学院实训、各专业考证、技能竞赛等所需软件的安装和维护工作
	5. 兼职安全管理员	牵头实训员对学院的教学、办公环境进行安全检查，及时上报及排除安全隐患
	6. 第三实训大楼环境布置工作	协助领导完成第三实训大楼环境布置和设备选购工作
	7. 其他	完成学院领导、学校职能部门交办的其他工作

续上表

岗位	工作分工	岗位职责
实训员2	1. 实训室日常管理工作	①负责专业实训室的日常管理工作，包括ERP实训室、综合素质训练室、多功能活动室、连锁经营管理实训室、物流管理实训室、市场营销实训室、电子商务实训室、百果园实训室、创业创新学习站、物流实训中心等； ②根据教学任务书，提前做好实训教学所需的设备、耗材的配备及软件安装等各项工作，保证实训教学能按时进行； ③负责实训设备的维护、保养和报备工作，及时对损坏的设备进行报修及维修； ④负责辖下实训室资产管理工作，确保实训物资账、物、卡一致； ⑤作为实训基地安全管理责任人，维护实训室环境，做好安全防范工作； ⑥做好实训室工作档案管理工作
	2. 兼职资产管理员	①负责管理学院资产管理工作，对接学校资产管理处做好设备采购、验收、领用、登记、报废等工作； ②做好资产建账造册、资料编目、设备编号等工作，严格设备入库、出借、赔偿、报损等审批制度； ③负责学院设备维护工作，发现故障及时检修，重大故障及时上报
	3. 网络维护工作	做好管理学院办公区和实训区网络维护工作
	4. 软件维护工作	负责学院实训、各专业考证、技能竞赛等所需软件的安装和维护工作
	5. 第三实训大楼环境布置工作	协助领导完成第三实训大楼环境布置和设备选购工作
	6. 其他	完成学院领导、学校职能部门交办的其他工作
实训员3	1. 实训室日常管理工作	①负责华好学院实训基地的日常管理工作； ②根据教学任务书，提前做好实训教学所需的设备、耗材的配备及软件安装等各项工作，保证实训教学能按时进行； ③负责实训设备的维护、保养和报备工作，及时对损坏的设备进行报修及维修； ④负责辖下实训室资产管理工作，确保实训物资账、物、卡一致； ⑤作为实训基地安全管理责任人，维护实训室环境，做好安全防范工作； ⑥做好实训室工作档案管理工作

续上表

岗位	工作分工	岗位职责
	2. 华好学院企业方教师管理工作	①协助学院领导做好华好学院企业方教师日常管理工作； ②做好企业教师每学期教学工作量、课酬核算、上报及课酬报销工作； ③协助做好企业方教师外出会议、培训申报、组织工作； ④负责华好学院企业方教师办公物资的申领工作
	3. SYB 创业培训工作	①协助学院领导做好 SYB 创业培训统筹工作； ②做好 SYB 宣传、师资选派及管理、日常班务管理、材料上报等工作； ③做好省市创业培训定点机构资格申报和上级主管部门对接工作； ④负责向学校教务处申报 SYB 全院选修课的相关工作
	4. 职业店长教育集团工作	协助学院领导做好店长职教集团成立、日常运行工作
	5. 全国零售训练营工作	协助学院领导做好全国零售训练营宣传招生、师资选派及管理、日常班务管理、材料上报等工作
	6. 华好学院兼职资产管理员	①负责华好学院资产管理工作，做好设备采购、验收、领用、登记、报废等工作； ②做好资产建账造册、资料编目、设备编号等工作，严格设备入库、出借、赔偿、报损等审批制度； ③负责华好学院设备维护工作，发现故障及时检修，重大故障及时上报
	7. 学院兼职信访员	接待、受理、协调、答复、处理承办上级部门批办的重要信访案件
	8. 其他	完成学院领导、学校职能部门交办的其他工作
实训员 4	1. 创业实训室基地日常管理工作	①负责创业产业园、创业孵化园的日常管理工作； ②负责创业实训基地入驻项目的日常管理工作； ③负责实训基地的维护、保养和报备工作，及时对损坏的设备进行报修及维修； ④负责实训基地资产管理工作，确保实训物资账、物、卡一致； ⑤作为实训基地安全管理责任人，维护实训室环境，做好安全防范工作； ⑥做好实训基地工作档案管理工作

续上表

岗位	工作分工	岗位职责
	2. 创业教育中心行政工作	①负责创业教育中心办公物资的申领和管理工作； ②负责创业教育中心书籍的管理和借阅工作； ③协助中心领导组织开展创新创业项目申报工作； ④协助中心领导组织开展各级创业大赛的宣传、申报工作； ⑤协助中心领导收集学校大学生创业的相关数据，编写创业成功案例； ⑥协助中心领导做好校外创业实训基地管理工作
	3. SYB 创业培训工作	协助学院领导做好 SYB 创业招生宣传、日常班务管理、材料上报等工作
	4. 创业社团指导工作	①指导创业社团开展创新创业类竞赛、举办创业论坛等活动； ②指导创业社团日常运行、干部换届等工作
	5. 淘宝大学县域人才培养工作	协助学院领导做好淘宝大学县域人才培养工作
	6. 其他	完成学院领导、学校职能部门交办的其他工作
实训员 5	1. 创业实训基地日常管理工作	①负责创业产业园、创业孵化园的日常管理工作； ②负责创业实训基地入驻项目的日常管理工作； ③负责实训基地的维护、保养和报备工作，及时对损坏的设备进行报修及维修； ④负责实训基地资产管理工作，确保实训物资账、物、卡一致； ⑤作为实训基地安全管理责任人，维护实训室环境，做好安全防范工作； ⑥做好实训基地工作档案管理工作
	2. 创业教育中心行政工作	①负责创业教育中心设备管理和维护工作； ②负责创业教育中心档案管理工作； ③协助中心领导组织开展创新创业项目申报工作； ④协助中心领导组织开展各级创业大赛的宣传、申报工作； ⑤协助中心领导做好大学生创新创业训练计划项目宣传和管理工作； ⑥协助中心领导做好创业训练营招生宣传、组织管理工作
	3. SYB 创业培训工作	协助学院领导做好 SYB 创业招生宣传、日常班务管理、材料上报等工作

续上表

岗位	工作分工	岗位职责
	4. 创业社团指导工作	①指导创业社团开展创新创业类竞赛、举办创业论坛等活动； ②指导创业社团日常运行、干部换届等工作
	5. 工商模拟市场实训工作	①协助学院领导做好工商模拟市场集中实训组织、管理工作； ②组织做好工商模拟市场实训经营成果大赛
	6. 其他	完成学院领导、学校职能部门交办的其他工作

3. 辅导员工作分工与岗位职责

如表 3－3 所示，为辅导员工作分工及岗位职责。

表 3－3　辅导员工作分工及岗位职责

岗位	工作分工及岗位职责
学工办主任 团委书记 学生支部书记	①主持学生工作、办公室全面工作； ②履行党总支委员职责，处理党总支相关事务； ③负责对外联络，协调和安排本单位辅导员老师工作； ④学生党务工作（支部建设，推优入党，党员的教育管理、考核及组织关系转移等）； ⑤团务工作（团费收缴、团员教育管理、团日活动、入党积极分子培养与考察）； ⑥主管班级：2016 级新生工作，2014 化妆品营销专业 1、2 班，2015 电子商务专业 1、2 班，2016 连锁经营管理专业 1、2、3 班
辅导员 1	①学生就业工作（含校友、创业、征兵入伍等）； ②心理健康教育与咨询、二级心理辅导站日常工作； ③主管班级：2014 电子商务专业 1 班，2014 化妆品营销专业 3、4 班，2015 化妆品营销专业 1、2、3 班，2016 电子商务专业 1、2 班
辅导员 2	①负责学生社团（协会）相关工作； ②橱窗（板报）宣传工作； ③“挑战杯”工作、专业技能竞赛； ④贫困生调查、认定、助贷与教育工作； ⑤助（贷）后管理（如安排受助学生参加义务劳动、自强之星评选）工作； ⑥学生国际交流工作； ⑦主管班级：2014 物流管理专业 1、2 班，2015 物流管理专业 1、2 班，2016 物流管理专业班

续上表

岗位	工作分工及岗位职责
辅导员 3	①办公室日常工作（考勤和值班表、物资领取与管理、会议记录、学生值班等）； ②学生档案管理、信息统计，工作计划、总结、文件、通知等起草和发放； ③新闻（文字）宣传工作、指导学生通讯社开展工作，学生工作简报的编辑、新媒体（微信、微博发布及管理）工作； ④宿舍管理（宿舍文化建设、宿舍卫生与纪律检查、晚归情况处理、订火车票）工作； ⑤学生保险办理与理赔相关事宜； ⑥学风建设（寄发“家长信”“成绩单”）、学业奖学金评比、学生各类奖惩工作； ⑦主管班级：2014 市场营销专业 1、2 班，2015 市场营销专业 1、2 班，2016 市场营销专业 1、2 班，2016 工商管理专业 1、2 班
辅导员 4	①负责体育专项工作； ②大学生素质拓展计划（素质项目的认定与素质奖学金评比）工作； ③“三下乡”工作（校企合作）； ④青年志愿者工作（指导青志部、新风学习会开展志愿服务工作）； ⑤2015 级新生入学事务； ⑥主管班级：2014 工商管理专业 1、2 班，2014 电子商务专业 2 班，2014 百果园 1、2 班，2015 百果园班，2015 工商管理专业 1、2 班，2016 百果园 1、2 班
辅导员 5	①指导学生团委、学生会开展工作； ②负责学生干部管理、考核与培训、各级学生干部评优工作； ③班级建设与管理，主持班长团支书例会，开展班级考核及评比工作； ④指导学生艺术团开展工作，负责文娱专项工作，开展各类校园文化活动； ⑤开展各类主题教育活动（如文明教育、安全教育、“三观”教育等）； ⑥主管班级：2014 美容专业 1、2 班，2015 连锁经营管理专业班

三、建立与完善日常管理制度

二级学院是一个学校相对独立运作的机构，特别是对于实施二级管理的学校。因此，如何保证二级学院规范、有序、高效地运作是高职院校中层领导者必须要解决的问题，制度的建立无疑是基础。虽然学校在总体上都有宏观的、普适性的制度和规范，但要想在二级学院有效地落实，需要根据自身的实际进行细化、补充与完善甚至查缺补漏，为此管理学院专门制定了日常行政管理制度、日常教学管理制度、实训室管理制度，以此实现事事有标准、人人有规范、各项工作都有制度的保证。

第一章　工作信息管理制度

为充分发挥管理学院公众信息平台（公共邮箱、QQ群、短信平台）在信息传递和信息交流中的积极作用，提升信息管理的效率和效果，规范舆情传播和服务工作，确保管理学院公众信息平台信息质量和安全，结合我院工作实际情况，特制定本暂行办法。

一、信息发布部门

管理学院的公共信息平台信息发布由管理学院办公室负责统筹管理和监督。管理学院学生组织和社团等建立的官方微信群、QQ群、短信平台，归口管理学院团委管理。学院办公室主任和学生工作办公室主任分别安排相关信息员发布信息。

二、信息发布范围及渠道

1. 会议方式：涉及非常重要的工作或上级精神传达，通过召开全体教师会议或相关人员会议传达或安排工作，接到会议通知后各位教师不能无故缺席。

2. 短信方式：学校及管理学院涉及全体教师的工作任务、会议、假期调停代补课安排等，不需要专门开会的，统一通过短信平台传达。

3. QQ群方式：涉及部分人员、属于选做范畴的工作或信息，通过QQ群传达。

4. 邮箱方式：需要留存文件、规章制度及其他信息，通过公共邮箱传达。

三、信息反馈与工作完成

凡发给个人的信息或工作内容，接收者务必及时予以回复并跟进相关工作，有问题可及时沟通。学院会视情况公布不予反馈和工作不予落实的人员信息，严重者领导安排约谈。

四、其他

1. 各信息员在信息平台发布、转载有关信息必须遵守国家有关法律法规，不得发布违规信息。

2. 信息平台发送的信息应完整准确，不能断章取义，不宜过长，尽量避免重复发送和反复修改变更，让人无所适从。

3. 不宜在上述公共信息平台上发布与工作不甚相关的内容，生活娱乐等可选择管理学院微信平台交流。

第二章　日常工作安排验收制度

1. 各位教师一定保持与学院良好的沟通渠道，确保信息通畅，如果变更电话和邮箱号码，请及时通知行政秘书。

2. 管理学院由学院领导或学院领导委托教学秘书、行政秘书布置传达工作，教研室由教研室主任布置传达工作。

3. 管理学院通过面谈、会议、电话、短信和电子邮件以及学院公共邮箱向大家布置安排工作。以电话、短信和电子邮件方式布置工作请大家一定予以回复。

4. 布置工作时要交代工作的内容、完成时间、完成要求等，布置人员同时做好记录。

5. 在布置任务要求完成的前一天，布置人员通过电话、短信再次提示上交时间。

6. 接受任务的人员要按时、按质、按量完成学院和教研室交办的各项工作任务，如遇困难和特殊情况不能按时完成的，需提前向学院或教研室汇报，寻求帮助解决。

7. 对于教师们上交的工作任务，负责布置工作的人员进行验收，记录上交的时间和基本完成情况。

8. 每次学院布置工作的完成情况全部记录在案，作为年终考评、各项评优、日常学院内奖励和年终公益金发放的基本依据。

附表 1　管理学院教研室日常工作完成情况登记表

工作任务	教研室名称	要求上交时间	实际上交时间	完成情况
	工商企业管理教研室			
	物流管理教研室			
	电子商务教研室			
	市场营销教研室			

附表 2　管理学院教师日常工作完成情况登记表

教师姓名	工作任务	要求上交时间	实际上交时间	完成情况

第三章　日常教学管理制度

一、人才培养方案的制定

各专业每年依据学校关于专业人才培养方案制定的相关文件和 OA 系统（办公自动化系统）通知，完成人才培养方案的制定和修订，并按时提交。

二、排课制度

1. 教务处下发“教学任务安排表”。

2. 教研室组织填写。

(1) 排课。由教研室统一安排任课教师及教学周。

(2) 上课安排。各位教师统筹好自己的上课时间，提前将需要外出或者其他特殊情况在安排表中明确标明，具体到周次节次。

(3) 教材订购。学生用书订购需按照教务处要求在教学任务安排表中填写，同专业同一门课程应使用相同的教材；教师用书订购请任课教师务必在教学任务安排表的“教师用书”一列对应的地方填上数量，否则教务处视为不需订购教师用书；若只需订购教师用书而无需订购学生用书，请务必在备注处标明。

（4）公示上交。教研室完成排课，表格公示无异议后经教研室主任和学院领导审批后上交教务处。

3. 课表调整要求。教学安排上教务系统完成排课后，如因特殊情况需要调整的，需按照学校教务处相关规定，填写“教师课表调整申请表”并经审批后方可调整。

4. 多名教师共同担任同一门课程教学任务的，由课程负责人牵头相关任课教师进行集体备课。

5. 依据教务处通知发放教师课表及学生课表。

三、授课计划

1. 教学秘书在排课完成三周内将“授课计划编写安排表”上传QQ群共享。

2. 授课计划。各门理实一体化课程的授课计划由课程负责人依据人才培养方案统一编制，各任课教师依据实际情况调整，授课计划于该学期第一周周四前上交纸质档一式两份至学院办公室，电子档发教学秘书邮箱。

四、调课制度

1. 请各位任课教师亲自办理调课手续，调课系统操作手册见附件。

2. 因公因私需要调课的，请按照学校相关规定办理请假手续，获批后登录教务系统进行调课操作，并将调课信息通知学生。

3. 因外出参观调课的学时每次不超过4学时。

4. 调入实训课室的教学任务，由教学秘书通知实训员负责人，由实训员负责人落实实训室准备工作。

五、考试管理制度

1. 考试命题。课程考核的命题必须按照《广州番禺职业技术学院教学工作规范（试行）》第六章的有关要求进行（具体以教务处每学期的OA系统通知为准）。

2. 试卷提交。每门课程的试卷均需填写“广州番禺职业技术学院试卷流转单”，经教研室主任、学院主管领导审核并签字。任课教师（含兼职教师）将已经审核的试卷上交学院办公室，准确填写“广州番禺职业技术学院考试课程登记表”中的课程名称、使用班级、班级人数、考试特殊要求，由教学秘书将试卷汇总上交教务处。

3. 监考。专任教师应肩负起监考职责，参加学校组织的单招监考、补考监考、四六级监考、期末考试监考工作，认真按照《广州番禺职业技术学院监考守则》以及其他监考守则履行监考工作。因学校监考较多，监考均采用统一安排轮流监考的方式，因公不能参加监考的教师需提交书面请假条经领导审批。

六、成绩录入

1. 任课教师必修课按照教务处花名册点名，选修课按照教务处发放的选课名单点名。

2. 按照教务处规定的时间和要求完成成绩录入及成绩单、课程总结的上交。成绩录入操作指南见附件。

3. 对教务处系统成绩录入名单如有异议，请及时反馈给学院教学秘书。

七、听课制度

1. 从事教学工作不到两年的教师每学期听课不少于8节，其他专任教师每学期听课不少于4节；听课需填写“广州番禺职业技术学院教师听课评价表”。

2. 二级学院的负责人及教研室主任，每学年听课不少于5次，学校对领导职务职责另有规定的，按相关规定执行；听课需填写“广州番禺职业技术学院领导干部听课表”。

八、导师制度

1. 导师安排。导师安排由教研室统筹，填写导师资格审核表交教研室主任和学院领导审批，提交教务处备案。

2. 导师指导。

(1) 每月与被指导的学生面谈或集体指导不得少于1次，并应有记录。导师手册见附件。

(2) 导师指导班级学生应基于本专业的人才培养方案，客观、正确地向学生介绍专业课程体系和毕业标准等，让学生了解专业相关情况，辅导学生制订学习计划和选课计划。

九、实践教学管理

1. 实训安排。

(1) 实训课程排课以实训课授课计划为准，实训课授课计划应至少于实训前一周经由教研室主任、学院领导审核后提交教务处及学院办公室，并提前发给相关实训课室管理员和学生。

(2) 实训课程安排需根据学生课表，避开学生公共课程以及任课教师的其他专业课程，在教务处规定的时间段进行安排。

2. 授课计划提交。授课计划一经审核上交教务处一般不予以调整，因公需要调整的，按照之前审批程序重新提交两份授课计划，并将调整情况通知学生。

十、职业技能鉴定

1. 提交计划。各专业每学期应根据人才培养方案，提交本专业的技能鉴定计划。

2. 报考答疑。由各考证负责人根据校技能鉴定中心公示的考证时间安排，组织学生报名，并解答学生的相关问题。

3. 培训及监考。各专业应根据相关文件和规定，参加技能鉴定考务员等培训，参加技能鉴定监考工作，履行监考职责。

4. 考风考纪。各专业必须在本专业的技能工种鉴定前召开考前动员会，严肃考风考纪。

5. 清场布场。按照考场相关文件和通知要求，将所有与考试用具无关的东西，一律清理干净。

十一、校外实训基地管理

1. 各专业成立校外实训基地，必须先与合作单位签订《校企合作共建实训基地协议书》。

2. 共建校外实训基地的合作企业必须是与本专业有密切合作的企业。

3. 校外实训基地需要挂牌匾的，须由负责该项目的教师向学院办公室提出，经请示分管领导同意后，可予授牌。

十二、需要执行的学校相关教学制度与文件

1. 广州番禺职业技术学院专业建设与管理办法（略）
2. 教学任务安排表（略）
3. 教师课表调整申请表（略）
4. 授课计划编写安排表（略）
5. 理实一体化课程的授课计划模板（略）
6. 调课系统操作手册（略）
7. 教学工作规范（试行）和教学事故界定及处理办法（修订）（略）
8. 广州番禺职业技术学院试卷流转单（略）
9. 广州番禺职业技术学院监考守则（略）
10. 成绩录入操作指南（略）
11. 广州番禺职业技术学院教师听课评价表（略）
12. 广州番禺职业技术学院领导干部听课表（略）
13. 导师资格审核表（略）
14. 导师手册（略）
15. 实训课授课计划模板（略）
16. 技能鉴定计划（略）

第四章　日常行政管理制度

一、日常运行

1. 全体教师要按学校和学院的相关制度按时按质按量完成教学工作任务、行政工作任务以及专业建设等任务，完成情况纳入年终的绩效考核。

2. 教职工外出培训、出差、请假等事项，须事先履行相应手续并到学院办公室考勤员处登记备案。

3. 管理学院教师工作例会和专项工作会议以签到方式进行考勤，无签到且未按规定事先履行请假手续的，一律按缺席记录在案，并纳入年终绩效考核。

4. 行政人员实行坐班制，坐班时间需要外出的行政人员，须事先向院长请假，并报考勤员备案。

5. 根据《管理学院工作信息管理暂行办法》（管理〔2015〕1号）的规定，凡发给个人的信息或工作内容，接收者务必及时予以回复并跟进相关工作。

6. 教职工荣获集体奖项、个人奖项，须及时到学院办公室备案存档。

二、教师培训

根据学校《广州番禺职业技术学院教职工在职进修学习管理办法》（番职院人〔2014〕9号）、《广州番禺职业技术学院差旅费管理办法》（番职院财〔2015〕3号）的规定，教职工在职进修学习，须按照规定的程序进行审批及资料提交。

1. 由教职工本人填写“广州番禺职业技术学院教职工申请在职培训报名登记表”，交人事处备案，并交一份至学院办公室行政秘书存档。

2. 需要预付培训费用的，填写借款单，到财务处办理汇款事宜。

3. 培训结束后，参培人员填写“广州番禺职业技术学院教职工培养情况总结表”，交人事处备案，并交一份至学院办公室行政秘书存档。

4. 需要报销培训费用的，填写“差旅费报销单”，附上发票、“培训情况总结表”、培训通知等相关佐证，到财务处办理报销事宜。

三、外出学习与调研

根据学校《广州番禺职业技术学院差旅费管理办法》的规定，以及财务处2015年12月1日《对于外出交流及调研报销的补充通知》，教职工外出调研需严格按照文件规定进行备案、报销等相关手续，具体流程如下：

1. 填写“学习/交流函”，报经费项目主管部门负责人审批。

2. 外出调研须在考勤员处进行考勤备案，行政人员外出调研须经部门负责人（院长）批准。

3. 凡外出交流及调研，除提供本单位公函（含各中层单位）或对方邀请函外，还需提供对方单位接收的公函，或由对方单位部门负责人在我方提供的公函上签名并加盖公章，按学校规定的审批权限经事先审批后按差旅费规定报销。

4. 省内调研需要填写“省内行程安排表”。

5. 差旅费用报销。

根据学校《广州番禺职业技术学院差旅费管理办法》的规定，以及财务处2016年2月28日《关于财务报销问题的若干通知》，对差旅费用的报销做出补充说明：

（1）多人出差，限由一人负责报销，其他报销人均需填写“委托书”，与报销单据一并由被委托人提交财务，财务只将款项划入被委托人一人账户。

（2）关于出差绕道。

①出差绕道需事先按请假制度规定进行审批。

②出差绕道按直线距离报销城际交通费。

③出差绕道不予报销绕道期间的住宿费和任何补助。

④因私绕道须办理人事请假手续。

四、请假管理

1. 事假。

本人填写“请假申请单”，经部门负责人（院长）批准并签字确认，交部门考勤员备案。

2. 病假。

本人填写“请假申请单”，附医院开具的“疾病证明书”，经相关领导签字批准后，交部门考勤员备案。教职工入职5年内，一年中累计请病假时长为1个月；入职5~10年，一年中累计请病假时长为6个月。超过病假日期尚未销假的，学校有权解除劳动合同。

3. 婚假。

本人填写“请假申请单”，附“结婚证”复印件，经相关领导签字批准后，交学校计生办复印存档，原件由部门考勤员备案。婚假的休假日期为结婚证登记日开始算起的一年内，休假时长为3天，婚假包括公休假和法定假。

4. 产假。

本人填写“请假申请单”，附预产期或入院待产相关证明，经相关领导签字批准后，交学校计生办存档，原件由部门考勤员备案。基本产假98天、奖励假30天、剖腹产30天，包括公休假和法定假，不含寒暑假。

5. 陪产/护理假。

本人填写“请假申请单”，附“出生证”，经相关领导签字批准后，原件由部门考勤员备案。证件在休假期间未办好的可以适当缓交，但如一直无法提供相关证件，人事处则会扣回本次休假的工资。女方在享受产假期间，男方有一定时间看护、照料对方的权利，陪产（护理）假时长15天，包括公休假和法定假。

注：

（1）各类假期申请务必在部门负责人、人事负责人审批之后，再请分管副校长、校长审批。

（2）事假2天以内由院长批准，3~5天由分管副校长批准，6天及以上由校长审批。

（3）病假3天以内由院长批准，4~9天由分管副校长批准，10天及以上由校长审批。

（4）婚假、丧假、工伤假、产假、陪产假由分管副校长批准。

五、新教师入职

1. 报到时须提供的材料。

序号	材料名称	内容说明	备注
1	身份证原件及复印件	身份证正反面复印在同一页A4纸上	
2	各层次学历学位证书原件及复印件		
3	各层次学历学位鉴定证明	拿到证明后，才能参照“报到流程”中的第4点办理“骨干/优秀”认定手续，否则不能享受相应待遇（见备注3）	
4	离职证明材料	应届毕业生须提供“人事代理协议或证明”	
5	计生证原件（或婚育证明）		
6	体检表原件	请到学校所在地三甲医院（建议：番禺中心医院）进行入职体检，体检表需贴相片；女职工需加做妇科B超检查	

续上表

序号	材料名称	内容说明	备注
7	户口簿原件及复印件（主页及本人页）	用A4纸复印在同一页	
8	小一寸彩色相片4张		
9	高校教师资格证原件及复印件	有则提供	
10	各级职称证书原件及复印件	有则提供	

2. 报到流程。

备齐材料→报到→签订合同→办理公积金……骨干/优秀认定。

(1) 交齐上述材料后，由人事处开具“报到流转单”，本人凭单到相关部门办理报到手续。

(2) 完成报到手续并接到通知后，本人凭身份证到人事处（1504办公室）签订劳动合同。

(3) 持所签订的劳动合同与住房公积金申请单到财务处（1403办公室）办理公积金相关手续。

(4) 以上材料交齐后，符合番职院人〔2011〕10号文规定条件的，填写“骨干和优秀校编人员认定表”并提交相关佐证材料。

3. 联系方式。

(1) 广州市番禺区市良路××××号××××办公室。

(2) 联系人：刘老师 020－××××××××。

六、企业兼职教师管理

1. 各专业所聘兼职教师需填写“企业兼职教师登记表”，经部门负责人（院长）、教务处、人事处审批后，交院办存档。

2. 企业兼职教师需提供工作证、技术等级资格证书、学历（学位）证书的复印件、身份证复印件、建设银行广州分行卡复印件各一份。

七、教师离职

1. 填写申请。

离职人员须提前一个月填写“离职申请表”，并提交部门负责人（院长）签名同意后，交人事处登记在案。

2. 办理离职手续。

(1) 人事处领导审核通过后，通知离职申请人员回校办理离职手续，工作证须交回人事处。

(2) 离职申请人员根据人事处发放的“离职流转单”，到各部门办理相应的手续。

(3) 本部门手续办理顺序为：

①离职人员到设备管理员处核清设备使用情况并进行设备交接。

②离职人员对各项教学工作进行交接。

③离职人员到行政秘书处确认考勤及行政物品交接情况。

八、日常行政事务管理

（一）来访接待

1. 按学校相关工作要求，校外单位、团队及个人来访，须事先统一提交《来访函》至校办。

2. 根据《来访函》内容，由学院办公室统一请示主管领导负责接待的人员、地点、用餐等。

3. 临时接受来访并申请接待用餐，须提前 2 天向院领导申请，并提交学校办公室审核。

（二）车单申请

1. 校车必须用于公共会议、教学、下企业等公务用途。

2. “公务用车审批单”申请人员必须是在岗教职工，不能由学生申请。

3. 教职工需提前 2 天填写“派车登记表”，注明用车时间、申请事由等信息。

（三）物料申领

1. 日常办公用品、教学文具的领取与使用，需遵循节约原则，按需领取。

2. 大批量的物料领取，请提前一周以上登记预订，后勤处统一采购。

3. 借用可循环使用的物料，需登记借用信息，并如期归还。

（四）用餐申请

1. 教工餐厅工作用餐。

(1) 因公务用餐需要，申请人员须预先填写“餐费结算单”，提出用餐计划，报院长审批。

(2) 用餐标准在每人每餐 10 元以内，由后勤处餐饮管理中心统一安排，费用从部门包干经费支付。

2. 颂雅园接待餐。

(1) 教职工申请颂雅园接待餐，须提前向院长递交“接待来访登记表”进行申请。

(2) 用餐申请经学校办公室领导审批后，由学校办公室统一安排。

(3) 用餐申请须提前两天，且陪餐人员不得超过 2 人。

（五）文印单使用管理

1. 文印单须用于日常教学、办公等用途。

2. 文印单只能由各岗教职工领取，不可由学生代领。

3. 管理学院本部、华好学院日常文印单由×××负责审批，学生及党务工作日常文印单由×××负责审批，创业教育中心日常文印单由×××负责审批。

（六）公章管理

1. 以学院名义上报的文件、材料等，由学院办公室报部门负责人（院长）批准后，方可用印。

2. 以学院名义签订的各项合同、协议等，必须先报部门负责人（院长）审核批准后，方可用印。

3. 学生补办学生证、在校学生的个人身份证明及其他学生的申请证明材料，由辅导员办公室指定专人统一收集后集中到学院办公室办理，学院办公室不接受学生个人的用印申请。

4. 所有印章使用必须做好用印登记。

（七）发文管理

1. 发文必须预先报院长审批。

2. 发文内容须严格按照学校发文格式要求进行拟文。

（八）合同办理

根据《关于印发广州番禺职业技术学院合同管理暂行规定的通知》（番职院〔2003〕75 号），各专业如涉及签订经济合同，须遵照以下流程：

1. 经济合同，即涉及经费支付合同均需进行审计，需先由学校纪委办公室×××老师和×××处长在合同办理申请表的“合同审计意见”处签字后，按金额范围报校长（××万元以上）或分管校领导（××万元以下，××万元以上需校长授权）签字或授权部门或二级学院领导签字后方可盖章。

2. 授权书可到学校办公室领取，可自行复印备用。

3. 授权书存根、合同申请表复印件及 1 份合同正本留存学校办公室备案，授权书证明、合同申请表原件及 1 份合同正本用于结算，因此，建议印制合同时应准备 4 份。

（九）工会工作

1. 教职工正式入职满 1 年后，可自愿申请加入校工会。

2. 根据《广州番禺职业技术学院工会慰问、补助、奖励办法（修订）》（番职院工〔2015〕2 号），符合各项慰问条件的会员，可到工会小组长处填写“工会会员慰问表”，到工会领取慰问金。

（十）计生工作

1. 教职工婚育等个人信息有变更时，须及时更新“个人信息表”，报学校计生办存档。

2. 根据《广州市番禺职业技术学院人口与计划生育管理服务实施细则（修订）》（番职院工〔2015〕3 号），教职工必须按照学校规定，按期落实孕情检查和函调工作。

3. 符合学校计生慰问条件的教职工，可到兼职计生员处填写“计生慰问表”，到学校计生办领取慰问金。

四、加强管理学院文化建设

团队文化是所有团队成员共享并传承给新成员的一套价值观、共同愿景、使命及思维方式。它代表了组织中被广泛接受的思维方式、道德观念和行为准则。建设团队文化，实际上就是要重新审视组织所遵循的价值观体系，根据发展战略重新建立起一套可以共享传承、促进并保持组织正常运作以及长足发展的价值理念、思维方式和行为准则。团队文化有着规范、凝聚、导向和在组织中的定位作用。管理学院正是靠着优秀的团队文化凝心聚气，形成了良好的工作氛围和外部形象。

（一）管理学院的文化

1. 使命：让与管理学院相遇的每个学生、教师、企业以及其他学校都能得到支持、帮助和成长

管理学院的使命就是服务学生、教师和企业的成长，因为我们是国家示范校，也要服务其他院校的发展。这就需要我们首先要有服务的态度与意识，其次要有服务的能力与水平，这样才能得到利益相关者的认可，才能处于职业教育的领先位置，才能真正给各方带来支持和帮助。

2. 愿景：将管理学院打造成国内最为专业的“职业店长学院”

很多学校都有管理学院，如何区分研究性大学？如何在职业教育中做出特色？我们将管理学院的主要人才培养目标定位于“职业店长”，进而建设职业店长特色学院。这样的定位在不远的将来很快就会被人学习和效仿。如何做到一直被模仿、从未被超越？那只有做成国内最为专业的“职业店长学院”。

3. 价值观：进取、创新、高效；真诚、幸福、分享

管理学院在2009年首次确定了“进取、高效、真诚、友好”的价值观，后来随着发展的不断深化与完善，增加了新的元素，就成了现在的“进取、创新、高效；真诚、幸福、分享”。

进取是第一位的，它是事业成功的第一要素。但只有进取没有创新，就很难形成“人无我有、人有我特”的优势。世界发展太快，但人的精力是有限的。如果只是不断地进取和创新，没有高效，就会让教师们沦为苦行僧，非但难以出业绩，更是难以可持续发展。要想高效，首先要有高效的意识，其次方向要正确，再次是方法要科学，掌握这三点高效即可实现。

无论是新教师的招聘还是入职培训，我必问的一个问题是：“请你以过往经历说明，你是职场的第几种人?”

第一种人，能够做到积极进取、自我实现，无论做什么事都积极主动，不需要别人催促，更不需要别人的监督就能把事情做到最好。这一类人能够自动自发地完成各项任务，最明显的特点是，他除了完成领导交办的任务外，还会自发地、主动去完成领导没交办但对组织有益的任务。

第二种人，其做事方式仅次于第一种人。他们也能够做到有事不推诿，一旦领导告诉他该做什么事时，他们能立即去做，并且能保质保量完成领导交办的各项任务。但他们只做领导安排的事或岗位职责的事。

第三种人，比起第一种和第二种人就被动得多了。这一类人做任何事都要别人的督促，典型的特征就是拖延，一旦没有人监督，他们就懈怠了。这一类型的人做事犹如挤牙膏，别人挤一下，他才动一下。

我一直认为“进取心”是人成功的第一要素。以上三种人，哪一种最有可能得到企

业的赏识和重用？哪一种人最有可能获得不凡的成就？企业最需要的是哪一种人呢？毋庸置疑，第三种人是任何一个企业都不需要的，因为他做事被动拖拉，缺乏主动的进取精神，这种做事风格使他们很难把工作做好，更不用说取得不凡成就了。至于第一种和第二种并没有标准的答案，并不是说所有的企业都是第一种人越多越好，事实上大部分企业需要最多的是第二种人，特别是劳动密集型的制造业。当然任何企业都需要第一种人，就我而言，我常常希望这种人占到我员工比例的20% ~30%。为什么太多不好呢？

第一种人会超过领导的预期去做事。在一些领导岗位、需要创新的岗位必须要拥有第一种人。但有些第一种人做事时需要组织给予支持的资源会较多，而组织的资源一方面恰恰是有限的，另一方面领导在资源分配时要考虑平衡。而我在工作中遇到的很多第一种人，他们不向组织争取额外的资源，不给领导找麻烦，不让同事感觉手伸得长，即使木秀于林也是高调做事、低调做人，能平衡好各方的关系和感受，这种人无论对于什么样的组织，我想都是多多益善的。

我认为虽然进取心是最重要的，但光有进取心是不够的，还必须有平常心。如果没有平常心，即使是第一种人，也可能会认为自己无所不能，甚至可以改变整个世界，而不愿意一步一个脚印地踏踏实实做事；总是抱怨命运对自己不公，一旦在工作中遇到困难或者挫折，就想着跳槽，却不知道常挪的树长不大；常常嫉妒他人的才能，却不知道怎样去学习他人，提高自己；常常会指出别人的错误，抓住别人的小辫子不放，却不知道自己身上也有缺点。有些人总是喜欢在人们面前自我标榜，摆出一种高人一等的架势，却不知道在生活中保持低姿态是一种智慧的处世艺术，也是成熟的标志。有的人把领导重视看得比生命都重要，却不知道把冷板凳坐热更需要扎实的功夫和出色的能力。有的人未用功而期效，稍用功而即期成，原因就是他们不懂得欲速则不达，只要注重自身知识的积累，厚积薄发，自然会水到渠成。

“进取心”是一种人生追求，“平常心”是一种处世心态，这是两个不同层面的问题。进取心是成功的第一要素，但若没有平常心这种超脱的心态，不能从容地面对自己，就会常常哀怨自己怀才不遇，慨叹命运的不公。以平常心做人，一个人就能够从容地接受现实，就能够认识到自己的不足与缺点，就能够不断地激发自己的进取心，不断地战胜自己，改变自己，进而改变周围的环境，获得较大成就。

如果说“进取、创新、高效”更多地面向工作，那么“真诚、幸福、分享”则更多地面向人，面向人与人之间的相处和生活。对于绝大多数人来说，工作是为了生活，生活最终是要追求幸福。教师们在一起工作的时间占据了生命中的很大一部分，想让大家在一起开心地工作，有“家”的归属感，需要彼此真诚面对，需要每个人幸福工作和生活。而所有这些，无论是工作还是生活都需要共同分享。幸福的人是快乐的人，是友好的人，是包容的人，是愿意分享的人。一群幸福的人在一起工作，效率是高的，效果是好的。当然幸福是需要能力的，一是要有追求幸福的意识，二是要有感知幸福的能力，三是要有创造幸福的能力，四是要有分享幸福的能力。这些年管理学院一直致力于提升大家的工作幸福指数。

（二）幸福比成功更重要

工作中，我一直传递着一种理念：成功的确很重要，但有比成功更重要的，那就是幸福。成功与幸福都没有一个标准答案，有人说成功了才算幸福，我说幸福了才是真正的成功。没必要玩文字游戏，我们只从通俗说起。一般而言，成功是需要自己去努力，但同时也需要别人认可的；但幸福则不是，它虽然也需要自己去追求，但它不需要别人来证明，只需自己去感受。成功往往是外在的、客观的、有形的，而幸福则往往是主观的、唯心的、无形的。

成功是重要，但它往往是阶段性目标，而幸福则是人生的终极目标。这一点无论是对个体还是对整体都应该是真理。不是说两者不可兼得，而是说我们一定要知道哪个是道、哪个是术，哪个是本、哪个是末。我们需要经常将我们的心灵回到原点，目的就是要溯本求源，我们需要经常纠偏，否则迷失方向便会适得其反。试问你追求的成功是帮助自己达成幸福，还是帮助自己削减幸福呢？当然成功与幸福不一定是在同一时点的产物。它们会有时差。

幸福与成功到底是什么关系呢？有无确定的关系？对于每个人是否都是一样的关系？幸福和成功对某些人可能是正相关，对某些人可能是负相关，而对某些人则可能是抛物线。所以幸福与成功对不同的人、相同的人不同的时期都会有不同的关系。但是既然有"成功学""幸福学"，那么它们在一定程度上总是有规律可循的。有一点可以确定，你只要用心努力，就可以画出一条令自己满意的幸福与成功关于时间的关系曲线。

有人认为人生应该"成大功、立大业"，有人则认为人生应该"淡泊名利，平淡是真"，哪一个更容易获得幸福呢？从人们的成功观中可以看出，有些人是不断进取、高歌猛进，有些人则生性淡泊、知足常乐。前者看后者是不思进取、贪图安逸，后者看前者则是追名逐利、不懂淡泊。我认为当一个人有了名利之后才有资格去谈淡泊，没有名利说淡泊那叫"吃不到葡萄说葡萄酸"。名利是人的欲望使然，欲望可以使人成就大的事业，也可使人欲火烧身。以合理、合法、公正、公平的方式追名逐利在一定程度上对个人对社会都有益，但它需要一定的度。因而在确定成功观时，对于富贵强者，要知足常乐，知足方能安泰，安泰方能惜福；对于贫穷弱者，则要高歌猛进，不断进取。

成功与幸福其实不是很有可比性，因为构成成功的因素与构成幸福的因素有很多不同。从一般规律来讲，成功所带来的财富与名望确实是幸福的重要组成部分。但是幸福毕竟是主观感受，当然不是所有人有了财富与名望都会感觉幸福。成功即使和幸福正相关，它也只不过是幸福的一部分，而随着年龄的不断增长，它占的比例会越来越小。幸福除了成功，还包含健康、友情、爱情、亲情以及爱好等。可我们又有多少人，为了学习、为了工作、为了成功、为了出人头地损害着健康，为了成功淡漠着友情、冷却着爱情、疏远着亲情。

而健康、感情和爱好最大的成本是时间，当然有时是需要金钱，但在时间为稀缺资源的时代，时间往往比金钱更重要。我们需要舍得花时间在自己身上、在爱人身上、在亲人身上、在朋友身上。但我们却常常在无意识的权衡后，自己时间的天平倒向成功那一边，进而是无休止的学习、工作、奋斗、拼搏。最后当没了健康、感情和爱好时，才觉得自己只是一个为学习和工作而努力的奴隶，得到的都是身外之物，而失去的则是那些影响内心幸福最最宝贵的东西，它们却随时间不复再来。

我不希望人们走极端，我只是希望当时间有限、能力有限、资源有限时，能寻找到一个平衡点。工作与生活的平衡、理性与情感的平衡、勤奋与休闲的平衡、学习与交往的平衡、美丽与智慧的平衡、事业与家庭的平衡……所有这些需要的不只是能力，更需要取舍。谁的时间都有限，谁的欲望都无穷；谁的精力都有限，谁的追求都无穷。明确自己的价值观，坚定人生的终极目标，做一个能搞定、能摆平的人才会是一个成功的人、一个幸福的人。

幸福除了成功、健康、友情、爱情和亲情以及爱好以外，还需要一种技能，那就是快乐。这是每个人都必须培养的技能。因为无论我们再努力，健康、友情、爱情和亲情以及爱好有时都会远离我们，只有自己学会快乐，才能让我们的内心变得更加强大，让我们能勇敢、坦然和乐观地面对失败、病痛、孤独、失恋……而快乐的技能需要我们用一生的时间不断地去修炼。

幸福的人是快乐的人，幸福的人是包容的人，幸福的人是成功的人。幸福是人生的目标，也是管理的手段。让我们努力修炼成为一个幸福的人，于人于己，都是一个共赢的好事、善事。

（三）追求工作幸福

追求工作幸福是管理学院倡导的一种价值观。人的一生，有1/3以上的时间是用在工作上的，而据中国人力资源开发网在全国范围内进行的“工作幸福指数调查”显示，只有9.79%的被调查者幸福地工作着，中国职场人士“工作幸福指数”仅为2.57（最高5分，最低0分）。这样一种状况，使得探讨工作中的幸福感来源成为必要；同时，个人该如何更好地享受工作，组织又该采取什么样的管理手段让员工更快乐地工作，无疑是我们关注的重要内容。可以说，当主客观、内外部这两方面达到相辅相成的认知高度，职场人士“工作并幸福着”才有可能。

1. 热爱：幸福的最大理由

调查发现，多数人认为，工作中要产生幸福感，首先要源于对某种工作的热爱。这种热爱来自工作本身与自己的期望值和能力相匹配，做起来才会充满激情和信心。因为在这种情况下，工作常常不再是单纯的谋生手段，而是升华到一定的“事业”高度。由此可以看出，激发教师们的工作热情，同时又知人善任、用人所长，是教师队伍建设中非常重要的内容。

2. 成就感：工作的高峰体验

调查发现，成就感作为工作中的高峰体验，常常能化解过程中的众多琐碎和劳累，让职场人士刹那间升腾到幸福的云端。尤其是职场新人，更加珍视这份感觉。由此可以看出，成长并不断达成成长目标，或工作中受到认可、鼓励和奖赏，往往给教师们带来莫大的支持和动力。

3. 同事关系：细水长流的快乐

融洽的人事关系，营造的是一种细水长流的幸福氛围。就职场人士来说，对这种环境的依赖和感受，是日积月累的。管理学院14个行政人员说，他们很喜欢来上班，喜欢坐班，这取决于他们轻松愉快的工作环境。在管理学院，他们觉得自己的个性可以展露无遗，不必戴上一副假面具做人，他们与领导和教师们相处得很愉快，心情很放松。他们彼此之间是很好的朋友，甚至天天盼望上班能见到彼此，在一起开心地工作和相处。虽然工作很忙、很累，也会有矛盾，但这都不足以动摇他们之间的感情。

4. 成长：在忙碌中体验价值

工作，能够让人成长，让人变得更美好，这也是职场人士感到幸福的原因。在忙碌中收获，在收获中成长，这是管理学院教师的一大感受。无论是新教师拜师活动还是“青蓝工程”，无论是教师发展中心还是名师工作室，无论是课堂教学还是专业建设，都给教师成长提供了支持与帮助，使教师们在忙碌的日常工作中感受到的不只是充实，更重要的是成长以及成功。

（四）工作不幸福的主要原因

中国人力资源开发网牵头在全国范围内开展的“工作幸福指数调查”结果显示，造成工作不幸福的原因主要有以下12项。

（1）认为自己所在单位的管理制度与流程不合理（超过60%的人）。

（2）对薪酬不满意（超过50%的人）。

（3）对直接上级不满（超过50%的人）。

（4）对自身的发展前途缺乏信心（接近50%的人）。

（5）不喜欢自己的工作（接近40%的人）。

（6）对工作环境和工作关系不满意（40.4%的人）。

（7）认为工作量不合理（33.6%的人）。

（8）工作与生活之间经常发生冲突（26.3%的人）。

（9）工作职责不明确（19.6%的人）。

（10）与同事的关系不融洽（16.4%的人）。

（11）工作得不到家人和朋友的支持（11.6%的人）。

（12）对工作力不从心（11.5%的人）。

一个幸福工作着的人，无疑是一个更有创造力的人，对学院的发展尤为重要。而工作中能否感受到幸福，除了个人原因之外，很重要的还在于组织本身能否给员工提供归属感。为此，要消除工作中的不幸福因素，还有以下几方面需要特别注意：

（1）要树立起和谐包容的组织文化形象，并不断强化，跟每一项工作密切联系起来，从而深入人心，形成核心力量。

（2）鼓励形成融洽、友好而有序竞争的同事关系，加强团队建设。

（3）建立合理而有促进意义的薪酬和评价体系，形成良好的激励机制，并及时了解每一个具体员工的目前需求。

（4）需要规划一个远大而又可能达到的愿景，让员工觉得工作有目标。

（5）建立相对人性化的工作时间安排和任务分配方式。

（五）成功与幸福的三个关键因素

每个人都想成功、都想幸福，进而总在寻找获得成功和幸福的关键因素，“能力、关系和运气”是人们常常归纳的三个条件。至于三者各占的比重，可谓仁者见仁、智者见智。对我个人而言，我不懂请客送礼，不会拉关系，不是不屑，而是自己在这方面确实弱智。我也从来不觉幸运之神会无缘无故宠爱于我，所以几近天命的我一直都认为能力是最最重要的。但最近作为评委参加职称评审、名师评选、公开招聘等，面对人们关于“关系和运气”的猜想或运作，还是让我重新审视三者的关系。

我不敢说全国各地用人、选人和评审等都是以能力为先，但我所生活的广东的的确确给那些靠能力发展的人提供了一个平台、一个空间。作为他乡人我来广东 11 年了，之所以没有离开这个城市，是因为它是一个非常包容的城市，你有关系可以生存，你没有关系靠自己的能力也可以过上自己想要的生活。如果运气足够好且能够坚持，你靠买彩票也可以发财。你如果没有意外之财的好运，靠自己的努力和智慧也可以致富。而那些天天抱怨政府、抱怨社会、抱怨他人的人，只能说明他三者一样都没有。

如果三者皆有，当然是合力最大、效率最高、效果最好，但三者兼备的人是少之又少，因而人们往往是主攻“能力、关系和运气”中的一方。有人主攻能力，结果有三：如果能力和他人一样或略高一筹，不一定有胜算，因为会被关系好、运气好的人抢占先机。如果能力远高于他人，你大可不必在意关系和运气，毕竟无论是社会还是领导总需要这样能干的人。如果很努力仍未达到大多数人的能力，一定是方向选错了，说明这本不是你擅长的领域，你要么改变方向，要么改变策略。

有人说能力强还会受排挤、受打压，我认为那只能说明你的能力还不够强，你可能只知道如何做事，还不知如何做人，也许只会锋芒毕露，还不能内方外圆，有效地保护自己。当然你比别人高一点，别人会嫉妒你；你比别人高两点，别人会羡慕你；但如果你比别人高出三点，别人会依靠你。不要抱怨自己因为能力强而受打压，而是要反思自己的实力和内心是否真的可以强大到可以保护自己。

有人觉得自己再努力也达不到这样的能力，进而去寻求关系。千万别以为“关系”就那么容易建立。正是因为“关系”对我高不可攀，我才望而却步，主攻能力。真正的“关系”一方面难以建立，另一方面搞不好还会引火烧身。如今这个社会，关系绝不是靠请客送礼、溜须拍马就能获取的，我想一定是通过自己的真诚、友善、努力和付出赢得的。

有人觉得前两者难度系数都很大，故退而求其次，求神拜佛，但他不知佛教真正的内涵和信仰所在，如果平日不能积德行善，不能自律内敛，不能用心勤勉，只求上天赐福自己，这恐怕也难以如愿。有句话很老套，但是真理——“机会和命运总是恩赐那些有准备的人”。

能力、关系和运气三者有着辩证的关系，这里的“能力”指的是个人的能力，而“关系”也是一种能力，是利用他人能力的能力。千万别鄙视那些“关系”强的人，其实那是一种能力更强的体现，同时他需要的努力，付出的辛苦和代价一定会比你多。而无论是个人能力强还是关系能力强，都可以为自己带来更多的运气和机遇。我从不相信谁会无缘无故地得到命运的垂青，即使他自己说“傻人有傻福”，那也只是一种谦词，也是一种“大智若愚”的特质。建立关系、经营关系都需要很强的能力，只是能力有很多种，你擅长什么而已。提升自己的能力吧，这才是人生最重要的资本。

第四部分 建设师资队伍

师资队伍建设是高职教育的基石，也是高职院校发展的关键。它是一个庞大的系统工程，至少包含选人、育人、用人、留人等几个重要的环节。作为二级学院的负责人，在师资队伍建设方面我们无法做到面面俱到，也的确有很多方面我们无能为力，但问题的关键是我们可以做什么。基层单位直接面对师资，对教师的管理、指导、帮助和影响最为直接，有着上级部门无法拥有的优势。我作为一个二级学院的院长，在师资队伍建设方面花费了最多的心思和精力，感觉也收获了最大的成效。学校 20 年校庆之时，学校老领导焦兆平书记对我说，你对学校的最大贡献就是为学校带出了一支非常优秀的师资队伍。我虽然是国家教学名师，创建了 3 门国家级课程，拥有国家教学成果奖，但这些都比不上带出一支优秀的团队对学校的发展影响更大，我想这就是一个中层领导应该有的责任和价值。我们需要记住，自从我们荣升为中层管理者后，考核的不再是我们个人的业绩，而是我们所带领的整个团队的业绩。下面与大家分享我在师资团队建设过程中几个典型的案例：一是确立高职教师的专业能力标准；二是高效地进行校编人员招聘；三是启动“青蓝工程”培养合格乃至优秀的高职教师；四是开发系列教师培训课程；五是成立教师发展中心；六是有效实施教师下企业锻炼。

一、确立高职教师专业能力标准

本人从 2000 年开始成为一名高职院校教师，经过 8 年的努力成为一名教学名师、一位教授，对高职教师这个职业岗位有着自己较为深入的认识与体会，感觉高职院校教师是一种需要专门知识和专门技能的不可替代的专业人员，高职教育迅猛发展需要建立教师能力标准。于是本人从高职教师专业能力标准的内涵、构建高职教师专业能力标准的意义、构建高职教师专业能力标准首先要解决的问题以及高职院校教师专业能力标准体系的建立等四个方面进行了研究。以下是本人在 2008 年发表在《广东技术师范学院学报》上的一篇论文，简述于此。

高职院校教师专业能力标准的研究

教师专业化的发展已有相当长的历史，早在1966年联合国教科文组织就认为“教学应被视为专业”。我国1994年1月1日开始实施的《教育法》规定“教师是履行教育教学职责的专业人员”，首次从法律上确认了教师的专业地位。1998年在北京师范大学召开的“面向21世纪师范教育国际研讨会”明确了“当前师范教育改革的核心是教师专业化问题”。目前，随着高等职业技术教育的迅猛发展，高职院校教师的专业化问题已被提到重要的议事日程。但是“没有标准就没有高质量”“没有标准就没有专业化”。高职院校教师是一种需要专门知识和专门技能及长期广泛学术准备的专业，具有像医生、律师一样的专业不可替代性。而其专业能力标准的建立将为高职院校教师的招聘选拔、教师的考核激励、教师的培训发展以及全面提高高职教育质量提供一个科学的依据。

一、高职教师专业能力标准的内涵

1. 专业

日本学者石村善助认为，专业即专门职业，是指通过特殊的教育或训练掌握了已经证实的认识（科学的或高深的知识），具有一定的基础理论的特殊技能，从而按照来自非特定的大多数公民自发表达出来的，每个委托者的具体要求，从事具体的服务工作，借以为全社会利益效力的职业。

我国学者刘捷认为：它是在社会分工、职业分化中形成的一类特殊的职业，是指一群人通过特殊的教育或训练掌握了科学或高深的知识技能，并以此进行专门化的处理活动，从而解决人生和社会问题，促进社会进步的专门性职业。

综合起来看，一种职业要被认可为专业，应该具备至少四个方面的基本特征：第一，专门职业具有不可或缺的社会功能；第二，专门职业具有完善的专业理论和成熟的专业技能；第三，专门职业具有高度的专业自主权和权威性的专业组织；第四，专业人员需经过长期、严格的专业培养与发展。

2. 高职教师专业能力标准

高等职业教育的培养目标是要培养数以千万计的高素质、高技能的操作性的专门人才。这就决定了高职教育要以就业为导向，而高职教师不仅有较高的学历、扎实的专业知识，更要有丰富的专业实践经历和较高的专业实践能力；优秀的高职教师不仅是学科的专家，而且是教育的专家，还需要是实践的专家，具有像医生、律师一样的专业不可替代性。

高职教师的专业能力标准应包含专业知识、专业能力和专业品质三个基本面。教师的专业基础知识大致由所教学科知识和教育专业知识组成。但教师专业化发展的重点不在于学习专业知识，而在于提高专业能力和专业品质。教师的专业能力就是教师提供专业服务的能力，它包含教师的教学能力、教学技巧和应用现代化教育技术以及所教学科的实践能力。教师的专业品质比专业知识与专业能力更抽象，很难定义，但它是教师专业化发展的原动力，常常表现为教师对教育、对学生、对学校、对自身发展的基本态度和理念。

二、构建高职教师专业能力标准的意义

1. 为职业院校教师专业化奠定基础

高职院校教师是一种需要专门知识和专门技能的专业。目前，中国职业教育得到前所未有的重视和发展，但是，从事此专业的教师的质量却有待提高。一方面，“双师型”比例低，许多教师没有企业工作经验，不仅陈述性知识需要重组与更新，而且程序性知识更加缺乏；另一方面，一些有企业背景的教师没有受过专门的、过硬的教师职业训练，难以更有效地运用教育规律发挥自己专长，所以职业院校教师专业化发展亟待加强。但是没有标准就没有高质量、没有标准就没有专业化，因而建立高职院校的教师专业能力标准可以为教师的专业化发展奠定良好的基础，提供重要的依据。

2. 促进教师专业能力的提高和发展

职业院校的教师专业能力标准的建立，对教师开展高质量教学、科研与专业建设活动具有十分重要的作用。一名教师仅具有教育理论素养和学科教学知识是远远不够的，还必须掌握一定的教学方法和教育技术手段，还必须具有相关的企业工作经验。标准的建立，让教师不再是传统的“知识的传递者”，也不再是知识权威的代表。高质量的教师不仅有知识、有学问，而且有将知识转化为技能的经验或潜力；不仅是高起点的人，而且是面对不断变化与发展的人才市场能够终身学习、自我更新的人；不仅是教育的专家，而且是应用的行家。教师专业能力标准的建立将为高职教师提供一个动态发展的目标，促进教师专业品质、专业知识、专业技能全面快速地提高。

3. 加强学校对教师的科学高效管理

大多高职院校对教师的招聘、选拔、录用、培训、考核和激励还停留在传统的管理阶段。最直接的表现是缺乏一套科学有效的标准。高职教师是一个特别的专业，它应该有一个专门的标准，不是一般意义上优秀的人就适合做高职教师，如果“入口”没有把好关，而培训又不是万能，那就有可能后患无穷，毕竟学校不是企业，招聘、选拔、录用进来的人难以让他离开。各个学校都有培训、考核与激励。但我们的培训是否致力于弥补教师专业能力现状与教师专业能力标准的差距？如果不是，那培训又有多少意义？而我们的考核与激励又是否旨在找到教师专业能力的现状与专业能力标准的差距，并通过激励、培训等方式加以解决？因此，教师专业能力标准的确立可以为学校加强对教师的有效管理提供科学的依据。

4. 促进高职教育健康快速地发展

随着高等职业教育的迅猛发展以及高职教育研究的不断深入，各高职院校根据高职教育的基本规律已陆续完成了办学方向和办学定位的思考，也以此确立了各自的人才培养目标和模式，但所有这些必将落到“教师”这个基点上。无论是高职示范院校、工学结合还是示范专业、精品课的建设以及整个高职教育的改革与发展都离不开教师队伍的建设。教育质量的高低，教师队伍的建设是关键。教师若受过专业训练，他们在学生心智发展、知识增进和能力培养方面将使家长望尘莫及。“双师型”教师是高职师资队伍建设的一个重要举措，而高职院校教师能力标准的确立则是关系到高职教育能否完成它的经济、社会与历史使命的一个基础性也是根本性的问题。本标准的建立将促进高职教育全面快速地发展。

三、构建高职教师专业能力标准首先要解决的问题

1. 要处理好“学”与“术”的问题

“学”与“术”是两个不同的层次和范畴。所谓“学”，也就是现在所说的基础理论研究，指认识、发现自然和社会中各种规律、定律、法则、原理等原创性的研究。所谓“术”，也就是应用研究，即根据已发明的定律、原理、规律、法则等进行技术性的应用或创造，或作为分析各种社会文化现象的工具。高职院校教师不同于研究型大学和综合性大学的教师，他们是以培养操作型、技能型的岗位型人才为宗旨，而不是培养理论、研究型的人才，因而高职教师应淡化专业的“学”的倾向，凸显专业的“术”的地位。教师要以实用性、技术性与就业前沿性以及学习者多样化等需求为导向，重视“术”的研究。

2. 要处理好“教”与“研”的问题

教学与科研能力一直是衡量高校教师素质和业务能力的重要指标，因此我国大学排名机构的指标体系中都非常重视教师的学术水平和科研能力，这对研究型大学是无可厚非的。但是，高职院校却不宜以此为向背。对于广大用人单位还有学生和家长来讲，他们心目中的“好大学”可不是大学老师发了多少文章，而是最终的就业率、就业岗位和薪水福利，而这些在很大程度上是由实实在在的课堂教学质量决定的，是由教师的教学水平决定的。当然这并不是说科研对于高职教师不重要，而是必须要凸显教学在高职教育中的重要地位，而科研要重在“术”的研究以及教学的改革和研究，只有这样才能培养出符合社会和市场需要的技能型、应用型人才，也才会让学生和家长满意。

3. 要解决好“理论”与“实践”的问题

从理论与实践的角度来看，高职教师承担着重要且艰巨的任务，因为高职教师是连接理论与实践的桥梁。一般来讲，大多从事理论研究的人员不从事具体的实践工作，而从事具体实践工作的人员大多不从事理论的研究，因而我们经常发现许多历经千辛万苦得出的学术理论和技术成果未能应用和推广。解决这一问题有不少途径，而让高职教师承担起这一桥梁作用也许最为有效。但这无疑为高职教师提出了一个重要的课题：既要了解本专业最新的理论和成果，又要能够指导他人去应用和实践。若想在这两方面做得成功，一方面，要有一定的学历水平，接受过系统、完整和正规前沿的专业教育，以及自身不断学习的能力；另一方面，只有自己实践过，才能很好地指导别人去实践，就像很多体育教练都曾是优秀运动员一样。这也正是“双师型”师资队伍建设的本意。

4. 要解决“轻教育技能”“重专业技能”的问题

“双师型”教师的培养是我国大力发展高等职业教育的一个重要举措。国外职业教育界没有“双师型”教师这样的名词，但名称不同、内涵一致的词语是存在的，其共同特点就在于对教师的专业实践经历、专业实践能力及相关执教能力都有严格的要求。从我国的“双师型”教师引进和培养来看，大多倾向于“双师”中技术专业技能的培养，却忽略了教育专业技能的培养，即“轻教育技能”“重专业技能”的现象较为严重。并非有着丰富企业实践经验和很高技术专业技能的人员就一定能够胜任教育和教学的工作，教育本身的专业性要求高职院校教师不仅要接受严格的专业技能训练，还要掌握高等职业教育的理念和方法，以及作为教师的专业品质和教育技能。

四、高职院校教师专业能力标准体系的建立

专业能力标准首先从对象上分，可分为专业带头人、骨干教师、一般教师三个层次，在此基础上选择专业能力分类方法，确定专业能力标准的基本维度，即一级指标。可根据技术专业技能和教育专业技能分两个一级指标，也可按专业品质、专业知识和专业能力分三个一级指标，还可按态度与意识、理论与实践、教学与科研、专业建设与发展分四个一级指标。本研究即按此四个维度确定一级指标，在一级指标下再分二级指标和三级指标，最后对三级指标确定内涵，并根据内涵来选择哪些标准对专业带头人、骨干教师、一般教师一一适用。

高职教师专业能力标准体系如表1所示。

表1　高职教师专业能力标准体系

一级指标	二级指标	三级指标
1　态度与意识	1－1　教师的敬业精神	1－1－1　对知识的敬业
		1－1－2　对学生的敬业
		1－1－3　对学校的敬业
		1－1－4　对教育的敬业
	1－2　教师的教育与教学理念	1－2－1　先进的高职教育理念
		1－2－2　教学改革与创新精神
		1－2－3　交流与合作的意识
		1－2－4　自我反思与自我完善的意识
		1－2－5　终身学习与自我超越的精神
2　理论与实践	2－1　学科专业理论	2－1－1　符合教学岗位需要的学历
		2－1－2　专业理论的不断更新与完善
		2－1－3　符合教学需要的专业理论水准
	2－2　企业实践经验	2－2－1　具有将理论付诸实践的意愿和能力
		2－2－2　具有企业实践的经历
		2－2－3　具有处理和解决企业实际问题的能力
3　教学与科研	3－1　教学设计能力	3－1－1　课程内容设计能力
		3－1－2　教学过程设计能力
		3－1－3　教学情景设计能力
		3－1－4　专业教材编制能力
	3－2　教学组织能力	3－2－1　教学语言表达能力
		3－2－2　教学方法运用能力
		3－2－3　现代教育技术能力
		3－2－4　教学场面控制能力
		3－2－5　实践教学指导能力
		3－2－6　学生学习评价能力

续上表

一级指标	二级指标	三级指标
	3－3　教学研究能力	3－3－1　发表教研教改论文能力
		3－3－2　立项教研教改课题能力
		3－3－3　推出教研教改成果能力
		3－3－4　介绍教研教改经验能历
	3－4　技术研究能力	3－4－1　发表专业学术论文能力
		3－4－2　横向立项课题能力
		3－4－3　企业技术服务能力
4　专业建设与发展	4－1　专业建设的意识	4－1－1　关心本专业的建设与发展
		4－1－2　具备一定的专业建设的理念和方法
	4－2　专业建设的能力	4－2－1　本专业人才市场需求调查能力
		4－2－2　确立专业人才培养方案能力
		4－2－3　精品课程建设能力
		4－2－4　实训室和实训基地建设能力
		4－2－5　对学生就业指导能力
		4－2－6　对学生课外实践活动指导能力

表1列出了高职教师能力标准体系中的4个一级指标、10个二级指标、40个三级指标，每个三级指标又将给出内涵，共有100个内涵，并标明哪一项适合专业带头人，哪一项适合骨干教师，哪一项适合一般教师。在此以三级指标2－2－3“具有处理和解决企业实际问题的能力”为例，给出其内涵示例。

（1）具有一定操作能力，包括熟悉技术工作的内容要求和操作流程，掌握职业技术规范、熟练的专业技术能力、基本的实验能力和设计能力等。

（2）既是教学行家，也是生产好手，能将各种知识、技能、技术相互渗透、融合和转化。既具有教育系列职称，又取得与所在教学岗位相同或相近专业的其他同级别的职称。☆

（3）具有一定的组织生产、经营、创业和科技推广能力。★

其中，标“★”是专业带头人应具备的标准，标“☆”是骨干教师应具备的标准，其他没有标识的是所有教师应具备的标准。

从整个高等职业教育来看，该行业应有一个基本的、统一的，具有普适性的标准，我希望上述标准体系能给同行以借鉴。但不同地区、不同院校可根据自己的办学定位、办学特色、发展战略和现状水平来确定自己院校的教师专业能力标准，特别是确定自己对三级指标的特定内涵，唯有如此才能确定出从实际出发、层级分明、操作性强的高职教师专业能力标准。

二、高效进行校编人员招聘

我于2009年开始担任工商管理系主任，上述高职教师专业能力标准的研究为我带队伍打下非常好的基础，确定了正确的方向。我曾说过方向比努力更重要，要想带好队伍，正确的方向最为重要。“选人、育人、用人、留人”是师资队伍建设的关键内容，而选人又是首要的。受人才的供给、吸引人才的优势、招聘条件及流程等方方面面的限制，我们往往难以招到非常满意的人才。但还是那句话，我们可以做什么？以我们学校为例，校编人员所占比例大约在2/3，这是一个庞大且流动率较高的群体，而恰恰是我们基层单位对这部分人员的招聘有较大的话语权，如果我们能把住这个群体的招聘关，一定可以优化师资队伍的结构和质量。每一次的招聘，我们力求传递给应聘人员的是一种“进取、高效、真诚、友好”的文化，带给应聘人员的是一种“高职教育理念、高职教师角色、高职教学方法”的培训，留给彼此的是“我们不在乎天长地久，但在一起一天，我们将为你的发展负一天责任，也请你为工商管理系的发展尽一天职责”的承诺。每一次的招聘与面试，绝不只是我们选择老师，也是老师选择我们，这个选择不只是靠缘分，更靠彼此的真诚与实力。即使第一次缘分不够，很多时候因为彼此的认同，会不断努力，若干年后条件成熟会再续前缘。

招聘过程中值得重视的不仅仅是文化传递，还有面试流程、内容和方法。以下是我们当年招聘创业管理专业教师及华好学院秘书时的考核内容。

创业管理专业骨干教师面试的主要环节与要求

1. 自我介绍（满分10分）：2分钟介绍自己的学历、专业、毕业学校、曾获得的奖励、已有工作经验及与创业管理相关的经历等。

2. 试讲（满分40分）：自己选与创业管理相关的内容，授课时间15分钟，使用PPT，也需要板书，提问5分钟。

3. 结构化面试（满分50分）：应聘人员集体面试，所需时间大约1小时。

4. 非结构化面试及压力测试（加分项目，最多加10分），需时间0.5小时。附表：工商管理系创业管理专业方向教师面试考评表

工商管理系创业管理专业方向教师面试考评表　　　　面试人：

第一部分：自我介绍（满分10分）										
通过听取应聘者自我介绍和查阅个人简历来获得学历、专业、毕业学校、曾获得的奖励、已有工作经验及与创业管理相关的经历等方面信息，形成初步印象并予以评分		1号得分	2号得分	3号得分	4号得分	5号得分	6号得分	7号得分	8号得分	9号得分
第二部分：试讲（满分40分）										
需考察的维度	考核标准	1号得分	2号得分	3号得分	4号得分	5号得分	6号得分	7号得分	8号得分	9号得分
1. 教学态度（10分）	对教学充满热情，仪态仪表良好，备课认真，准备充分									
2. 教学内容（10分）	内容合理，讲解准确，重点突出，难点处理得当，举例典型									
3. 教学方法（10分）	具有良好的教学基本功，运用恰当的教学方法，事半功倍									
4. 教学效果（10分）	所讲内容表达清晰，理论联系实际，令人理解并能学以致用									
每位应聘人员第二部分总分										
第三部分：结构化面试（满分50分）										
需考察的维度	针对性问题	1号得分	2号得分	3号得分	4号得分	5号得分	6号得分	7号得分	8号得分	9号得分
1. 进取心（10分）	以你过往的学习与工作经历来说明你的进取心									
2. 积极主动（10分）	现实工作中有四种人，举例说明你是职场中的哪一种人？									

续上表

需考察的维度	针对性问题	1号得分	2号得分	3号得分	4号得分	5号得分	6号得分	7号得分	8号得分	9号得分
3. 团队精神（10分）	你是喜欢独立工作还是喜欢与别人合作？请举例说明									
4. 专业能力（10分）	你准备带领学生从哪方面开展创业？									
5. 教学能力（10分）	你认为创业管理方向应开设哪些课程？如何开展教学活动？									
每位应聘人员第三部分总分										
第四部分：非结构化面试（这部分是加分项目，最多加5分） 1. 应聘者向面试组成员自由提问；2. 面试组成员向应聘者自由提问		1号得分	2号得分	3号得分	4号得分	5号得分	6号得分	7号得分	8号得分	9号得分
第五部分：压力测试（这部分是加分项目，最多加5分） 请应聘者说出哪两位老师应该入选录用，并简单陈述理由		1号得分	2号得分	3号得分	4号得分	5号得分	6号得分	7号得分	8号得分	9号得分
应聘人员面试总分		1号得分	2号得分	3号得分	4号得分	5号得分	6号得分	7号得分	8号得分	9号得分

华好学院秘书面试程序与内容

一、应聘者自我介绍（每人3分钟）

1. 自己的学习经历、工作经历

2. 自己的个性与能力特点

二、向应聘者介绍华好学院情况及秘书岗位职责

1. 让应聘者了解工作环境和工作内容

2. 知己知彼，做出选择与判断

三、考察应聘者对秘书这一岗位的认知

1. 你认为在华好学院做一个优秀的秘书应具备什么特质？

2. 你已具备哪些？若不具备，如何改善？

四、考察应聘者的实际业务能力

1. 有同事在你面前抱怨领导和工作安排，你如何处理？

2. 有教师在学校或学院会议中缺勤，在没有事先请假的情况下要你私下帮他签到，你如何处理？

3. 两位领导对同一项工作指示不一，你如何处理？

4. 在与其他部门的业务往来中，如何看待非因个人原因而受到委屈的情况？

5. 当你发现有教师大量利用办公室资源和物资办个人私事时，你如何处理？

6. 有同事向你打探你事先知悉而领导未公布的事宜，你如何处理？

7. 你认为如何才能成为领导得力的助手？

8. 你的记忆力、计算机应用能力和文字功底如何？

三、启动“青蓝工程”

当年我从企业工作10年后来到广州番禺职业技术学院，因没有教师证，学校派我到华南师范大学进行岗前培训，学习了20天的教育学、心理学，拿了很高的考试分数，顺利拿到教师资格证，但回到学校我依然不知道如何做一名高职教师。问题出在哪？本科院校带给我们的是学科体系的教育，强调专业基础课、专业理论课，而职业岗位需要的则是基于工作岗位和工作过程的知识，与学科体系知识不是一回事。按照职业成长路径和能力培养的职教理论，一个新手初入职场也不是从学科体系的知识开始的，而应该是找一个师傅，在外部指导下，掌握这个岗位具体的工作能力和素养。只有在职场中成为一个能手向专家发展时，才应该去学那些基于学科体系的理论。所以在担任系主任后，如何将工商管理系的教师培养成合格乃至优秀的高职教师就成了我必须要做的一项重要任务。仅仅依靠教师去拿一个教师资格证是不行的，单纯依靠学校的相关部门也不能从根本上解决问题，故本人在上任工商管理系主任第一年就启动了“青蓝工程”，让工商管理系教师基于自己的工作岗位和工作任务，从认一个师傅开始，在“做中学，学中做”，由此培养合格乃至优秀的高职教师。以下是当时制订的工商管理系“青蓝工程”培养方案。

工商管理系“青蓝工程”培养方案

工商管理系在完成了“调整专业结构，重整专业布局”这项总体任务以后，工作重点随即转移到加大专业建设力度、加大教师培养力度上来。教师培养与专业建设是相辅相成的：没有高素质的教师，难以建设高质量的专业；没有专业建设这个平台，教师培养也无从谈起。为此，工商管理系于2009年启动旨在改善师资结构、提高教师水平、加快专业建设的“青蓝工程”。具体方案如下：

一、“青蓝工程”的背景与目的

工商管理系现有教师35名，其中副教授及以上的仅5名，讲师12名，其余为尚未获得中级职称的青年教师。由此看出，教师结构极不合理。若要改变这一现状，一方面要引进高层次人才，另一方面更需要对现有教师进行培养。

“青蓝工程”的目的就是要通过加大教师培养力度，优化师资结构，提高师资水平，全面提升青年教师的专业品质、专业知识和专业技能，使之成为一名合格乃至优秀的“双师型”讲师或副教授，从而为人才培养和社会服务奠定坚实的基础，同时也为教师个人的发展提供契机和帮助，最终实现个人发展与院系发展的“双赢”。

二、“青蓝工程”的步骤与目标

工商管理系“青蓝工程”将分两步走，第一期用1年的时间培养一批（约10人）合格乃至优秀的高职“双师型”讲师；第二期用3～5年的时间培养一批（约10人）合格乃至优秀的高职“双师型”副教授。

三、“青蓝工程”第一期培养对象

本系尚未取得中级职称的10位年轻专业教师。

将×××等9位教师培养成合格乃至优秀的“双师型”讲师。

将××（现任辅导员）培养成电子商务专业教师。

四、“青蓝工程”第一期培养任务

简称“十个一”。

1. 认一位导师

每位新教师与一位骨干专业教师“师徒结对”，在“传、帮、带”的作用下，老教师指导、督促新教师在专业品质和专业技能上成长和成熟，同时在全系营造帮扶学艺的氛围，为新教师快速成长搭建发展平台。

2. 编写一个标准教案

教案是课程标准的细化，新教师要根据教务处的具体要求，明确教学目标、教学重点、教学难点、教学方法，并对教学过程进行设计，编写符合课程标准要求、符合高职学生特点、具有较高水准和明显特色、适用性强的标准教案。

3. 制作一个标准课件

选择一门自己最为擅长的课程，按照多媒体课件的要求，制作一个教学体系规范、资料丰富、结构严谨，互动性强、适应教学实际需要，符合高职学生特点、能激发学生主动学习，人机界面简洁、人性化、操作方便，表现形式多样、制作精细，既有利于教师教，又有利于学生学的标准课件。

4．完成一门课程设计汇报

按照“基于工作过程”的原则对一门课程进行整体教学设计，要求采用“教、学、做”一体化、项目导向、任务驱动、工学结合等方法。课程设计内容可包括课程设计理念、课程设计思路、教学内容选取、教学内容组织、教学方法设计与教学手段运用等内容。每位培养对象要以PPT说课形式在系里做一次汇报。

5．进行一次企业调研

针对高职教育的特点，新教师通过深入企业调研，具体了解行业的最新发展、企业对专业人才的需求以及对人才培养的建议，不断完善适合高职学生的人才培养方案，提高人才培养的质量，在此基础上逐步培养自己为企业和社会提供服务的素质与能力。

6．组织一项专业建设活动

新教师在全面了解本专业人才培养目标的基础上，结合自己的专业特长及兴趣爱好，创造性地组织一项专业建设活动，既可积极开展富有前瞻性和创新性的教学改革，开拓思想，研究探索，不断更新教育思想观念，提高教育教学水平；也可通过校企合作、产学结合，为教师和学生提供一个理论与实践对接的平台。

7．通过一项技能考核（或参加一次技能培训）

新教师应不断适应高职教育教学方式的变革，加强高职教师的角色定位，在培训期内通过一项技能考核。重视实践能力和职业技能的培养，将自己培养成懂理论、会实践，有较强的科研能力、学习能力，拥有较为丰富的教学经验，同时又能为技能鉴定提供培训和考评的人才。

8．撰写一篇论文

新教师在培养期内要至少撰写一篇论文，通过撰写论文的形式，固化教育教学成果，深化业务研究，为自己的个人成长努力打好“善教育、精教学、能科研”的基础。

9．参与一项科研项目

教师的科研素质是提高教学质量、保证人才培养目标和实现自身发展的重要保障。新教师要在培养期内通过参与一项科研项目，增强科研意识，提高科研能力，更好适应高职教育改革和发展的需要，同时也为教师自身发展创造条件。

10．做一个班的学生导师

每位培养对象均需担任一个班的学生导师，通过导师工作，进一步了解学生的特点和需求，并通过对学生学业与就业的指导更好地贯彻“以学生为中心”的教育教学理念，因材施教、教学相长，在帮助学生顺利完成三年学业的同时，也完成自己从一个新入门的教师到专业骨干教师的成长过程。

五、培养方式

（1）每位培养对象根据此方案，制订一个个人培养计划。

（2）以自愿为主、协调为辅的原则在本系安排“师徒结对”。

（3）“编写一个标准教案”“制作一个标准课件”“撰写一篇论文”“参与一项科研项目”四项任务在导师的指导下独立完成。

（4）“完成一门课程设计汇报”由系统一组织安排，培养对象事先做好准备。

(5)“进行一次企业调研”的任务由×××主任为培养对象创造条件，协助完成。

(6)“组织一项专业建设活动”由教研室主任及专业教师协助完成。

(7)“参加一项技能考核（或参加一次技能培训)”由培养对象提出申请，由系主任安排解决。

(8)“做一个班的学生导师”由系统一为每位培养对象安排。

(9)培养对象可就培养过程中遇到的困难或需提供的支持向系领导寻求帮助。

六、考核方法

考核的目的不在于结果，而在于过程；考核的目的不是找出问题，而是如何改进和提高。考核方法如下：

(1)培养半年后进行中期考评，培养一年后进行期满考评。

(2)新教师在中期与期满考评中通过个人述职汇报个人的成长。

(3)各教研室对培养对象进行中期与期满考评，给出培养对象进一步发展的意见或建议。

(4)培养对象根据学生和督导的教学评价意见进行完善和提高。

(5)系领导对培养对象进行中期与期满考评，给出培养对象进一步发展的意见或建议，以及具体的支持与帮助措施。

附：工商管理系“青蓝工程”培养对象期满总结报告

工商管理系

2009年2月10日

工商管理系“青蓝工程”培养对象期满总结报告

姓　　名 ______________

职　　称 ______________

填表日期 ______________

广州番禺职业技术学院工商管理系

一、培养对象简况

姓　　名		性别		出生年月		政治面貌	
所属教研室		从事专业		最后学历		最高学位	
社会兼职							

二、培养期间授课情况

	课　程　名　称	授课班级	课时数
讲授课程			

三、培养期间教学设计和专业建设情况

项目名称	主　要　内　容	特　色
标准教案制作		
标准课件制作		
课程设计汇报		
专业建设活动		

四、培养期内技能考核（技能培训）、企业调研情况

起止时间	地　　点	主　要　内　容	备注

五、培养期内科研奖励情况

科研情况	项　目　名　称	项目来源	项目经费	项目起止时间	本人排名

获奖情况	时间	项目	授奖部门	奖励名称和等级	本人名次

六、培养期内导师工作情况

指导班级	指导活动	时间	地点

七、培养期满工作总结

主要填写以下内容：

1. 培养期内完成工作目标和任务情况。
2. 培养期内取得的重要成果的内容、意义和前景，并着重说明其突破和创新之处。
3. 对比培养方案和培养计划，说明完成情况以及存在的问题。

培养对象签名：

年　　月　　日

八、导师培养意见

导师签名：
年　　月　　日

九、教研室主任培养意见

教研室主任签名：
年　　月　　日

十、系领导培养考评

系领导签名：
年　　月　　日

四、开发系列教师培训课程

从事职业教育以来，我一直感觉到，课程是我们开发的产品，专业是品牌，学生是我们服务的顾客，企业是我们的客户，故课程开发一直是我作为教师的一项重要任务。做了系主任后，工作重点从培养学生转向培养教师，面对教师开发培训课程依然是我的工作重点。每个学期我都会给教师做一次正式的培训，且每一次的系（院）全体教师的会议，也都将它作为培训的机会，专门制作 PPT 与大家分享。我 8 年来做过的培训包括职业发展和职场竞争力、职业教育的理念与方法、课程开发与教学方法改革、校企合作与专业建设、教学成果奖的培育等。我将各种培训整合在一起形成了一个面向高职教师综合能力提升的培训，后来又针对“翻转课堂”开发专门的培训课程，现将两个培训项目的目标及内容与大家分享。

（一）高职教师综合能力提升

职业院校教师综合能力提升培训大纲

培训目标：成为一名优秀的高职教师

该培训主要解决以下问题：

1. 有的教师很想干但不知怎么干，有的教师很能干但没兴趣干。如何让教师成为既愿意干又能干的人呢？

2. 受过精英教育的教师将所受教育的方式移植到高职教育，用传授知识的方法传授技能，会不会事倍功半呢？

3. 培养“双师型”教师只有下企业一条路可走吗？在师资不足的情况下如何进行突破？

4. 课程建设是人才培养的落脚点，如何进行课程开发？如何进行教法改革？如何有效实施？

5. 如何培养专业带头人，如何点面结合地进行专业建设，从而实现面上保质量、点上出特色？

6. 校企合作是高职教育规律，如何从体制、机制上以及从课程与教师安排和管理上实现校企合作的长效机制？

职业教育“高职教师综合能力提升”6 堂课会对上述问题给出满意的答案。

培训内容：（见下页表）

<table>
<tr><th>第一堂课
谋求个人发展（职场入门）</th><th>第二堂课
职教教师角色（找准方向）</th></tr>
<tr><td>课程目标：
谋求职业发展，追求工作幸福</td><td>课程目标：
找准高职教师角色，更新教学理念</td></tr>
<tr><td>课程内容：
1. 工作幸福靠什么：是选择重要还是经营重要？如何提升工作幸福指数？
2. 职场中的四种人：你属于职场中的第几种人？第几种人会更容易幸福？
3. 与单位相符的价值观：你是喜欢被人利用还是被人重用？
4. 自检你的执行力：填表测试并反思自己的执行力。
5. 谁动了我的奶酪：课程对自己重要、专业对自己更重要，但这些都会变，都会随产业、企业的转型升级发生变化，甚至会被市场抛弃。
6. 职场法则：适应你不能改变的，改变你不能适应的。铁饭碗不是在一个地方吃一辈子饭，而是一辈子无论到哪都有饭吃。
7. 学会厚积薄发：学会不为钱工作，付出总会有回报，不是不报，是时候未到，相信因果。</td><td>课程内容：
1. 遵循职业教育的规律：高（中）等性、职业性与教育性缺一不可，且不可偏颇。
2. 职业性规律决定：必须做到产教融合、校企合作、工学结合。
3. 高（中）等性规律决定：必须搞清中高职培养目标的差别以及如何进行中高职课程的衔接。
4. 教育性规律决定：搞清教育与培训的区别，关注学生的可持续发展。
5. 职业教育的理念：学以致用，工学结合，工学交替，授之以渔而不是授之以“鱼”，教师不再是红烛而是火种，强调的是学生学得好而不是教师讲得好。
6. 处理好几个关系：“学”与“术”、“教”与“研”、理论与实践、以谁为中心等。
7. 职教教师的角色定位：课程的设计者、课程的组织者、情感的支持者、学习的参与者、信息的咨询者、环境的营造者。</td></tr>
<tr><td>问题探讨：
1. 你认为自己在为谁工作？是为学校、为校长工作？还是为老师或学生们工作？
2. 为谁工作会让你感觉更幸福？
3. 如何看待给多少钱做多少事？
4. 你如何看待领导愿意用听话的人、态度好的人？
5. 你如何应对专业被砍掉、课程被改掉？如何应对教师排名、专业排名？</td><td>问题探讨：
1. 知识是力量吗？书到用时还恨少吗？面对互联网的发展你准备如何教改？
2. 专业建设不依托一个大企业做不深，不依托一个行业做不广，你们专业和课程的职业性做到了吗？
3. 高职与中职、应用性本科的区别到底是什么？
4. 体现教育性的综合素质教育是否落到了实处？</td></tr>
</table>

续上表

<table>
<tr><th>第三堂课
上好每一堂课（站稳讲堂）</th><th>第四堂课
学会开发课程（成为骨干）</th></tr>
<tr><td>课程目标：
掌握关键教学内容与方法，让学生“知道”又“做到”</td><td>课程目标：
科学开发与设计课程，有效实施课程</td></tr>
<tr><td>课程内容：
1. 职教学生的特性：备课首先要“备”人，职教学生进取心、责任心较弱，形象思维较强。
2. 成功课堂的标准：改革教学评价标准和主体，将教学评价的主体唯一化全部交给学生，制定基于学生的教学评价标准。
3. 教师讲什么：知识够用、企业适用、学生会用。注意理论知识与实践知识的区别。
4. 教师怎么讲：有效、高效的教学方法。分享教学方法改革微课争霸赛的特等奖、一等奖作品。
5. 教师在哪讲、谁来讲：课堂、实训室、企业；自己讲、学生讲、企业教师讲。
6. 学生做什么、怎么做、在哪做：真实项目是否就是最好的教学项目？做前、做中、做后；课堂做、实训室做、在企业做。
7. 如何实现工学结合与工学交替：先学后做、先做后学、边学边做。</td><td>课程内容：
1. 典型课程开发方法：项目课程、基于工作过程系统化课程。
2. 项目课程的开发：项目课程开发原则、项目课程开发流程、项目课程开发主要方法。
3. 基于工作过程系统化课程的开发：基于工作过程系统化课程的路径与步骤、方法与原则。
4. 专业课程体系的开发与构建：以工科、商科和艺术三类专业为例。
5. 课程开发的关键要求：课程定位（课程定位与设计思路）、教学内容（内容选取、内容组织、表现形式）、教学方法与手段（教学设计、教学方法、教学手段）、师资队伍（校内教师、企业教师）、教学条件（校内实训条件、校外实训环境）、教学效果（学生成果、教师成果）。</td></tr>
<tr><td>问题探讨：
1. 学生不愿意学怎么办？
2. 如何上好理论课？
3. 如何上好理实一体化课程或实训课？
4. 督导应该如何听课、评课？</td><td>案例分享：
国家精品课程、国家精品资源共享课程“工商模拟市场实训”“职业规划与成功素质训练”</td></tr>
</table>

续上表

第五堂课 开展专业建设（带领团队）	第六堂课 培育教学成果（做出特色）
课程目标： 能开展校企合作，能做好专业建设	课程目标： 参加教育成果奖评选，实现个人与集体共同发展
课程内容： 1. 专业评价指标：做好专业排名的思想准备。 2. 人才培养目标：是为行业培养通才还是给企业培养专才？是订单培养还是面向行业内各企业？ 3. 人才培养模式：如何体现工学结合、工学交替。 4. 课程体系建设：人才培养方案及课程标准如何编制。 5. 师资队伍建设：启动“青蓝工程”培养骨干教师；通过引企业项目入校作为教学项目来探索“双师型”教师培养途径。 6. 实训基地建设：三级或四级实践体系如何建立。 7. 校企深度合作：如何建立深度合作的长效机制，建立长期战略合作伙伴关系。 8. 学生就业：如何从重就业率转为优化就业质量。 9. 完成专业人才质量报告。	课程内容： 1. 教学成果的顶层设计：国家教学成果奖像奥运会般四年评选一次，现在的教改、专业建设要为四年后布局。 2. 教学成果奖的准备：与个人的发展有机结合起来，围绕教学成果这条主线，将教学改革、教学建设或教学管理与课程建设、课题申报、论文著作发表、教师个人与指导学生获奖、校企合作、社会服务、示范推广等方面有机结合起来。 3. 教学成果奖申报：成果类型的选择、申报书的填报技巧、成果总结撰写方法、佐证材料的准备、成果视频的拍摄等。 4. 教学成果的推广与运用：让教学成果市场化、社会化，让市场和社会检验教学成果的科学性、先进性和示范性，可以同时实现经济效益与社会效益。 5. 完成个人职称的申报与晋升。
案例分享： 1. 面对教育部专业建设与职业发展管理平台关于专业的15项指标，反思你自己的专业竞争力如何。 2. 分享华好学院人才培养质量发布会与人才质量报告。 3. 分享如何做好数据平台的日常数据采集工作。	案例分享： 本人负责的获得2014年国家教学成果奖课程“商科学生‘实战型、体验式、网络化’技能与素质并进的课程创新与实践”。

（二）“翻转课堂”与微课程开发运用

“翻转课堂”与微课程开发运用培训大纲

培训目标：

1. 让教师了解并掌握世界前沿的教育教学理念、推进教学改革的深入与创新，比如MOOC（慕课）、“翻转课堂”等。

2. 近年来职业教育教改大多源于教学评估、示范建设、精品课程等外在动力，通过进行教学方法改革自下而上、迅速有效地推动课程的改革。

3. 让教师了解源自美国的“翻转课堂”的教学理念，让课堂成为师生彼此能够面对面进行思想碰撞、互动交流、答疑解惑、技能训练、团队合作的关键时空。

4. 让教师能够掌握微课程开发技术与方法，开发出“线上线下”有机结合的高职新课程。

5. 让教师能够真正转变传统教师的角色，颠覆传统教学理念、教学流程、教学方式。

培训内容：

第一堂课 建构主义学习理论的启发	第二堂课 “翻转课堂”教学理念的运用
课程目标： 掌握建构主义学习理论，并学以致用为教学方法的改革提供理论依据	课程目标： 让学员真正转变传统教师的角色，颠覆传统教学理念、教学流程与教学方式
课程内容： 1. 此前高职主流课改的回顾：基于工作过程的课程体系和课程改革。 2. 分享鱼牛的故事：反思你自己的教学，学生学到了什么？ 3. 建构主义的学习观：学习不是由教师把知识简单地传递给学生，而是由学生自己建构知识的过程。 4. 建构主义的四个关键因素：情境、协作、交流、意义建构。 5. 情境主义学习理论：是指在要学习的知识、技能的应用情境中进行学习的方式。 6. 建立各专业学习站：学习站的特点、在学习站成功学习的条件。	课程内容： 1. “翻转课堂”：近年来一种源自美国、风靡全球的教育模式。 2. 主要特点：“翻转”的课堂将知识的传授转移到课外，让课堂成为彼此能够面对面进行思想碰撞的关键时空。 3. 成功运用的关键：一是课外真正发生了深入学习，二是课堂上真正能够通过相互碰撞引向更深层次。 4. 翻转了什么：传统教师角色、教学理念、教学流程与教学方式。 5. 把握教师的新角色：课程的设计者、课程的组织者、情感的支持者、学习的参与者、信息的咨询者、环境的营造者。

续上表

第一堂课 建构主义学习理论的启发	第二堂课 “翻转课堂”教学理念的运用
问题探讨： 1. 教改从未中断，不断在改、不断在变，结果如何？难道就不能稳定下来吗？ 2. 是否每个人都在改变？是否每次教改都解决了深层次问题？我们是否跟上了社会的发展与变革？不改变是否可以？ 3. 你的课堂是否也有1/4、1/3的学生不听课？你的工作幸福感和成就感如何？ 4. 学过那么多数学，工作中常常“1/2 + 1/3”都用不上；学过那么多的英语，依然是“哑巴”。职业教育还要这样教学生吗？ 5. 你是否还在用你老师教你的“储备知识”的方式教职教学生“运用知识”？你不觉得效率太低、效果太不尽如人意了吗？	问题探讨： 1. 不但大部分学生没见过“牛”，教他画“牛”的老师也没亲眼见过“牛”，但不排除有学生见过。 2. 有人辩解说授之以“渔”而不是授之以“鱼”。问题是学生连“鱼”都没见过，也许钓上来的是“蛤蟆”。 3. 学生未来工作中的更多内容是我们老师都没见过、没做过的。 4. 学生从老师身上学到的更多是方法能力和社会能力，专业能力更多的是需要他们在工作中自己学习与完善。
案例分享：如何建设专业学习站	案例分享：“职业规划与成功素质训练”等课程是如何成功实现“翻转课堂”的？
第三堂课 线上线下一体化课程的开发	第四堂课 教学方法微课争霸赛成果分享
课程目标： 掌握线上课程与线下课程如何有机结合的开发策略，使学生在线上和线下的学习更有效率	课程目标： 通过观摩教学方法微课争霸赛的优秀作品，学习有效的高职教学方法，学习优秀的微课程设计和制作要点
课程内容： 1. 明确方法是为内容服务的：没有哪一种课程开发方法是放之四海而皆准的。 2. 线下课程的开发方式：模块课程、案例课程、项目课程、基于工作过程系统化的课程开发方法。 3. 线上课程开发：网络课程、精品资源课程、微课程等。 4. 微课程简介：什么是微课程？微课程有什么特点？ 5. 微课程的主要形式：PPT式微课程、讲课式微课程、情景剧式微课程、混合式微课程。 6. 线上课程与线下课程配合策略：教学设计、教学组织、教学实施、课程考核。	课程内容： 1. 教学方法微课争霸赛：简介举办争霸赛的初衷、组织、评选、总结等全过程。 2. 为什么要做微课？转变观念，由教学改革的“被动者”转为主动地把握学习规律、开展教学改革，借此触发教改和教研的新灵感。 3. 优秀微课案例点评：优秀微课具备的特点及要素。 4. 教学方法改革分享：全系50余名教师提出的教学方法的分类分析、总结归纳等。 5. 学生微视频作业大奖赛成果分享：依靠学生作业积累丰富精彩的微课程资源。

续上表

第三堂课 线上线下一体化课程的开发	第四堂课 教学方法微课争霸赛成果分享
案例分享： 1. “工商模拟市场实训”线上线下课程的设计、组织与实施。 2. “职业规划与成功素质训练”线上线下课程的设计、组织与实施	案例讨论： 1. 结合微课显著特征点评教改微课作品。 2. 创业教育团队系列微课作品与其他专业团队微课作品的不同。
案例讨论： 1. PPT式微课程案例制作与分享。 2. 利用录屏软件制作讲课式微课。	案例分享： 1. 全国大赛一等奖作品《培养创新能力》的设计思路与内容呈现。 2. 全国大赛二等奖作品《组建企业》的设计思路与内容呈现。

五、成立教师发展中心

成立教师发展中心是我多年的一个教育理想，我希望对教师不只是管理、考核、监督，而能提供更多的关心、指导和帮助。2014 年 12 月，为进一步探索教师发展长效机制，建立常态化的教师交流平台，提升教师教学、科研、社会服务与文化传承能力，进而提高教师自我学习与协作发展的水平，我在管理学院提议成立教师发展中心。它是一个公益性的组织，采取的是草根运营的模式，一群深怀公益心的教师帮我实现了。真的很感谢他们，是他们在管理学院筑起了一个“取之于蓝而青于蓝”的家园，是他们和我一道甘愿为“蓝”。当然，“青”所以为“青”，不只是因为它“出于蓝”，而是因为它经过反复的锤炼，达到了“胜于蓝”。我多希望管理学院能有更多的人敢为“青”，更多的人愿为“蓝”，更多的人又“青”又“蓝”。

教师发展中心立足管理学院，服务全校教师，辐射带动全省乃至全国职业教师的发展，通过名师工作室、教学午餐会、讲座与培训、论坛与交流、咨询与援助等形式为教师提供生涯整体设计、心理辅导与危机干预、教学能力培训与辅导、教学研究支持与帮助、教学质量评估与改进等服务。教师发展中心的《青蓝》电子刊物于 2015 年年初创刊，它是一本面向高职教师、关注教师成长、传播职教文化、宣扬人文精神的内部刊物。期刊定位为一本有温度、有思想、有情怀的供身边高职教师在学习、工作之余赏阅的微电子读物。希冀它在传播高职教育文化、增强教师专业技能、激励教师正能量等方面做出绵薄之力。

教师发展中心因是一个公益性组织，采取草根模式运作，暂时没有公用经费支持。虽然我们相信随着它的发展和成效的显现一定可以获得多方的支援，但起步的运作尤为关键。为了支持教师发展中心的成立与成长，我从自己省教学名师特支计划中拿出 10 万元以项目的形式交由教师发展中心，用于他们的起步发展。下面是教师发展中心两年的建设方案，要用两年的时间开好头、起好步，以赢得各方的大力支持，让教师发展中心越办越好。

广州番禺职业技术学院管理学院
教师发展中心建设方案

一、项目概况

教师教学能力的发展是提升高校教学质量的重要途径，也是高校教学改革的基本目标。高校不仅要建立行之有效的教学激励和约束机制，鼓励教师积极投入教学工作；还要采取有效措施，帮助教师渡过“教学关”，不断提高教学质量和教学创新能力。教师发展中心作为提高教师教学水平和能力的重要组织，受到越来越广泛的重视和关注。教育部在2012年发布的《关于全面提高高等教育质量的若干意见》中明确提出要“推动高校普遍建立教师教学发展中心”；教育部与财政部在《关于“十二五”期间实施“高等学校本科教学质量与教学改革工程”的意见》中，也强调“引导高等学校建立适合本校特色的教师教学发展中心”，并启动了国家级高校教师教学发展示范中心建设工作。

为探索教师发展的长效机制，在广东省教学名师阚雅玲教授的指导和示范带动下，我们于2014年12月成立了教师发展中心。同时，我们将借助广东省特支计划教学名师项目，结合我校教师发展中心现状，立足于高职院校，立足于提升教师教学能力与质量的政策导向，尝试对高职院校教师发展中心的功能定位和运行机制进行探索性研究，以期为今后中心的有效运作及教师教学能力的有效提升提供可供借鉴的思路与方法。

本项目建设周期为2年，自2015年4月至2017年4月，我们将以服务、创新、专业、发展为宗旨，通过开展教学观念与文化传播、教学培训与指导、教学与课程研究、教学评价与反馈、教学咨询与服务等工作，向全体教师提供与教学相关的各项服务，达到提升教师教学能力、促进教师专业发展的目标，重点完成新教师培训站项目、课堂教学改进项目、教学研究提升项目、名师工作室项目、职业发展咨询室项目、教师俱乐部项目、中心信息平台建设项目7个子项目。

二、建设计划与思路

1. 建设基础

广州番禺职业技术学院管理学院一直以来非常重视教师的发展，曾于2009年启动“青蓝工程”，培养了一批优秀的骨干教师。“青蓝工程”分两步走，第一期用1年的时间培养一批合格乃至优秀的高职“双师型”讲师，第二期用3~5年的时间培养一批合格乃至优秀的高职“双师型”副教授。“青蓝工程”第一期培养任务简称“十个一”方案，具体如下：认一位导师、编写一个标准教案、制作一个标准课件、完成一门课程设计汇报、通过一次企业调研、组织一项专业建设活动、通过一项技能考核（或参加一次技能培训）、撰写一篇论文、参与一项科研项目、做一个班的学生导师。我们通过“青蓝工程”加大了对新教师的培养力度，提高了青年教师的专业品质、专业知识和专业技能，进而推动了教师团队教学质量的全面提升。接下来，我们计划在“青蓝工程”的基础上细分出“新教师培训站”“骨干教师训练营”“名师工作室”“职业发展咨询室”“教师俱乐部”等项目，为有需要的教师提供教学服务与支持。同时，我们面向全省通过“高职教师综合能力提升”“‘翻转课堂’和微课程开发与运用”“高职院校中层领导力与执行力”以及“中职电商教师实战技能提升与企业顶岗”等省培项目培训教师近千人，已经形成了良好的“传、帮、带”传统以及教师协作发展的文化，培养了一支有志于从事教师发展工作的教师团队。2014 年 12 月，我们依托工商企业管理教研室成立了管理学院教师发展中心，为教师提供生涯整体设计、心理辅导与危机干预、教学能力培训与辅导、教学研究支持与帮助、教学质量评估与改进等服务。

2. 预期目标

我们希望通过建立“顶层设计、统筹规划、协同联动”的工作机制，借助各方资源和力量，努力实现以下目标：

（1）以“服务、创新、专业、发展”为宗旨，通过开展教学观念与文化传播、教学培训与指导、教学与课程研究、教学评价与反馈、教学咨询与服务等工作，向管理学院乃至学校全体教师提供与教学相关的各项服务。

（2）进一步探索教师发展长效机制，建立常态化的教师交流平台，提升教师教学、科研、社会服务与文化传承能力，进而达到提高教师教学能力以及自我学习与协作发展的水平，促进教师专业发展。

3. 主要建设内容

（1）围绕教学观念与文化传播，运用现代教育思想和教学手段，实现教学管理现代化；在两年的建设期内，建成充满活力、务实高效、可持续发展的教师发展中心，形成具有本校特色的教学文化与追求卓越的教学氛围。

（2）围绕教学与课程研究，发现教学问题，探索教学规律，形成有关教学理论、教学评估、教学方法、教育技术、教育心理学等教学研究领域的相关成果；更新教学内容，改进教学方法，推动教学改革，形成“课程项目化改造”“职业软能力课程体系建设”“教学单元的课堂设计与实施”等一系列教学改革成果。

（3）围绕教学培训与指导，形成“新教师培训站”“骨干教师训练营”“职业发展咨询室”“名师工作室”等多个教师发展工作坊，以及教学午餐会、教学沙龙、教师俱乐部、教学竞赛等机制化、常态化、长效化的教学交流项目，扶持和培养一批骨干教师、优秀教师、高职教育领军人才以及教学名师，打造理论扎实、经验丰富的省级教学团队。

（4）围绕教学评价与反馈，在明确教学质量评价目标和评价标准的前提下，针对教师教学质量、教学工作过程和学生学习效果开展诊断性评价、形成性评价和总结性评价，形成以学校为本、结合教师自我评价和教师发展中心评价的教学评价与反馈体系。

（5）围绕教学咨询与服务，设立教师成长档案，为广大教师提供教学录像、教研沙龙、微格诊断、评教结果深度分析、教学生涯整体设计、心理辅导与危机干预等有关教学、职业规划、心理健康等个性化咨询服务；建立完善的教学资源网络，提供课程资源、学术文献资源、名师线上工作室、优秀教师访谈、电子期刊、教学思考与工作提示、教学参考资料、教学交流与讨论等资源服务。

4. 验收要点及进度安排

（1）新教师培训站项目。

新教师培训站项目是一个帮助管理学院入职未满两年的新教师尽快适应学校工作环境以及提升新教师教学能力的服务项目，主要工作是按照“青蓝工程”的要求给新教师提供入职培训，并进行初步的职业引导。目前的服务对象有五位新教师：×××等。

项目负责人：×××

完成时间：2015 年 4 月—2016 年 4 月

最终成果：新教师个人培训计划及培训总结，新教师培训需求分析报告，新教师教学资源包。

（2）课程教学改进项目。

课程教学改进项目包含“翻转课堂”教学改进、课程项目化改造、微格教学诊断、省级师资培训 4 个子项目，分别由 4 位教师负责，主要专注于课堂教学方法改进，为专业教研室和教师个人提供教学改进方面的思路、研讨与服务支持以及课程改进方面的资源和培训支持。我们将在每个学期聘请优秀教师分享教学改进经验；每月在 QQ 群进行课程改进相关主题交流研讨；通过收集有关课程教学改进的科研论文、视频、优秀案例等资料，建立课程教学改进资源包；配合专业教研室进行教学改进工作的推进；在研究的基础上进行教师课程教学改进方面的省培项目。

项目负责人：×××等

完成时间：2015 年 4 月—2017 年 4 月

最终成果：课堂教学改革方案，课堂教学设计案例集，课程教学改进项目资源包。

（3）教学研究提升项目。

教学研究提升项目服务于教师教学与研究能力的提升，以正式的小型研讨会与非正式但互动性强的教学午餐会两种形式，围绕“教学”“科研”与“社会服务”等主题，邀请专家，组织有兴趣的教师一起进行探讨与分享，并将研讨成果共享，为教师专业能力提升提供参考，同时将研究成果转化为下一阶段教师专业能力提升的培训内容。

项目负责人：×××

完成时间：2015 年 4 月—2017 年 4 月

最终成果：平均每两个月组织一次培训或教学研讨，教学科研论文 10 篇。

（4）名师工作室项目。

名师工作室是一个为管理学院全体教师提供教育教学实践与研究指引的服务项目，主要工作任务如下：一是教学名师与教师进行面对面的课堂教学研讨。青年教师将自己的课堂教学情况录像拷贝下来，交由名师指点，与名师共同探讨，发现教学上存在的问题。二是教学名师与教师进行面对面的课题研究与研讨。鼓励教师根据自己的研究方向跟教学名师进行面对面的课题研究与讨论，征求名师意见，通过课题研究反思自己在教学与科研上存在的问题。指导教师具体的教学实践，引导教师由经验型向专家型转变。三是接受指导的教师采用活动观察、记录分析以及对话交流、深度访谈等方式撰写总结报告，边研究边总结，边总结边修正，把接受指导后的成功经验进行推广，并由项目工作人员组建资料库进行问题及方案归集，分享给管理学院全体教师。四是以名师工作室为媒介，构建学科间教师发展共同体，互通有无、相互借鉴、共谋发展，并将成果经验辐射到其他兄弟院校的名师工作室。

项目负责人：××

完成时间：2015 年 4 月—2017 年 4 月

最终成果：建立线上、线下的名师工作室；指导记录及总结报告；教师成长档案。

（5）职业规划咨询室项目。

职业规划咨询室是一个为管理学院全体师生提供职业规划指导与咨询的服务项目，由优秀的职业规划师、职业指导师、人力资源管理师、心理咨询师等专业人士组成，同时还为职业规划与成功素质训练、企业管理核心能力训练、创业管理等工商企业管理专业核心课程的课程组提供相关课程研讨和培训，为全体师生提供职业定位、职业规划、职业发展、职场人际关系等方面的专业咨询与服务。

项目负责人：××

完成时间：2015 年 4 月—2017 年 4 月

最终成果：生涯人物库、人物访谈记录、职业规划课程设计培训、职业规划咨询室线上专栏。

（6）教师俱乐部项目。

教师俱乐部是为具有相同兴趣、爱好的教师提供社会交往、文化娱乐、社会服务等活动的服务项目。主要包括三大工作任务：一是搭建教师社会交往的活动平台。每个成员彼此尊重，建立友谊，并在教师俱乐部这个平台上拓展社会关系、找到归属感。二是搭建教师文化娱乐的活动平台。该项目通过组织教师参加文化娱乐活动，增进彼此间友谊，放松心情，提高工作效率。三是为教师社会服务蓄积力量。我们将有计划地开展对外联系，寻求跟企业对接的机会，挖掘外部培训或服务需求，为下一步的社会服务做准备。

项目负责人：××

完成时间：2015 年 4 月—2017 年 4 月

最终成果：教师发展中心周年庆，企业联谊会，企业调研活动等。

（7）中心信息平台建设项目。

中心信息平台建设项目包括教师发展中心网站、中心期刊、中心微信和微博平台及新闻宣传五个部分，由三位教师共同负责建设、运行及维护。该平台将是教师发展中心工作记载、展示以及与教职工线上线下沟通交流的大平台，承载中心宣传、归档、交流等功能。

项目负责人：×××、×××、×××

完成时间：2015 年 4 月—2017 年 4 月

最终成果：教师发展中心网站，电子期刊，微信和微博平台。

三、资金预算

广州番禺职业技术学院管理学院教师发展中心建设共需资金 10 万元，主要用于新教师培训站项目、课程教学改进项目、教学研究提升项目、名师工作室项目、职业规划咨询室项目、教师俱乐部项目、中心信息平台建设项目 7 个子项目。

教师发展中心经过两年的建设，赢得了教师们的广泛欢迎与高度认可，中心的工作人员也实现了“助人又助己”的初衷。教师们在中心举办的 42 项活动中收获了锻炼、经验、感悟、成长与成果，也收获了合作、沟通、交流、情感与快乐，更重要的是教师发展中心给管理学院带来了巨大的正能量，同时提供了一种草根式的组织机构和项目化的运作方式，为管理学院的专业建设、教师成长提供了一种崭新的发展模式，同时也获得了校内外领导和教师的关注和赞誉，为广州番禺职业技术学院成立校级教师发展中心创造了有利的条件。表4－1分享的是两年来教师发展中心举办的42次活动。

表4－1　教师发展中心成立两年来开展的各项工作一览表

序号	时　间	活动内容	地　点	参加人数
1	2014年11月30日	管理学院教师发展中心“破冰之旅”	历奇山庄	19
2	2014年12月11日	“职业规划与成功素质训练”课程教学经验交流会暨教师发展中心教师座谈会	5410会议室	14
3	2014年12月18日	教师发展中心成立筹备会议暨建设方案研讨会	5410会议室	12
4	2014年12月31日	教师发展中心2015年度工作计划研讨会	5410会议室	11
5	2015年1月9日	教师发展中心2015年度工作计划汇报会	5411 ERP实训室	15
6	2015年1月14日	“挑战杯”参赛作品指导教师专项培训	6420会议室	43
7	2015年3月1日	“翻转课堂”教学理念与教学实践	6315教室	94
8	2015年3月20日	中山职业技术学院来访交流	三楼一号会议室	12
9	2015年3月25日	赴广东东软学院学习交流	广东东软学院	3
10	2015年3月26日	企业管理核心能力训练课程开发与整体设计	5410会议室	10
11	2015年4月8日	职业规划课程基础篇教学研讨会	5410会议室	9
12	2015年4月9日	教师发展中心第一期教学午餐会	5411 ERP实训室	50
13	2015年4月16日	“翻转课堂”教学设计比赛	5411 ERP实训室	72
14	2015年4月29日	第一期新教师座谈会及拜师仪式	5410会议室	14
15	2015年5月7日	名师讲座“做个幸福的番职教师”	艺术学院报告厅	72
16	2015年5月14日	杭州职业技术学院来访交流	5410会议室	5
17	2015年6月11日	首期职业规划工作坊	5411 ERP实训室	15
18	2015年6月11日	《青蓝》创刊及第二期工作例会	5410会议室	15
19	2015年6月25日	教师发展中心第二期教学午餐会	5411 ERP实训室	37
20	2015年6月29日	赴中山职业技术学院交流	中山职院	60
21	2015年7月9日	珠海城市职业技术学院来访交流	5407办公室	6

续上表

序号	时　间	活动内容	地　点	参加人数
22	2015 年 7 月 17 日	职业规划课程组教学研讨会	5407 办公室	7
23	2015 年 10 月 22 日	导师培训	6213 教室	90
24	2015 年 10 月 22 日	教师发展中心例会	5407 办公室	9
25	2015 年 10 月 25 日	教师发展中心第三期教学午餐会	5411 ERP 实训室	36
26	2015 年 11 月 19—22 日	广东省高校教师发展高峰论坛	汕头大学	6
27	2015 年 12 月 24 日	生动化教学活动设计工作坊	5411 ERP 实训室	22
28	2016 年 1 月 7 日	新教师座谈会以及拜师仪式	5410 办公室	14
29	2016 年 1 月 7 日	教师发展中心年度总结会议	5410 办公室	9
30	2016 年 1 月 7 日	基于能力提升的职业店长课程体系研讨	5410 办公室	10
31	2016 年 3 月 2 日	“职业规划与成功素质训练”课程组研讨会	5407 办公室	5
32	2016 年 3 月 3 日	教师发展中心 2016 年度工作计划研讨会	5410 办公室	10
33	2016 年 3 月 21 日—5 月 21 日	接待聊城职业技术学院教师来校交流（两个月）	5410 办公室	5
34	2016 年 3 月 17 日	全国职业院校信息化教学大赛获奖经验分享	5411 实训室	44
35	2016 年 6 月 23 日	职业技能竞赛指导经验交流会	5411 实训室	25
36	2016 年 6 月 29 日	接待广州医科大学卫生职业技术学院及厦门南洋学院等兄弟院校来访交流	3301 办公室	5
37	2016 年 9 月 5 日	“职业规划与成功素质训练·就业篇”课程研讨会	9402 办公室	5
38	2016 年 9 月 8 日	教师发展中心开学工作计划研讨会	9407 办公室	7
39	2016 年 9 月 30 日	教学午餐会：孩子教育与学生培养异曲同工	9438 办公室	63
40	2016 年 10 月 8 日	教学午餐会：家庭参与和中国本科生的出国留学决定——基于剑桥大学的案例研究	9417 办公室	18
41	2016 年 10 月 13 日	新教师培训站第三期师徒结拜仪式暨新教师座谈会	9438 办公室	16
42	2017 年 1 月 5 日	新教师培训站年终汇报安排	9406 办公室	18

六、有效实施教师下企业锻炼

教师下企业是培养“双师型”教师的有效途径，但企业如何选、教师如何下、要完成什么任务、取得什么成果、如何考核与评价则是保障教师下企业能否取得预期成效的关键。为此，管理学院制定了教师下企业实践暂行办法，对教师下企业的审批、三方协议的签订、下企业的考核与总结都进行严格管理，教师下企业到期后，在全院教师会议上进行汇报总结，与大家分享下企业的收获与成果，并邀请校人事处、科技处、企业等负责人一起进行考核与评价，取得非常好的效果。下面与大家分享相关的管理办法，并以一个教师为例分享下企业的管理过程。

（一）管理学院教师下企业实践暂行办法

管理学院为规范教师下企业锻炼这项工作，经学院领导研究决定，出台了《管理学院教师下企业实践暂行办法》，并以文件的形式下达给各位教师。

管理学院教师下企业实践暂行办法

第一条 为了提高教师的社会实践能力，推进校企深度合作，加强管理学院“双师型”教师队伍建设，规范教师下企业管理，根据《广州番禺职业技术学院“双师型”教师队伍建设与管理办法》（番职院人〔2015〕4 号）等相关文件精神和要求，结合管理学院校企合作工作实际，特制定本办法。

第二条 教师下企业应符合“定企业、定岗位、定任务”的“三定”原则，即原则上要求在专业“核心联系型校外实训基地”［参见番职院教〔2012〕63 号《广州番禺职业技术学院校外实训基地建设管理办法（修订）》］、在与其专业相吻合的岗位、具有明确的目标任务。

第三条 各专业在完成教学排课任务的前提下，根据专业建设需要，积极制定和安排教师下企业计划。教师下企业须在每学期第 14 周前向所在教研室提出申请，各教研室主任（专业带头人）根据本专业建设工作及教学安排的实际进行审核，在向下企业教师明确培养锻炼要求，协助教师落实企业及相关事宜后，于第 15 周前将审核同意的“教师下企业锻炼计划审批表”报管理学院院长审批。

第四条 教师下企业须与挂职单位签订协议。普通专任教师应结合专业情况，与企业、教研室主任（专业带头人）三方协商，教研室主任应与企业、学院领导三方协商，明确挂职岗位、工作任务和要求，并与挂职单位签订协议。学院审核通过后，申请者将“教师下企业锻炼计划审批表”和“教师赴企业实践锻炼协议书”交学校人事处审批。

第五条 下企业期间，教师必须本着提高专业实践能力的目的，履行相关岗位职责，严格遵守企业的相关劳动纪律，不得私自脱岗，按照学校和企业要求报送考勤情况。教研室主任（专业带头人）要兼顾专业建设和教研室的管理工作。其他下企业专任教师要按时参加学校和学院重要的工作会议和教研教改活动，保持与所在教研室的联系，并主动汇报自己的实践情况。学校和学院要求必须完成的工作或参加的会议若与企业的工作发生冲突，提前向相关领导汇报沟通，以求妥善解决。

第六条　教师下企业实践要有针对性和实效性，着力解决教学和企业的实际问题，圆满完成挂职任务。实践过程中要注意记录、总结。企业实践结束后，要按管理学院的要求在全院教师会议上汇报下企业情况，按学校要求提交“教师下企业锻炼考核表”、工作总结报告和相关佐证材料。

第七条　教师下企业期间，教学工作量计算、下企业认定与考核、交通费和补贴等按照学校相关规定执行。

管理学院

2016 年 3 月 7 日

（二）教师下企业锻炼计划审批程序

为保障教学秩序的有效进行，教师下企业要提前计划，按程序进行审批，要在每学期第 14 周前向所在教研室提出申请，各教研室主任（专业带头人）根据本专业建设工作及教学安排的实际进行审核，在向下企业教师明确培养锻炼要求，协助教师落实企业及相关事宜后，于第 15 周前将审核同意的“教师下企业锻炼计划审批表”报管理学院院长审批，然后再上报学校相关部门和领导审批。表 4－2 为教师下企业锻炼计划审批表示例。

表 4－2　教师下企业锻炼计划审批表示例

<table>
<tr><td>部门</td><td>管理学院</td><td colspan="2">姓名</td><td>×××</td><td>性别</td><td colspan="2">男</td></tr>
<tr><td>现从事专业</td><td colspan="3">市场营销</td><td colspan="2">担任课程</td><td colspan="2">销售型店长项目、职业店长综合技能训练等</td></tr>
<tr><td>锻炼单位名称</td><td colspan="4">深圳市百果园实业发展有限公司</td><td>锻炼岗位</td><td colspan="2">校企合作总监助理</td></tr>
<tr><td>锻炼单位地址</td><td colspan="7">深圳市龙岗区平吉大道</td></tr>
<tr><td>锻炼单位联系人</td><td>熊自先</td><td>联系电话</td><td colspan="3">略</td><td>手机</td><td>略</td></tr>
<tr><td>锻炼时间</td><td colspan="7">□ 寒暑假或教学间隙　年　月　日 至　年　月　日
☑ 脱产　2015 年 2 月 28 日至 2017 年 8 月 31 日</td></tr>
<tr><td>锻炼内容</td><td colspan="7">申请人在锻炼期间计划完成的任务、计划取得的成果、回校后计划完成的任务等。（可另附页）</td></tr>
</table>

续上表

锻炼单位基本概况	深圳市百果园实业发展有限公司是国内规模最大的果品连锁专卖企业，全国有1 500余家直营专卖店，员工超过万人，公司业务覆盖了果品流通的全产业链，计划到2020年门店数量达到万家，力争成为全球规模最大的果品连锁销售企业，成为世界果业第一品牌。我校与百果园的合作始于2012年，基于良好的合作基础和共同的愿景，双方于2014年正式成立百果园学院，联合培养果品流通行业急需的高素质、高技能的管理人才。		
教研室意见	（盖章） 年 月 日	部门意见	（盖章） 年 月 日
人事部门审核意见	（盖章） 年 月 日	分管领导审批意见	（盖章） 年 月 日

（三）教师赴企业实践锻炼协议

教师下企业实践锻炼需要学校、企业和教师签订三方协议，明确时间期限、工作内容、工作时间、劳动保护和劳动条件以及劳动纪律等。具体如下所示。

教师赴企业实践锻炼协议书

甲方：广州番禺职业技术学院

乙方（实践教师）：×××

丙方（实践单位）：深圳市百果园实业发展有限公司

为推进校企合作，加强“双师素质”教师的培养，建立一支理论基础扎实、实践能力较强的教师队伍，推进学院课程改革和品牌特色专业建设，提高教育教学质量，根据教育部《关于加强高职高专教师队伍建设的意见》精神及《中华人民共和国劳动法》和国家及省的有关规定，就我院 ××× 赴深圳市百果园实业发展有限公司进行实践锻炼有关事宜，甲、乙、丙三方按照平等自愿、协商一致的原则订立本协议，具体如下：

一、协议期限

协议期限为：从 2015 年 2 月 28 日起至 2015 年 8 月 31 日止。

二、工作内容

（一）经三方协议，丙方为乙方安排实践的工作岗位（工作地点、部门、工种或职务）分别为：

2015 年 2 月 28 日起至 2015 年 8 月 31 日，安排乙方于 人力资源部 从事 人力资源总监助理 的工作。主要工作任务或职责有： 协助企业做好企业内部大学——百果园水果大学的前期筹建工作，包括组织框架、运行机制、规章制度、课程体系等；协助企业做好员工职业发展规划与研究，尤其是店长一职的培养；架起校企合作的桥梁，立足于百果园公司，跟踪并深入研究百果园店长的工作流程和工作内容，做出一份岗位工作手册，并为百果园学院的专业核心课程建设提供丰富的第一手素材，初步建立校企双方共享的相应的课程资源。

（二）丙方因生产经营需要调整乙方的工作岗位，按变更本协议办理，三方签章确认的协议书或通知书作为本协议的附件。

三、工作时间

（一）工作时间参照丙方相同或者相似岗位的工作时间来制定。

（二）如丙方因生产（工作）需要，经与工会和乙方协商后可以延长工作时间。除《劳动法》第四十二条规定的情形外，一般每日不得超过 1 小时，因特殊原因最长每日不得超过 3 小时，每月不得超过 36 小时。

四、劳动保护和劳动条件

（一）丙方按国家和省有关劳动保护规定提供符合国家劳动卫生标准的劳动作业场所，切实保护乙方在生产工作中的安全和健康。如乙方工作过程中可能产生职业病危害，丙方应按《职业病防治法》的规定保护乙方的健康及其相关权益。

（二）丙方根据乙方从事的工作岗位，按国家有关规定，发给乙方必要的劳动保护用品。

（三）乙方有权拒绝丙方的违章指挥、强令冒险作业，对丙方及其管理人员漠视乙方安全和健康的行为，有权要求改正并向有关部门检举、控告。

五、福利待遇

（一）乙方在丙方实践期间，甲方应依法提供正常的福利待遇。

（二）乙方患病或非因工负伤，甲方应按国家和地方的规定给予医疗期和医疗待遇，按公费医疗及其他相关规定报销医疗费用。

六、劳动纪律

（一）丙方根据国家和省的有关法律、法规通过民主程序制定的各项规章制度，应向乙方公示；乙方应自觉遵守国家和省规定的有关劳动法律、法规和企业依法制定的各项规章制度，严格遵守安全操作规程，服从管理，按时完成工作任务。

（二）丙方有权对乙方履行制度的情况进行检查、督促、考核和奖惩。

（三）如乙方掌握丙方的商业秘密，乙方有义务为丙方保守商业秘密。如出现乙方泄密的情况，则丙方不仅有权追究甲方派遣人员的泄密责任，同时亦有权要求甲方承担连带赔偿责任。

七、本协议的变更

（一）任何一方要求变更本协议的有关内容，都应以书面形式通知其他各方。

（二）甲、乙、丙三方经协商一致，可以变更本协议，并办理变更本协议的手续。

八、本协议的解除

（一）经甲、乙、丙三方协商一致，本协议可以解除。

（二）属下列情形之一的，丙方可以单方解除本协议：

1. 乙方严重违反劳动纪律或丙方规章制度的；

2. 严重失职、营私舞弊，对丙方利益造成重大损害的；

3. 乙方被依法追究刑事责任的；

4. 丙方歇业、停业、濒临破产处于法定整顿期间或者生产经营状况出现严重问题的；

5. 乙方患病或非因工负伤，医疗期满后不能从事本协议约定的工作，也不能从事由丙方另行安排的工作的；

6. 乙方不能胜任工作，经过培训或者调整工作岗位，仍不能胜任工作的；

7. 本协议订立时所依据的客观情况发生重大变化，致使本协议无法履行，经当事人协商不能就变更本协议达成新的协议。

甲方按照第4、5、6、7项规定解除本协议的，需提前30日以书面通知乙方。

（三）乙方解除本协议，应当提前30日以书面形式通知甲方和丙方。

但属下列情形之一的，乙方可以随时解除本协议：

1. 丙方以暴力、威胁或者非法限制人身自由的手段强迫劳动的；

2. 丙方不按本协议规定支付劳动报酬，克扣或无故拖欠工资的；

3. 经国家有关部门确认，丙方劳动安全卫生条件恶劣，严重危害乙方身体健康的。

（四）解除本协议后，甲乙双方在七日内办理解除此协议的有关手续。

九、本协议的终止

本协议期满或甲、乙双方约定的本协议终止条件出现，本协议即行终止。

本协议期满前一个月，甲方应向乙方提出终止或续订协议的书面意向，并及时办理有关手续。

十、其他

（一）本协议未尽事宜，按国家和地方有关政策规定办理。在协议期内，如本协议条款与国家、省有关劳动管理新规定相抵触的，按新规定执行。

（二）三方约定：

1. 甲方委托丙方做好乙方的工作考勤和考核工作，并于乙方工作结束后由丙方向甲方提交乙方在丙方工作期间的综合考核评价。

2. 根据三方的协商，丙方每安排乙方从事一个新的工种或岗位之前，应对乙方进行培训和考核，丙方应将考核的结果及时通知甲方。

3. 乙方必须在实践的中期、末期向甲、丙双方递交工作报告，对实践技能的提高进行总结。

甲方（学院）：　　　　乙方（实践教师）：　　　　丙方（企业）：

法定代表人（或委托代理人）：　　　　法定代表人（或委托代理人）

20　　年　　月　　日　　　20　　年　　月　　日　　　20　　年　　月　　日

（四）教师下企业锻炼考核

为进一步完善教师下企业锻炼的组织与管理工作，我们会对已完成下企业锻炼的教师进行考核。一是请完成锻炼的教师填写“教师下企业锻炼考核表”，撰写不少于3 000字的企业锻炼报告，并连同相关佐证材料等交至管理学院；二是成立由管理学院院领导、教研室主任、专业带头人、相关行业专家、人事处及科技处领导组成的考核组；三是专门召开考核会议，由完成锻炼教师面向考核组及全院所有教师进行汇报，考核组成员根据“教师下企业锻炼计划审批表”等相关佐证材料，参照“教师下企业锻炼考核评价表”进行考核，并形成考核结论。

第五部分
深化校企合作

管理学院的校企合作经历了以下几个发展模式：2010 年以前停留在以“顶岗实习”为代表的1.0 模式，与60 多家企业广泛合作实施“2.5 +0.5”的人才培养；从 2010 年起选择 20 多家具有教育价值的企业开始探索“2 +1”的“企业订单班”培养，进入了校企合作的2.0 模式；2011 年与广东华好集团合作成立双主体办学的华好学院，实施以学校为主导的“双元”培养，进入了校企深度合作的3.0 模式；2012 年起与百果园公司先后通过1.0、2.0、3.0 模式进行合作，于2014 年校企共同成立百果园学院，实施现代学徒制试点培养职业店长，进入了校企深度合作的4.0 模式；2016 年将百果园学院升级为职业店长学院，将百果园职教联盟升级为店长职业集团，进入了校企合作既有深度又有广度的5.0 模式。不同模式的校企合作对比如表 5 –1 所示。

表 5 –1　校企合作从 1.0 模式到 5.0 模式的转型升级

校企合作模式		校企合作与人才培养模式	优劣势分析与比较
校企合作从单纯广度走向既有深度又有广度	1.0 模式	广泛吸纳合作企业，以半年顶岗实习为主要特点，校企合作实施“2.5 + 0.5”的人才培养模式	合作企业数量可观，但人才培养定位低端，虽然有效提升学生就业率，但就业质量不高，学生跳槽频繁，不能满足校、企、生三方需要
	2.0 模式	选择具有教育价值的企业合作，将“企业订单班”作为专业选修课的一个系列，安排在第 5 学期并与第 6 学期的顶岗实习相衔接，实施“2 +1”的人才培养模式，培养职业店长	学生在企业一年不仅体现了“职业性”，还体现了“教育性”，而店长的培养目标也体现了“高等性”，在一定程度上满足了校、企、生三方需求。但“2 + 1”模式中的两年和一年的人才培养依然是“两张皮”，未能有效融合
	3.0 模式	校企双主体办学成立以企业冠名的特色学院，以“校中厂”为主要办学形式培养职业店长，实施校企双元培养模式，但是以学校为主导，体现在教学的时间、地点、师资、方式甚至内容等方面	学生三年学习期间可全程实施校企双元培养，解决了“2 +1”模式的“两张皮”问题。但因主要学习场所依然在学校，脱离了商科专业的市场工作环境，培养出的店长人才依然不能与企业“零对接”

续上表

校企合作模式		校企合作与人才培养模式	优劣势分析与比较
校企合作从单纯广度走向既有深度又有广度	4.0 模式	校企双主体办学，成立以企业冠名的特色学院，以“厂中校”为主要办学形式培养职业店长，通过“招工即招生”，实施以在岗学习为本位的现代学徒制人才培养模式，体现以企业为主导	学生兼有学徒的双重身份，走进市场，走进企业，学习的内容是工作的内容，学习的方式以在岗学习为本位，且工学交替，企业承诺90%以上的学徒制学生毕业后即可升任店长，实现了人才培养与企业的零对接
	5.0 模式	将百果园学院的校企合作模式与现代学徒制人才培养方式推广到其他10家前期有很好合作基础的企业，将百果园学院升级为职业店长学院，将百果园职教联盟升级为店长职业集团	校企合作从单纯广度走向深度，再走向既有深度又有广度还有高度。通过牵头制定专业教学标准和试点现代学徒制，为企业提供更多可以深度合作的学校，为学校提供更多可以深度合作的企业，为学生提供更大的可以发展的平台

下面与大家分享的是管理学院“企业订单培养”管理办法、华好学院2011—2013年人才培养质量报告、百果园学院现代学徒制试点案例以及店长职教集团的办学模式与运营机制。

一、“企业订单培养”管理办法

几乎各个高职院校都有“企业订单班”，大多是“2＋1”的形式，即两年在学校、一年在企业的人才培养模式。有学生和家长抱怨这种形式说，你们大学越来越缩水，三年改为两年半，两年半又改为两年。其实这种人才培养模式本身无可厚非，问题的关键在于我们合作的企业是否能为学生提供具有教育价值的实习岗位，我们的学校和教师以及企业的师傅是否能为学生一年的在岗学习提供足够有效的培养和指导；如果不是，那学生就是提前毕业。为此，管理学院狠抓这一年的企业订单培养质量，首先我们制定了《工商管理系“企业订单培养”管理办法》，在此与大家共享。

工商管理系“企业订单培养”管理办法

校企合作“订单班”是高职院校培养高素质、强技能人才的一种有效模式，是深化产学合作的重要载体。工商管理系对2010级职业能力选修课进行全面改革，推出4个系列课程供学生选择，“企业订单培养”系列是其中之一。为了规范校企合作“订单班”，进一步加强教学管理，保证其顺利有效运行，特制定本管理办法。

一、“企业订单培养”组织机构及职责

成立工商管理系2010级学生“企业订单培养”领导小组，全面负责本系“企业订单培养”学生的管理工作。领导小组成员由系领导、各专业负责人及秘书、辅导员等组成，学校须指派校内指导教师，校外合作企业须指派兼职指导教师/企业班主任，机构成员如下：

领导小组构成：

组长：略

副组长：略

成员：略

校内指导教师：具体在当年确定。

校外兼职指导教师：具体在当年确定。

校企合作工作岗位：具体在当年确定。

（一）“企业订单培养”领导小组职责

1. 统筹安排全系“企业订单培养”工作，每年制订订单培养工作计划，并督促、检查各专业计划与目标完成情况。

2. 对学生进行专业选修课集中辅导，特别是对“企业订单培养”系列的选修辅导。

3. 联系相关企业开设订单培养班，甄选符合条件的企业并就开设订单培养班的有关要求与企业进行磋商。协助企业制订订单培养教学计划，聘用任课教师，执行教学方案。

4. 做好“企业订单培养”项目的宣传，组织学生的初步筛选工作，提供“企业订单培养”项目报名学生真实资料供用人单位参考。组织学生与企业的双向选择见面会，为企业选人和学生选课创造有利条件。负责与企业、学生签订相关的订单培养协议。

5.“企业订单培养”启动之前，应对学生进行职业素养、企业人际关系处理、企业运作环境、市场法制观念、安全知识、防范技能等方面的教育培训，帮助学生树立良好的心态和工作态度，正确认识现实，吃苦耐劳，任劳任怨，不计名利，在实践中努力学习专业知识和技能，树立正确的荣辱观、苦乐观、人生观、价值观和世界观，并能够保护自己的合法权益。

6. 为企业订单班配备专职校内班主任或校内指导教师。

7. 分专业召开专题学生订单培养动员会议，使学生明确订单培养的目的、方法和考核要求，明确订单培养的各项规章制度、材料上交的期限与要求等，做好订单培养前的各项准备工作。

8. 加强与订单培养企业、校外兼职指导教师、企业班主任、校内指导教师的联系与沟通，组织力量进行检查，定期向订单培养企业了解学生的情况，听取订单培养企业对订单培养工作的意见和建议，并做好检查记录。

9. 组织订单培养班级的课程考核，成绩评定，资料整理、归档和上报。

10. 学生订单培养结束后，组织各专业对各种重要数据进行分析，并进行订单培养工作总结以及相关材料的存档。

（二）校企合作岗位教师职责

1. 与教研室主任一起对外联系，根据本专业人才培养的需求，引进“企业订单培养”项目，对各类途径提供的订单培养项目进行审核，对可行性项目进行立项，召集相关单位举行订单培养项目说明会，并与合作单位签署合作协议。

2. 协助“企业订单培养”项目承接企业组建“企业订单培养”班，做好与合作企业之间的沟通及意见反馈工作。

3. 督促合作单位承诺提供的奖（助）学金、教材、设备等物资及时到位，并做好相关管理工作。

4. 为通过考核的学生办理上岗手续，做好已上岗“企业订单培养”学生的意见反馈工作。

5. 对各“企业订单培养”项目的实施情况做好记录，形成报告。

6. 根据数据平台采集的要求，完成本专业关于学生订单培养、校企合作、企业兼职教师、社会评教等方面的数据采集准备工作。

7. 与校外兼职指导教师、企业班主任一起对订单培养学生进行考核，参加学生订单培养总结汇报会，对订单培养学生进行成绩评定，汇总后交教研室、系（院），经其审核汇总后上交教学秘书存档。

8. 每月将“‘订单培养’教师指导情况汇总表”及相关佐证材料（网络或通信等方式的文字记录）交教研室、系（院）审核汇总后，上交教学秘书存档。

（三）校内指导教师职责

1. 在企业培养期间，指导学生按照企业和学校要求完成相应的工作和学习任务。

2. 对自己指导的学生进行安全教育、思想政治教育、职业道德教育和企业文化教育，要求学生遵纪守法，杜绝各种意外事故发生。

3. 对订单培养学生进行跟踪指导，加强与实习单位和校外兼职指导教师/企业班主任联系，掌握学生培养动态，积极配合订单培养企业和校外兼职指导教师/企业班主任的工作，及时解决订单培养中存在的问题，按时完成规定的订单培养教学任务。

4. 经常与学生沟通，为学生讲解订单培养的相关现实问题，提醒学生注意工作的方式，学会观察企业运作规律，学习岗位工作方法，必要时可以到学生实习现场进行现场指导，提升学生的管理技能，增强就业竞争力。

5. 指导学生撰写订单培养日记和总结，要求学生每周完成一次订单培养记录，敦促学生及时上交相应的资料。

6. 对在订单培养中违反纪律且情节严重的学生，除进行批评教育外，还应及时向“企业订单培养”领导小组汇报，按有关违纪处理办法进行处理。

7. 与校外兼职指导教师/企业班主任一起对订单培养学生进行考核，参加学生订单培养总结汇报会，对订单培养学生进行成绩评定，汇总后交教研室、系（院），经其审核汇总后上交教学秘书存档。

8. 通过指导学生订单培养，加强自己与企业的联系；在条件允许的情况下，可与教师下企业及校企合作的各项工作结合起来。

9. 每月将“‘订单培养’教师指导情况汇总表”及相关佐证材料（网络或通信等方式的文字记录）交教研室、系（院）审核汇总后上交教学秘书存档。

10. 校内指导教师的工作量计算办法参照学校专职顶岗实习指导教师的工作量计算。

（四）订单培养企业职责

1. 尽可能为学生提供适合本专业性质的订单岗位，实现专业与职业的衔接，培养学生的基本职业技能。

2. 选择合适的企业人员担任学生订单培养的校外兼职指导教师/企业班主任。

3. 与工商管理系的“企业订单培养”领导小组一起完善订单培训及工作计划。

4. 根据协议规定，若有提供报酬的应按时足额发放给学生；若另有商定的，按商定办法实施。

5. 接待校内班主任或指导教师的走访，客观真实地向校内班主任反映学生的实习情况。

6. 学生订单培养期满，应当根据考核标准对订单培养学生签署书面的鉴定意见，作为学校评定学生企业订单培养课程成绩的依据。

（五）校外兼职指导教师/企业班主任职责

1. 根据企业订单培养的要求，对“订单班”学生进行企业组织制度、组织文化、企业安全、岗位职责、岗位技能、操作规范、实习纪律等方面的培训，教育学生爱岗敬业，培养学生良好的职业道德。

2. 按时落实订单培养的任务，积极主动为学生进行业务指导，传授学生岗位工作所需要的技能，培养学生的职业岗位能力，锻炼学生严谨务实的工作作风和创新精神。

3. 有目的、有意识地引导学生关注本企业岗位工作流程，思考企业运作或岗位工作中存在的问题，鼓励学生进行调查研究，提升学生对本专业及相关岗位的实践和认知能力。

4. 关心学生的思想、工作、生活情况与身体健康，尽可能帮助学生解决订单培养过程中遇到的困难，做好学生的思想教育和管理工作，与校内班主任或指导教师进行沟通，反馈学生的培养状况。

5. 客观公正地对学生的职业道德、出勤、工作技能、工作业绩等方面进行考核，并做出书面的鉴定意见，与校内班主任、指导教师共同评定学生订单培养的成绩。

6. 校外兼职指导教师的报酬按学校有关规定执行。

二、合作企业选择标准及“订单培养”的内容要求

（一）合作企业选择标准

1. 合作企业所需的岗位人才在行业内具有比较宽的就业市场。

2. 能提供明确的、适合高职学生的工作岗位。“订单培养”教育是针对企业特定工作岗位要求开展教学的，因此，企业提供的工作岗位要求必须明确且适合高职水平的学生，“订单培养”才能具有明确的培养目标，才能给高职学生提供个人发展的空间。

3. 岗位需求量大，原则上5人及以上方可成班。这是实施“订单培养”教育的必备条件，企业只有在提供足够员工岗位的前提下，才能形成有规模的“订单”教育。

4. 企业应发展稳定，运作规范，能提供较为完善的培训体系和良好的培养环境。这样才能保证订单培养结束后，学生可以按照订单岗位顺利就业。

（二）“订单培养”的内容要求

工商管理系与企业的“订单培养”内容应包括培养目标、教学计划、企业师资保障等基本要素。

1. 培养目标。

工商管理系与企业共同制定培养目标，要明确学生在订单培养结束后应具备的岗位技能，在满足企业岗位能力要求的同时，还要充分考虑到学生的可持续发展及全面发展的需要。

2. 教学计划。

为“订单班”学生量身定制教学计划，是校企合作“订单班”能培养企业所需人才的重要保障。“订单班”的教学计划主要是由校企双方根据学生的实际情况和企业的需求共同制定，并以企业为主，旨在打造企业所需的人才。

（1）合理设计培训和工作内容，避免人才培养的盲目性。培训及工作内容应遵循三个原则：第一，应考虑到本行业就业市场的需求，就业方向要在培训及工作内容中清晰体现；第二，应满足订单工作岗位的需要，保证学生实现从学校到工作岗位的零过渡；第三，要考虑学生可持续发展的需要。

（2）合理安排培训及工作的比重，激发学生的学习动力。

合理安排培训及工作的比重体现在以下两个方面：第一，培训项目与工作交替进行，利用培训启发学生自我总结，使学生在工作岗位上有更好的发挥；第二，表现突出的学生，优先选择轮换的岗位。

3. 企业师资保障

实施学生订单培养对企业师资提出了更高的要求，订单班的企业授课教师或指导教师应该由两类人员组成。一类是企业内训教师，这类教师具有讲师和工程师（经济师）双重身份，上讲台能讲课，到一线能操作，既能讲授理论，又能满足实践教学的需要。另一类是由企业专业人员组成的校外指导教师，合作企业派出的专业人员作为校外指导教师为学生授课或指导，不仅在实践教学方面指导学生，还可以让学生提前接受企业文化的熏陶，帮助学生更快地过渡到工作岗位。

三、“订单班”教学管理规定

1. 工商管理系通过各班导师向学生发布各企业订单培养的相关信息。

2. 学生按规定的时间和要求进行报名，填写报名表。

3. 各专业教研室负责根据企业要求和学生在校期间的成绩和表现，对申请加入“订单班”的学生进行初步筛选。

4. 组织通过初选的学生参加订单企业的面试及考核。

5. 工商管理系与合作企业签订“订单班”合作协议后，应在一周内将“订单班”合作协议报行政秘书备案。

6. 工商管理系、订单企业和学生签订“校企合作订单培养协议”，进一步明确三方的权利与义务。

7. “订单班”合作协议签订后一个月内制订“订单班”教学计划，并报教学秘书。具体内容包括：企业拟对学生实施订单培养的培养目标、工作计划、工作内容、校外兼职指导教师/企业班主任、工作环境、岗位轮换等以及企业与工商管理系共同制定的对学生的具体考核内容及相关说明。

8. “订单班”教学计划经系主管领导审核、系主任批准后方可执行。

9. 每一个“订单班”工商管理系和企业各安排一位班主任/指导教师进行指导和管理。

10. 学生因身体等特殊原因终止企业订单培养，需提前一周申请，出示相关证明经审批通过后方可选择其他选修系列。

11. 在“订单班”实施过程中，如果发生突发的教学安排变化，校企双方均应至少提前一周提供书面调整申请。

四、“订单班”学生管理规定

企业订单培养是学校落实“校企合作、工学交替”的有效途径，有利于学生在生产实践第一线培养良好的职业道德，了解行业发展现状，锻炼岗位操作技能。学生在此期间的身份具有双重属性，既是企业的一名学徒，也是学校的一名在校学生，应同时遵守企业规章制度和学校的管理规定。

（一）学生申请“企业订单培养”相关规定

1. 学生在完成各专业规定的基础通识课程和职业核心课程的学习之后，方具备申请接受订单培养的资格。学生可以依据每学年工商管理系开设订单培养的具体通知，自主选择报名参加任一“订单班”的筛选报名，原则上有对口“订单班”的专业不得跨专业申报。

2. 学生在报名接受订单培养之前应充分考虑订单培养的特殊性，对订单培养的艰苦过程和企业对员工的特殊规定有相应的思想准备，可以在申报之前对企业的基本现状有大致了解，做到申报不盲目，不跟风。

3. 学生在申报之前应完成订单培养报名登记表格的填写工作，原则上需取得家长的签字确认，相关表格一经提交即视为学生自愿申请接受订单培养，在校企双方面试确定入选之后原则上不得退出。

4. 学生在申请接受订单培养之后，一旦得到企业录取通知，即应着手进行相关准备，办理保险和企业规定的相关证件（如食品行业要求的健康证）等。

（二）订单培养过程管理规定及学生职责

1. 订单培养是学校人才培养方案的重要组成部分，选修“订单培养”模块的专业学生都必须按规定全程参加企业订单培养。

2. 认真学习“订单培养”选修模块的各项规章制度，明确培养目的，端正态度。学生要服从企业和学校对学生学习的安排和管理，尊重企业的各级领导、指导教师和企业员工，服从企业的岗位安排和培养地点的分配。

3. 牢固树立“安全第一”的防范意识，严格遵守操作规程。

4. 强化职业道德意识，爱岗敬业，任劳任怨，遵纪守法，做一个诚实守信、踏实可靠和文明礼貌的人。要遵守劳动纪律，不得无故迟到、早退、缺勤，不得做有损企业形象和学校声誉的事情，要按照企业劳动纪律办理请假等手续。学生应认真接受企业的岗位培训和技能训练，认真对待企业组织的专项技能训练和业务知识考核。

5. 学生应关注订单培养企业的管理现状，了解国家的政策法规和市场运作机制，善于从管理的视角思考企业存在的问题，有意识地培养自己的专业技能，发挥专业优势，提升职业能力。

6. 学生在培养期间如不在学校和企业住宿，应及时汇报自己的详细住宿地点，注意住宿安全，遵纪守法。在企业学习过程中，应注意交通安全，往返结伴而行。

7. 尊重培养单位技术人员和管理人员的指导，虚心请教，主动协助培养单位或指导教师完成培养任务以外的力所能及的事情。

8. 积极主动地与指导教师联系，汇报订单培养状况，查找不足，寻求帮助，并保持通信方式的畅通，联系次数每周不得少于一次。

9. 企业订单培养期间，如果由于身体、心理等需要退出订单培养的，必须出具相关证明，经企业和工商管理系同意，学校教务处批准，方可退选并改选其他系列。未经批准擅离、调换订单培养单位的，则“订单培养”选修模块课程成绩为零分。

10. 完成企业交给的工作及考核，认真做好订单培养工作记录，每周对培养情况进行一次总结，培养期满独立完成培养报告，并返回学校进行培养考核及成绩鉴定。

11. 培养结束后应上交的订单培养材料包括：学生企业订单培养周记、培养报告（不低于2 000字）、学生社会实践证书、企业兼职教师登记表等。

12. 订单培养期间如遇重大问题，应及时向班主任或指导教师报告，班主任或指导教师应第一时间向培养单位和学校进行汇报。

13. 严格遵守培养单位的考勤制度，特殊情况需请假时应征得培养单位的批准，并及时向校内班主任报告。如出现迟到、早退、旷工等现象，除按照企业规定处理之外，学校也将依照相关规定，从严处理，不姑息任何该类现象的发生。

14. 学生因违反“订单培养”企业纪律和安全规定而造成的事故由学生本人负责，企业有权追究学生的相关责任。

（三）学生申请退出“企业订单培养”的规定

1. 学生一旦申请并通过“企业订单培养”的报名考核，即视为选择工商管理系与企业联合开设的“订单培养”模块课程，必须完成“订单培养”的全过程，取得校企双方的成绩评定和学分认可方可毕业，除特殊原因，原则上不可以中途退出。

2. 学生如存在下列原因之一的，可申请退出：

（1）健康状况不佳，影响自身在企业的培养，无法胜任相应岗位的要求，在取得医院的相关证明后可申请退出。

（2）心理负担过大，无法继续从事相关培养任务的，经企业和工商管理系审批后方可退出。

（3）经工商管理系核准的其他特殊原因，在确认确实无法继续完成“订单培养”规定的任务后，可申请退出。

3. 学生申请退出“订单培养”，应提前一周提出，并依实际情况如实填写相关申请表，办理相关手续后，方可回校选修其他模块课程，在取得相应学分后毕业。

4. 学生出现违纪现象，企业提出与学生解除“订单培养”关系的，学生除返校接受相关纪律处分外，视为该学生在选修学校与企业联合开设的“订单培养”课程后，无法通过课程考核，没有得到相应学分，毕业时间相应延后。

五、“订单班”学生的考核与成绩评定

1. 对“订单培养”学生的成绩考核要以形成性评价为主要考核方式，突出对过程的考核，注重对学生在“订单培养”过程中所表现出来的态度、能力和综合素质的评价。

2. 考核的内容包括：思想政治表现、劳动态度、组织纪律、任务完成情况、对企业管理的认知程度及企业订单培养周记、订单培养报告等。

3. 考核采用优秀、良好、中等、及格、不及格五级制。

4. “订单培养”的考核由校内班主任/校内指导教师和校外兼职指导教师/企业班主任共同完成，校外兼职指导教师/企业班主任的评定占70%，校内班主任/校内指导教师的评定占30%。

5. 校外兼职指导教师/企业班主任的评价依据为：

(1) 踏实认真、积极主动、任劳任怨、勇于实践、勤学多问，能结合专业思考企业管理的现实问题。(20分)

(2) 能理论联系实际，提高自己的专业技能，出色地完成订单培养岗位的工作。遵纪守法，服从指导与分配，经常与指导教师沟通、汇报培养情况，查找问题，寻求支持。(60分)

(3) 积极主动地承担订单培养岗位工作任务以外的工作。(10分)

(4) 其他表现状况。(10分)

6. 校内班主任/校内指导教师的评价依据为：

(1) 按要求参加订单培养，遵守学校和订单培养单位规章制度，服从指导，尊重他人，努力提升实践能力，得到培养单位的好评。(10分)

(2) 实习过程中，能经常与指导教师沟通联系，汇报培养情况，咨询相关工作问题，能结合专业思考订单培养企业的管理现状，提升管理技能。(20分)

(3) 及时翔实地做好校外订单培养记录，完成每周一次的企业订单培养周记，独立完成订单培养报告，要求该报告具有一定的深度。(60分)

(4) 其他表现状况。(10分)

7. 订单培养结束后，学生必须参加学校和订单培养企业共同组织的订单培养汇报会，如无故缺席参加汇报会，订单培养成绩评定不及格。

8. 订单培养学生未参加订单培养或订单培养考核不及格的学生，其选修的订单培养模块课程视为不及格，学分为0分，必须随下一届学生重新参加订单培养，直至成绩合格方可毕业，取得毕业证书。

9. 订单培养合格的学生，除给予规定的学分外，还可获得由学校与订单培养单位共同签发的“社会实践证书”。

工商管理系

2010年9月5日

二、华好学院人才培养质量报告

华好学院是我们管理学院校企合作的3.0模式，即双主体办学以学校为主导的全程双元培养模式，这一模式在当时引起业内广泛认可和高度赞誉。2012年9月，华好学院受邀参加全国示范高职院校校企合作高峰论坛，作为仅有的4个代表之一做校企合作典型案例经验交流，随后教育部又派专家学者专程来调研我们的校企合作模式及合作成果。2013年，当华好学院有了第一届毕业生后，专门举行了2011—2013年人才培养质量发布会，这是国内首家由学校面对面地向各方利益相关者公开发布人才培养质量报告并接受质询。此次发布会是华好学院经过校企双方三年密切合作后，将其办学成果和办学过程向社会进行的全面展示。在发布会上，校企双方专业带头人从校企协同创新、构建“双元培养”办学体制，服务产业转型、打造基于产业链的专业群，组建“双师型”教学团队，校企“双主体”内生融合、共同育才，加强过程控制、确保顶岗实习质量，社会认可、人才培养成效显著，未来改善空间等七个方面介绍了学院的基本情况，总结了学院人才培养工作的主要成效，分析了学院人才培养质量状态，明确了下一阶段努力的方向。现将华好学院2011—2013年人才培养质量报告与大家分享。

华好学院2011—2013年人才培养质量报告

华好学院是广州番禺职业技术学院与知名企业广东华好投资有限公司（后来改名为华好集团有限公司）于2011年共同成立的新型学院（见图1）。校企双方利用各自资源优势，按照“合作办学、合作育人、合作就业、合作发展”的原则，共同培养高素质、强技能且具备创新创业能力的美容行业人才。华好学院开设了国内首家高职院校的美容会所管理专业，该专业2011年招生65人，人才培养定位是美容会所的店长。2012年，华好学院在继续加强美容会所管理专业建设的基础上，进而成立了化妆品营销、化妆品企业管理和人物形象三个新专业，2013年学生在校人数达到600多人。

图1　广州番禺职业技术学院与广东华好集团签订合作协议

华好学院2011—2013年发展历程及标志性成果

2011年1月，广州番禺职业技术学院与广东华好集团签订校企合作框架协议。

2011年4月，正式成立广州番禺职业技术学院华好学院。

2011年6月，设置美容会所管理专业方向，并实现首次招生65人。

2011年8月，建设完成第一期华好学院美容实训基地，建设面积约260 m^2。

2011年12月，成立华好学院专业指导委员会。

2011年12月，聘请广东美容美发化妆品行业协会会长马娅为华好学院名誉院长和客座教授。

2012年4月，新专业人物形象设计顺利通过教育主管部门审批，具备招生资格。

2012年6月，化妆品企业管理、化妆品营销专业方向获学校招生资格。

2012年6月，华好学院指导成立校美容化妆协会。

2012年7月，成立美容会所管理、化妆品企业管理两个教研室。

2012年9月，华好学院2012年招生规模达273人，在校生人数超过300人。

2012年9月，建设完成第二期华好学院美容实训基地，总建设面积接近800 m^2。

2012年9月，韩国尹姬株式会社社长到华好学院参观访问。

2012年9月，华好学院受邀参加全国示范高职院校校企合作高峰论坛，并做典型发言。

2012年9月，华好学院执行院长阚雅玲获得2012年南粤优秀教师。

2012年9月，美容会所管理专业方向获得学校第五届重点专业立项。

2012年10月，成功完成首次中级美容师职业资格鉴定。

2012年11月，成功举办学校首届化妆造型技能大赛。

2012年12月，广东华好集团有限公司获得广东省最佳雇主奖、最佳诚信示范企业奖。

2012年12月，《新快报》以《广州番禺职业技术学院创办国内首家开设美容会所管理专业的学院》为题进行特别报道。

2013年1月，广东华好集团有限公司获得“广东省大学生优秀校外实践基地”称号。

2013年5月，工商模拟市场实训课程获得国家精品资源共享课程立项。

2013年5月，华好学院成功举办中高职衔接研讨会。

2013年9月，华好学院两本教材获得教育部“十二五”职业教育国家规划教材立项。

2013年9月，华好学院2013年招生人数达到462人，在校生规模超过600人。

2013年10月，梁永奕老师获得全国信息化教学设计大赛一等奖。

2013年10月，推荐“职业规划与成功素质训练”课程参评国家精品资源共享课程。

1. 校企协同创新　构建“双元培养”办学体制

1.1　校企合作办学，成立华好学院

《国家中长期教育改革和发展规划纲要（2010—2020年）》明确提出“建立健全政府

主导、行业指导、企业参与的办学机制，制定促进校企合作办学法规，推进校企合作制度化”。《教育部关于推进高等职业教育改革创新引领职业教育科学发展的若干意见》也指出高职教育要“以合作办学、合作育人、合作就业、合作发展为主线，创新体制机制”。《现代职业教育体系建设规划（2012—2020年）》进一步提出高职教育要“建立校企共同规划、共同治理、共同培养、共同教学的机制”。可见，校企合作已成为高职教育办学体制机制创新的主要内容和目标。

2011年1月，广州番禺职业技术学院与广东华好集团有限公司本着服务社会、相互支持、优势互补、共同培养社会急需人才的宗旨，在平等自愿、协商一致的基础上，共同成立了广州番禺职业技术学院华好学院（简称华好学院）。华好学院真正意义上实现了与行业的紧密对接、与企业的深度合作、与中职的自主衔接、与创业的有效结合，是四个合作办学理念指导下的产物，符合高职教育的发展规律，如图2所示。

华好学院定位于学校的二级学院，前期依托工商管理系进行筹建。

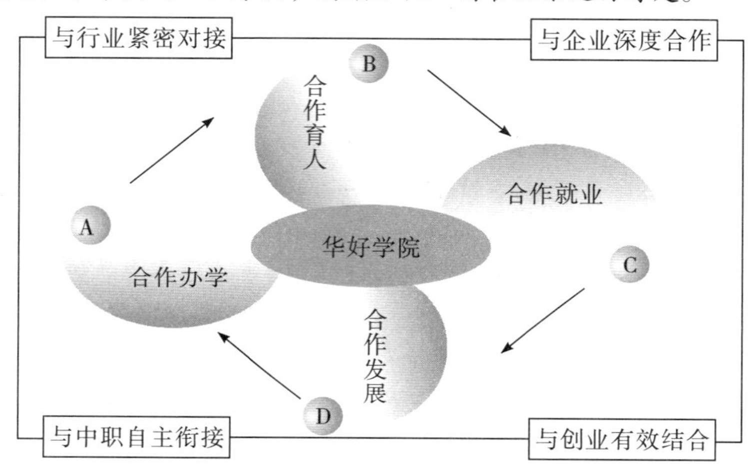

图2　基于四个合作校企联手共建华好学院

1.2　校企“双元培养”，创新办学体制

华好学院实行理事会领导下的院长负责制。理事会主席由广州番禺职业技术学院副院长担任，副主席由广东华好集团有限公司董事长担任；理事会负责学院专业设置和重大建设项目的审定、人才培养方案的审定、院长的推荐和考核、年度预决算的审定等重大事项。

学院设院长1人、执行院长1人、副院长1～2人。广东华好集团有限公司委派人员按照广州番禺职业技术学院兼职教师进行管理，如图3所示。

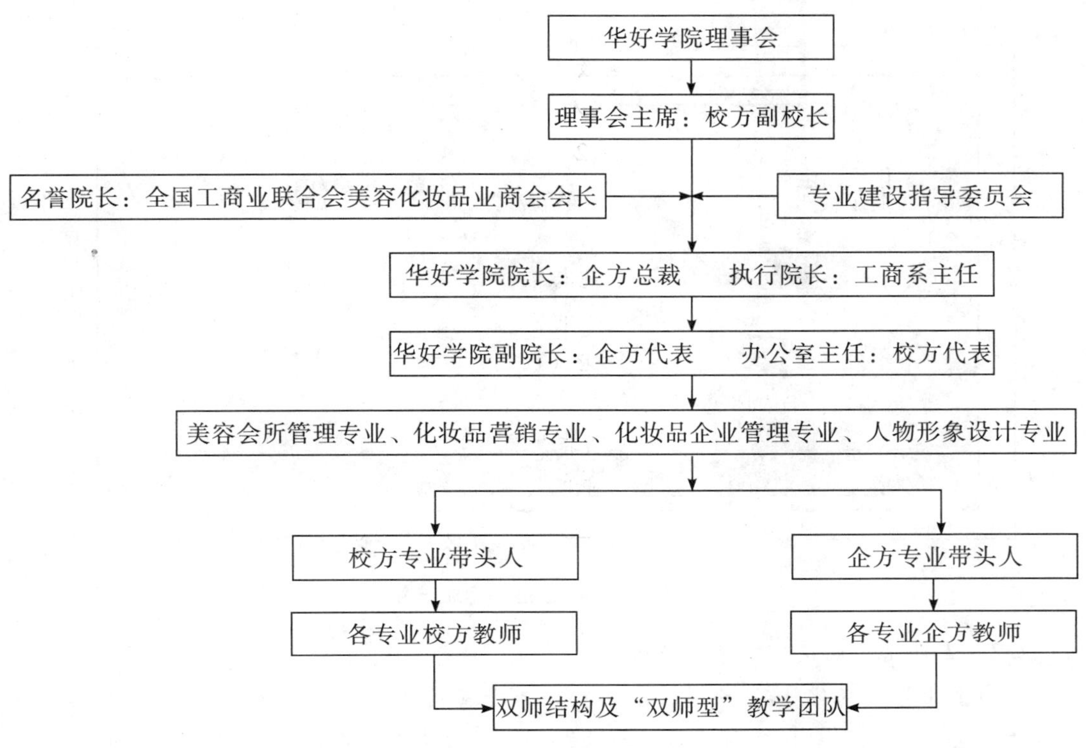

图3 体制创新：华好学院组织架构

广州番禺职业技术学院负责专业设置、课程设置、教学组织和管理、招生、学生管理以及公共课程、专业理论课程、相关教材的开发与建设。

广东华好集团有限公司负责专业课程及教材的开发与建设，负责校内外实训基地建设，负责学生顶岗实习、录用和推荐就业，参与学校人才培养的全过程。

2. 服务产业转型 打造基于产业链的专业群

2.1 基于产业链，设置优势专业

为更好地服务中国美容化妆品产业转型升级，华好学院紧密围绕美容、美发、化妆品、美容器械、教育培训、专业媒体、专业展会、行业学会和市场营销及产品上游原材料生产商等十大领域，精心打造基于美容行业产业链的专业群。目前，华好学院共开设有三个专业方向：工商企业管理（化妆品企业管理方向）、市场营销（化妆品营销方向）、连锁经营管理（美容会所管理方向）。人物形象设计专业由我校艺术设计学院主要负责，华好学院协助，如图4所示。

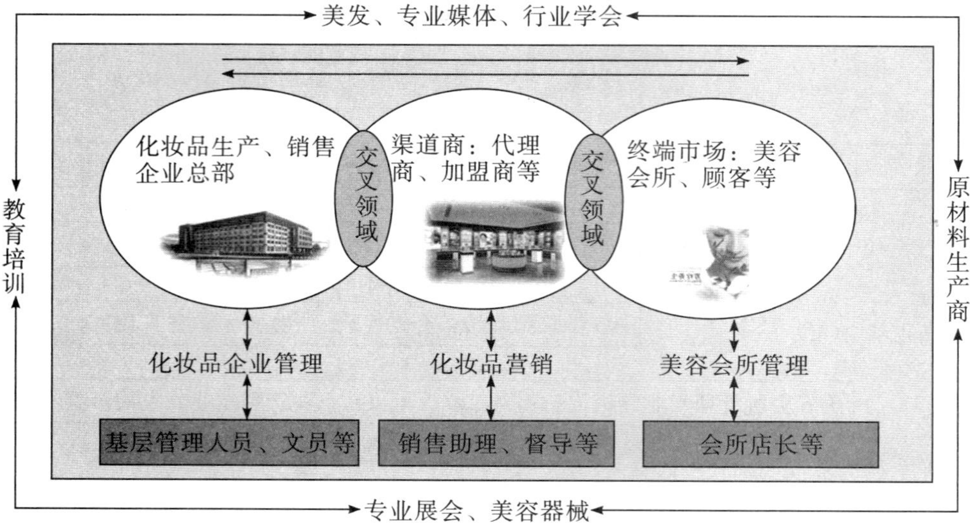

图4　基于产业链的专业设置

2.2　专业定位明确，办学特色鲜明

工商企业管理（化妆品企业管理方向）、市场营销（化妆品营销方向）、连锁经营管理（美容会所管理方向）定位明确，特色鲜明。三大专业情况基本介绍如表1所示。

表1　华好学院专业介绍

专业（方向）	培养目标	就业岗位
工商企业管理（化妆品企业管理方向）	面向美容化妆品行业，培养掌握美容、化妆品、企业管理、养生保健等专业理论知识，具有美容化妆品企业总部行政管理、人力资源管理、门店运营管理、财务管理、化妆品品牌管理等基本管理能力，具备“一技之长+综合素质”，有一定创新能力的技术与管理复合型基层管理人才	行政助理、人力资源管理助理、门店运营管理助理、品牌管理助理、财务助理等
市场营销（化妆品营销方向）	面向美容化妆品行业，培养掌握美容、化妆品、养生保健、营销管理等专业理论知识，具有美容化妆品行业市场调研与预测、消费行为分析、营销策划、销售管理、化妆品品牌管理等能力，具备“一技之长+综合素质”，有一定创新能力的技术与管理复合型基层营销管理人才	销售经理助理、区域经理助理、销售培训导师、营销策划人员、会议营销专员以及美容行业自主创业等
连锁经营管理（美容会所管理方向）	面向美容化妆品行业，培养掌握美容、保健、养生、营养及会所管理等相关知识，具有员工管理、顾客管理、销售管理、美容养生项目组合及运用等美容会所经营管理能力，具备“一技之长+综合素质”的技术与管理复合型店务管理人才	会所管理岗位，如美容会所的店长、店长助理或各部（组）储备干部等，美容会所服务岗位以及美容会所自主创业等

连锁经营管理（美容会所管理方向）由于建设成效突出，发展潜力巨大，于2012年9月获得学校第五届校级重点专业立项。

3. 校企联手　组建“双师型”教学团队

3.1　教学团队素质优良，结构合理

华好学院的师资队伍由学校和企业共同组建。学校教师承担专业基础课程的教学工作，企业教师承担专业技能及实操课程的教学工作。目前企业教师有8位，校方教师有12位，20位教师中，教授1位，副教授3位，兼职副教授3位，中级职称12位。此外，华好学院聘请客座教授3位。校方教师中，1位博士，10位硕士。教师队伍中，45岁以上的2位，30～45岁的13位，30岁以下的5位。20位教师中有18位具有企业工作经验，具备“双师”素质，占比达90%。教学团队专业背景包括管理学、企业管理、中医、市场营销、化学、经济学等。整体来看，华好学院师资队伍素质优良，结构合理，“双师型”特征明显。

华好学院教学团队2011—2013年主持省市级课题5项，公开发表学术论文10多篇，出版教材5部，获得广州市教学成果奖特等奖、一等奖各1项，获得南粤优秀教师1名、广州市优秀教师1名，获得全国信息化教学大赛一等奖1项。“工商模拟市场实训”课程获得国家精品资源共享课程立项，“职业规划与成功素质训练”课程已被推荐参评国家精品资源共享课程。

3.2　参与培训学习，提升专业化水平

为提高企业教师的职业教育理念以及教学能力，学校积极拓宽培训平台，创造条件，让企业教师参与“以学生为中心的教学法”“教师综合素质训练”“教练式教学方法与教学艺术”“课程开发与建设”等各类师资培训。企业也积极创造条件，让校方教师深入企业实习，参加企业文化节、终端会，并带领校方教师观摩广州美博会以及参加中国美发美容协会高峰论坛等，提高校方教师的行业认知及实践能力。校企双方教师借助各自的优势平台，互相学习，极大地提高了彼此的专业化水平，保证了华好学院人才培养的质量。如图5所示为企业教师参加以学生为中心的教学法的培训。

图5　企业教师参加以学生为中心的教学法的培训

4. 校企“双主体”内生融合，共同育才

4.1　构建“三双、四跟、五对接”人才培养模式

经过校企双方充分探讨，华好学院构建了基于产业需求实际的“三双、四跟、五对接”人才培养模式（见图6）。

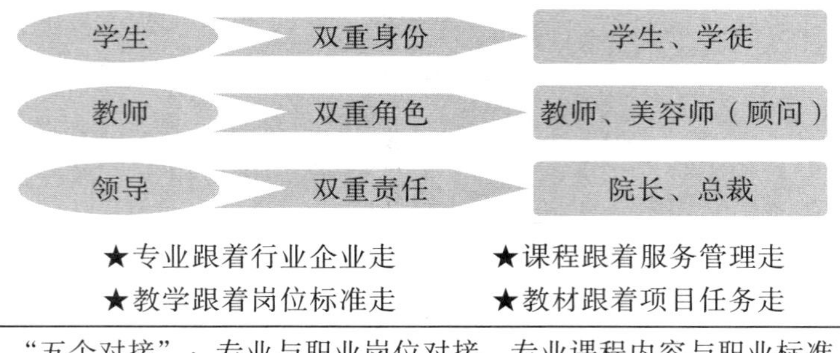

图6　“三双、四跟、五对接”人才培养模式

“三双”是指学生、教师和领导这三个主体都有双重含义：学生有双重身份，既是学校的学生，又是企业的学徒；教师有双重责任，既是学校的教师，又是企业的美容师或管理顾问；领导也有双重责任，既是企业总裁，又是学院院长。“四跟”是指“专业跟着行业企业走，课程跟着服务管理走，教学跟着岗位标准走，教材跟着项目任务走”。这样的人才培养模式从体制、机制上保证将校企合作、工学结合全方位地内植到人才培养的全过程，从而保证了“五个对接”，即专业与职业岗位对接、专业课程内容与职业标准对接、教学过程与生产服务过程对接、学历证书与职业资格证书对接、职业教育与终身学习对接。

4.2　开设满足企业和学生双重需求的主干课程

围绕技术与管理复合型人才的培养，华好学院校企双方经过充分的市场调研以及深入的研讨，从满足企业和学生需求出发，开设有如下主干课程，如表2所示。

表2　华好学院课程设置一览

技术类课程	能力类课程	素质类课程
美容美体学	管理基础与实务○	职业规划与成功素质训练★
亚健康预防与调理	财务管理	工商模拟市场实训★
中医美容基础	人力资源管理基础与实务	行业与企业认知
化妆品学	通用管理能力●	
皮肤护理与形象修饰实操	市场营销▼	
中医推拿按摩技术实操	营销策划	

续上表

技术类课程	能力类课程	素质类课程
美容会所人力资源管理	创业管理	
美容会所客户服务与管理	品牌管理	
美容会所经营与管理	门店运营管理○	
美容网点开发与维护	办公室事务管理和会议管理	
	会所经营与管理	

（备注：★为国家级精品课程；●为省级精品课程；▼为市级精品课程；○为院级精品课程）

4.3　立足市场，校企合作开发精品教材

华好学院扎根市场需求，发挥校企优势，共同编写了《美容美体学》《美容会所经营管理》《美容网点开发与维护》《中医美容基础》《行业与企业认知》《皮肤护理与形象修饰实操》《中医推拿与按摩技术实操》《亚健康预防与调理》等多门校企合作精品教材。

源于准确的市场定位以及对职业教育理念的精准把握，《美容美体学》和《美容会所经营管理》两部教材于2013年9月获得了教育部“十二五”职业教育国家规划教材立项。

4.4　“校中厂”“厂中校”实训基地初具规模

4.4.1　800平方米“校中厂”实训基地功能划分合理、环境一流

华好学院美容实训基地初建于2011年，企业共投资200多万元，建筑面积为800平方米。建设模式为“学校出地、企业出资”，属于典型的“校中厂”实训基地，见图7。

华好学院美容实训基地分为技能教学实践区、理论教学与研讨区、服务区和办公区，设有形象创业实训室、中医技能实训室、配料消毒室、多功能课室等，可同时满足150～200人的教学与实践。

校内实训基地按照企业化方式运作，配有完善的管理制度，设施齐全，环境一流，功能划分合理，已成为学校对外参观与交流的学习平台。

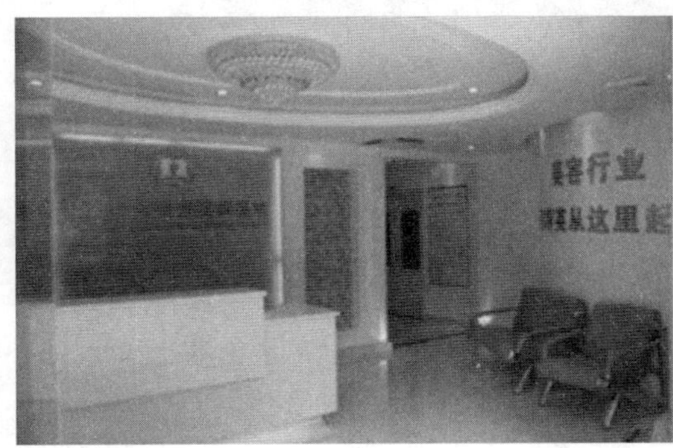

图7　华好学院“校中厂”校内实训基地

4.4.2 “厂中校”校外实训基地辐射广泛、布局合理

广东华好集团有限公司属下有四个控股公司、一个连锁美容中心、6 000 多家优质连锁加盟店以及几十家品牌代理公司、多家分公司，能为学生提供充足的顶岗实习机会及就业岗位。此外，该集团规划在广州番禺市桥南郊片区建设一家400 平方米的美容连锁中心，专门用于学生实践教学。

4.5 以“工学结合”为特点构建学习情境，教学方法多样

华好学院积极推进以“工学结合”为特点的教学方法改革，根据学生实际情况、课程目标要求，结合职业教育理念，构建学习情境，创新教学模式，采用诸如项目教学法、任务驱动法、案例教学法、技能竞赛法、微课程法、小组讨论法等情境教学方法，颠覆课堂教学方法等，以提高教学的效果。

- 美容美体学：以“做”为主线，导入项目训练、小组讨论。
- 美容会所人力资源管理：以项目教学为主，案例教学为辅。
- 行业与企业认知：实地考察，真实情境训练。
- 职业规划与成功素质训练：“翻转课堂”、微课程教学方法。

4.6 创立华好创业基金，资助创业学子

广东华好集团有限公司 2011—2012 年共捐助 40 万元，以后每年捐助不低于 10 万元，作为华好学院奖助学金。2012 年华好学院奖助学金升级为华好创业基金，专门资助全校有志于在美容化妆品行业创业的学生。图 8 为华好集团捐赠创业基金仪式现场。

图 8 华好集团捐赠创业基金

5. 加强过程控制 确保顶岗实习质量

5.1 完善制度，为保障顶岗实习质量打下基础

为保障顶岗实习的质量，校企双方共同制定了《华好学院顶岗实习管理办法》《华好学院学生顶岗实习计划》《华好集团实习生项目方案》《华好学院顶岗实习生工作任务卡与评价卡》《华好学院毕业生岗前培训计划》以及《企业兼职教师工作指引》等文件。

5.2 提供有吸引力岗位，激发学生参与热情

举行顶岗实习项目介绍会。校方教师与企方教师分别进行了顶岗实习的针对性讲座，

提高学生对顶岗实习的认知。如图9所示为华好学院召开集中顶岗实习动员会。

图9　华好学院召开集中顶岗实习动员会

2013届的40名毕业生中有24名学生通过层层筛选，被选拔到广东华好集团有限公司集中顶岗实习，实习岗位遍布北京、内蒙古、辽宁、河北、山东、浙江、福建、云南、安徽等省份，主要实习岗位包括美容导师、会务助理、加盟招商助理等；其余16名学生则采取分散实习方式，主要实习岗位包括摄影助理、文员、业务跟单员、财务助理、会计文员等。

5.3　校企联手进行过程控制，提升顶岗实习质量

为提高学生的岗位适应力，校企双方联手为集中顶岗实习生提供了全方位的培训，包括：

- 6天企业特训会，内容包括行业发展新趋势、企业文化等。
- 职业规划与职业适应力讲座。
- 顶岗实习制度培训。
- 沟通技巧培训。
- 15天岗前技能培训。

图10为华好学院集中顶岗实习培训体系，图11为华好学院集中顶岗实习培训师生合影。

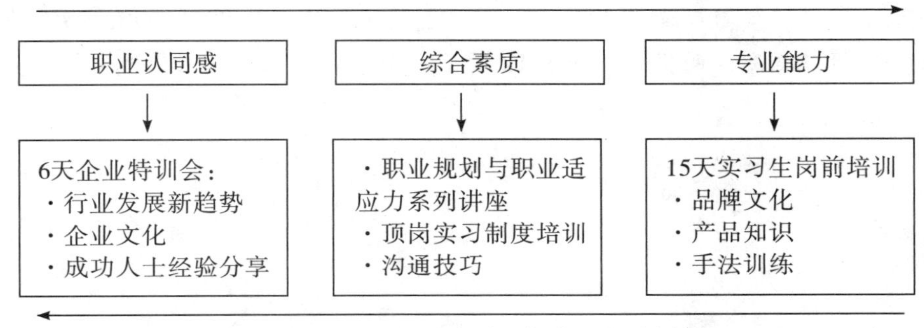

图10　华好学院集中顶岗实习培训体系

图 11　华好学院集中顶岗实习培训师生合影

完成培训后，校企双方各施所长，各尽其责，联手搭建沟通平台，进行心态监控调适、现场指导，以强化素质能力，以及进行安全管理等。如表 3 所示为华好学院集中顶岗实习过程管理中的校企职责。

表 3　华好学院集中顶岗实习过程管理中的校企职责

内容	校方职责	企方职责
沟通平台搭建	顶岗实习系统 QQ 群、飞信群	代理商反馈系统 微信群
心态监控调适	周记查阅与跟踪 全面积极引导与个别辅导	工作日志查阅与跟踪 一对一跟踪辅导
素质能力强化	在线答疑 理论知识援助	导师实地工作指导 在线答疑
安全管理	安全知识教育 每周定期报到登记制度	员工安全教育 员工安全监控

5.4　高满意度突出顶岗实习成效

在参与集中顶岗实习的学生中，86% 的学生认为专业技能得到提升，95% 的学生认为综合素质得到不同程度的提升，如图 12 所示。

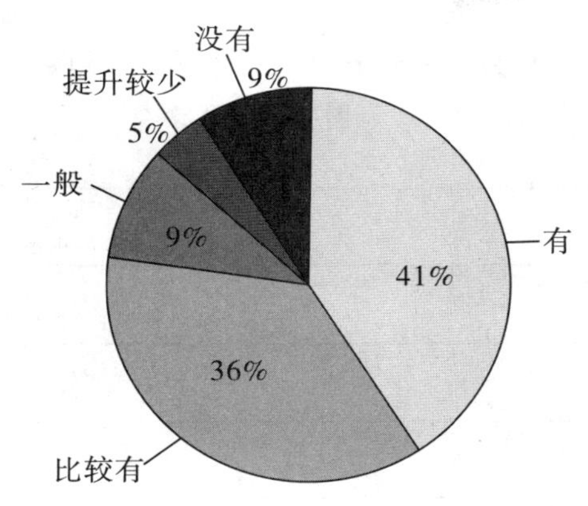

专业技能提升程度

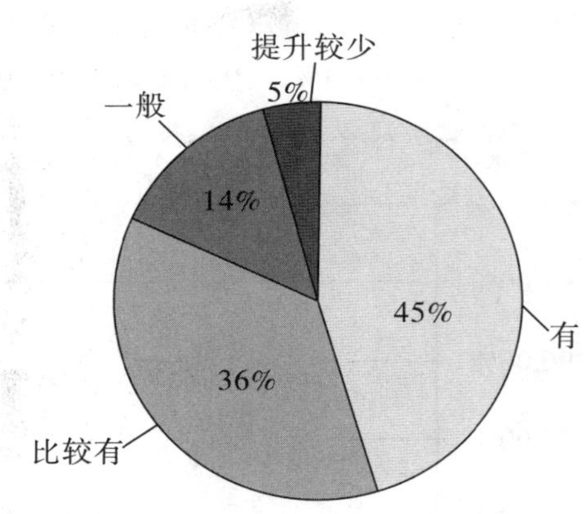

综合素质提升程度

图 12　2013 届华好学院集中顶岗实习学生专业技能和综合素质状况调查

集中顶岗实习对公司满意度为100%，源于培训和导师支持、晋升机会、公司发展前景；对工作岗位的满意度为79%，不满意的主要因素是工作地点以及工作时间，如图13所示。

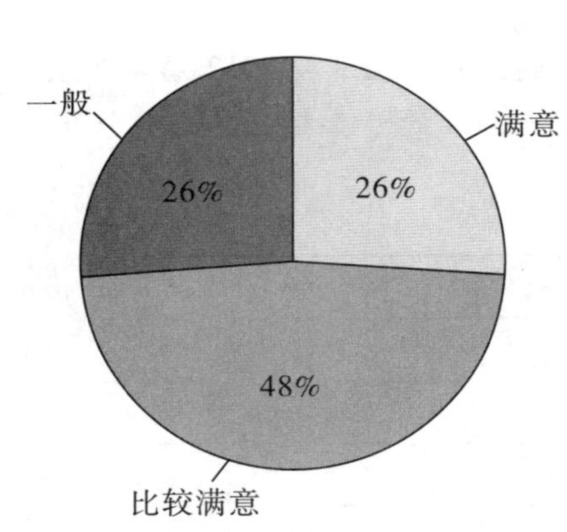

对公司的满意程度

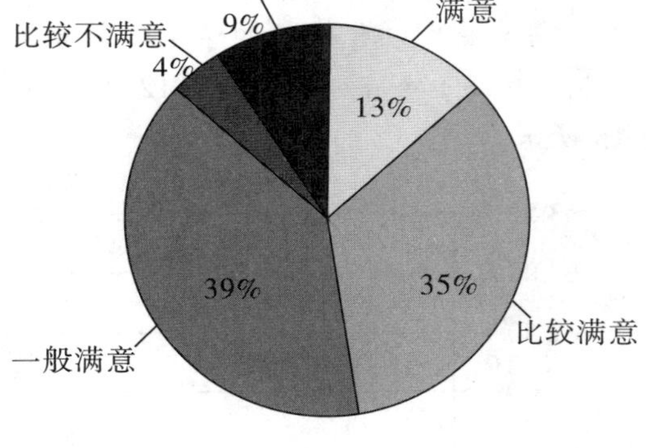

对工作岗位的满意程度

图 13　2013 届华好学院集中顶岗实习学生对实习公司和岗位的满意度调查

企业导师对54%的学生表示满意，对其余学生表示基本满意，认为学生需要加强吃苦耐劳的精神、团队合作能力、奉献精神等。

学校导师对42%的学生表示满意，对50%的学生表示基本满意，认为学生需要加强职业适应性（心态调适）、组织纪律性等。

85%的分散实习学生认为经过实习后自己的专业技能和综合素质得到了提升。

6. 社会认可　人才培养成效显著

6.1　初次就业率达96.77%，专业对口率超过60%

2013年，华好学院首届毕业生只有美容会所管理专业40人，初次就业率为

96.77%。麦可思数据有限公司对我校2012届毕业生调查数据显示，本校2012届毕业生半年后就业率为93.4%，全国高职院校2012届毕业生半年后平均就业率为93.60%，本专业初次就业率比以上两个数据分别高出3.37%和3.17%，如图14所示。

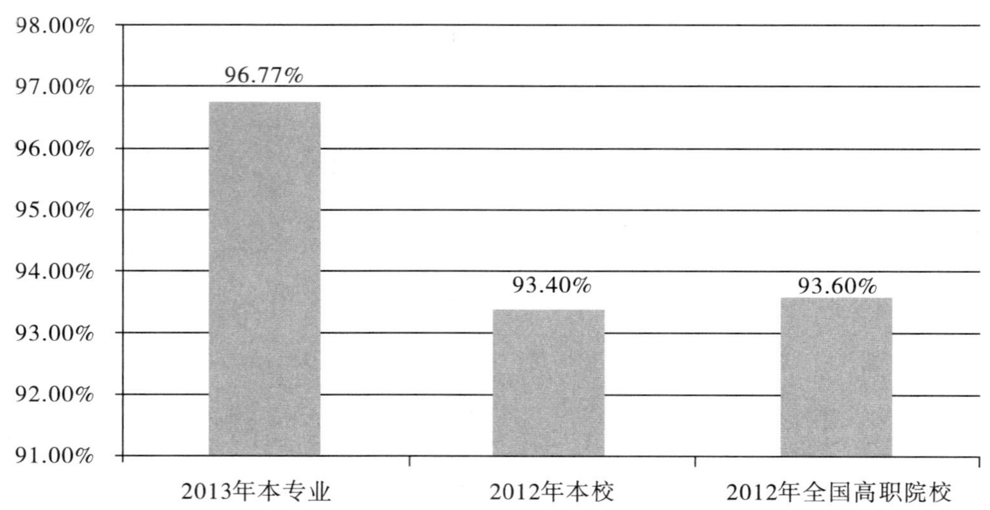

图14　2013届华好学院毕业生初次就业率

2013届毕业生中有62%的学生从事与专业相关的工作，比本校2012届毕业生61%的专业相关度高1个百分点，比2012年全国高职院校63%的专业相关度低1个百分点，如图15所示。

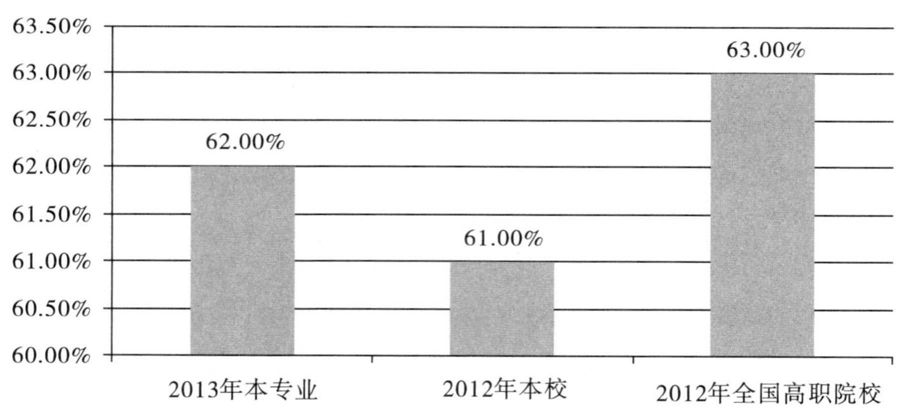

图15　2013届华好学院毕业生专业对口率

6.2　企业满意度高于80%

企业对毕业生的总体满意度为87%，其中非常满意的占20%，比较满意的占67%，如图16所示。

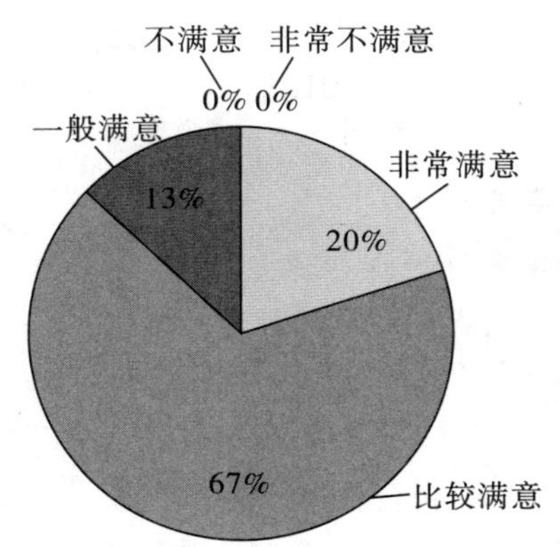

图 16　2013 届华好学院毕业生企业满意度

6.3　毕业 3 个月后月收入集中在 2 000 ~2 500 元区间

华好学院 2013 届美容会所管理专业毕业生在毕业 3 个月后，56% 的毕业生月收入集中在 2 001 ~2 500 元区间段，该届毕业生毕业 3 个月后平均月薪酬为 2 367 元，如图 17 所示。

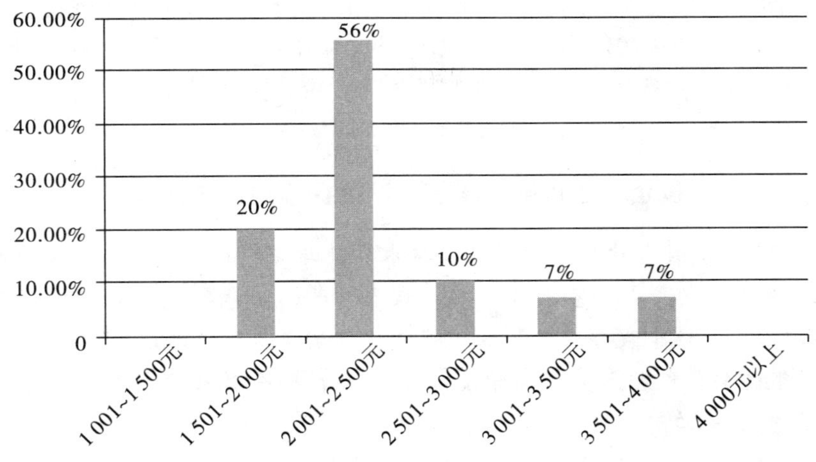

图 17　2013 届华好学院毕业生薪酬情况

6.4　职业资格证书通过率 100%

2012 年，华好学院首次对中级美容师进行资格鉴定，前后有 2 批学生共 117 人参与，通过率 100%，如表 4 所示。

表 4　学生职业资格证书考证通过情况表

序号	班　级	考证时间	参加人数/人	通过人数/人	通过率/%
1	2011 美容会所（职）	2012 年 10 月 28 日	40	40	100
2	2012 化妆品企业管理（职）	2013 年 6 月 22 日	37	37	100
3	2012 化妆品营销（职）	2013 年 6 月 22 日	40	40	100
合　计			117	117	100

7. **未来改善空间**

- 生源结构需要进一步优化
- 实训基地建设需要进一步拓展
- 校企双方产学研合作需要进一步加强

三、百果园学院现代学徒制试点案例

百果园学院是我们管理学院校企合作4.0模式的成果，是校企双主体办学以企业为主导的合作模式，现代学徒制试点是百果园学院的主要人才培养模式。“招生即招工、入校即入厂”“校企双主体育人、双导师教学、学生双重身份”；企业承诺现代学徒制学员起步工资包住2 900元/月，经过两年培养，90%以上的学生成为合格的职业店长。这是广州番禺职业技术学院百果园学院现代学徒制的真实写照。2015年校企双方联合招生招工44人，2016年为103人，现代学徒制试点成效显著。鉴于此，2015年7月，管理学院院长阚雅玲和百果园公司人力资源总监熊自先应邀赴教育部举办的现代学徒制国际研讨会分享校企合作经验；2016年12月，阚雅玲又应邀在教育部首批现代学徒制试点经验交流会上分享经验。现将上报教育部的典型案例《校企共建百果园学院　深度探索现代学徒制》与大家分享。

校企共建百果园学院　深度探索现代学徒制

百果园学院于2014年由广州番禺职业技术学院与深圳百果园实业发展有限公司共同成立，定位于双主体办学、以企业为主导、双元培养的特色学院，并积极开展“招生即招工、入校即入厂、校企联合培养”的现代学徒制试点工作。校企合作的主要亮点为：

☞2014年校企合作成立百果园学院，2015年校企合作成立百果园职教联盟，2016年携手成立职业店长学院和店长职教集团。

☞2015年我校与百果园公司合作一起成为教育部首批现代学徒制试点单位。

☞我校与百果园公司合作，2015年招收44名学徒，2016年招收103名学徒。

☞2015年招收的学徒已全部培养成店长或副店长，实现了人才培养目标。

☞2015年7月应邀赴教育部举办的现代学徒制国际研讨会分享校企合作经验。

☞我校与百果园公司合作成为广东省现代学徒制市场营销专业教学标准的研制单位。

☞2015年百果园公司校企合作总监熊自先在“第十一届中国企业教育百强年度盛典”中荣获“中国企业教育杰出人物”大奖。

☞2016年百果园公司校企合作总监熊自先当选广东省教育厅教学诊断与改进专家委员会专家。

☞2016年校企合作出版百果园职业教育联盟现代学徒制职业店长培养系列教材。此系列教材共6本：《现代学徒制框架下零售店长培养模式研究与实践》《岗前辅导——店长从这里起步》《销售型店长》《管理型店长》《经营型店长》《职业店长成长手册》。

☞百果园学院在安徽诞生了第一家连锁学院——马鞍山职业技术学院百果园学院，阚雅玲任副理事长，熊自先任院长。

☞百果园现代学徒制店长班在中山职业技术学院复制，以连锁形式与我校共同进行现代学徒制的合作。联盟其他单位以“订单班的形式”进行合作。

☞2016 年百果园学院现代学徒制吸引了新华社、人民日报等多家媒体的采访，并通过国务院政府网站等进行报道。

一、选好合适企业与岗位，让现代学徒制试点可持续、可推广

“双主体”办学在我国高职教育领域已有多年的发展历史，但它往往是以“学校为主导”，而现代学徒制应该以“企业为主导”。现代学徒制试点能否成功关键在企业，它不仅在于企业的参与意愿与热情，更在于企业的规模与发展是否能够支撑现代学徒制的可持续发展，在于企业提供的学徒岗位是否具有真正的教育价值，在于探索出的路径、方法与成果是否可复制、可示范和推广。百果园公司是国内规模最大的果品连锁专卖企业，计划到2020 年门店数量达到 1 万家。企业如此之大的发展规模为高职院校相关专业的发展提供了稳定、可靠的“职业店长”学徒岗位人才，确保了招生与人才培养的可持续性。而公司优秀的企业文化、完善的员工生涯规划与成才计划及培训体系则是学校选择其作为现代学徒制试点合作伙伴的最为关键的要素，如图 1、图 2 所示。

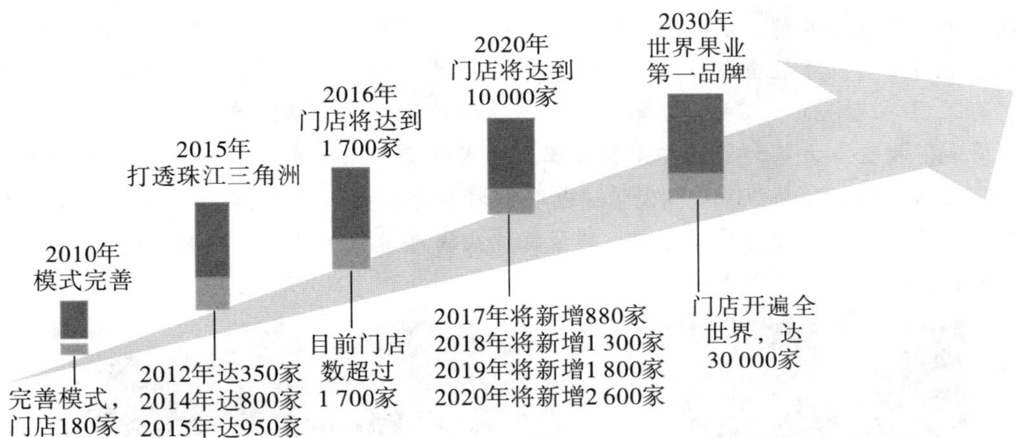

图 1 百果园公司门店发展战略图

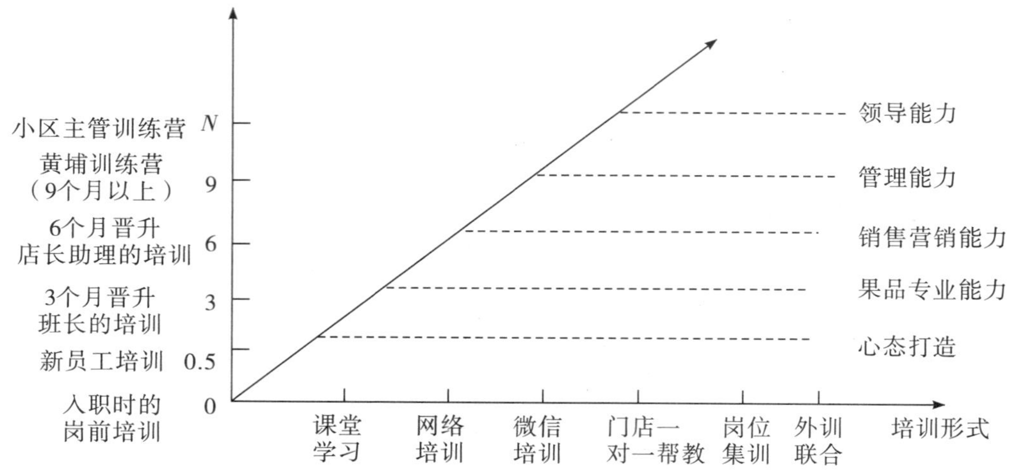

图2　百果园公司员工发展与教育培训体系

二、成立百果园学院，构建理事会领导下的办学体制与机制

广州番禺职业技术学院与百果园公司已有4年的合作基础。双方基于市场营销等专业合作培养“职业店长”，前期合作的主要形式是订单班。而实施现代学徒制试点可以依托一个专业或专业群，以试点专业或试点班的形式进行。但为了让现代学徒制的体制、机制、管理更有利于校企合作，我们采取了校企共同成立特色学院——百果园学院的做法。百果园学院定位于双主体办学、双元培养的特色专业学院，实行理事会领导下的院长负责制。校企双方签订了《广州番禺职业技术学院与深圳市百果园实业发展有限公司共建百果园学院框架协议》《现代学徒制联合培养协议》，对现代学徒制试点内容、工作机制、招生与招工、日常教学管理、毕业与就业和办学费用结算等进行了约定，如图3、图4所示。

图3　校企合作成立百果园学院

图4　校企签订现代学徒制联系培养协议

三、推进一体化招生与招工，构建中高职衔接的人才培养体系

百果园学院重点推进一体化的招生与招工，校企共同面向应届和往届中职毕业生完成自主招生与招工，构建中高职衔接的人才培养体系。在招生宣传时，为保障考生广泛而全面的知情权，学校将人才培养的模式、合作企业情况、课程开设情况、报考及录取条件、毕业与就业要求等充分告知每一位有意向的考生及家长；在面试时再次向学生介绍现代学徒制的招生与招工同步进行以及岗位学习为本位的人才培养模式；面试结束后、学生正式录取前，将企业的正式用工合同发送给学生和家长征求意见，达成共识后校企共同举办现代学徒制百果园店长班正式签约与录用仪式，在学生与企业签订合同后，学校发放学徒制班录取通知书，如图5、图6所示。

图5　学生与百果园公司人力资源总监签订用工合同

图6　签订用工合同后，学校为学生发放录取通知书

四、适应产业升级与专业发展，确立“职业店长”人才培养目标

高职院校传统市场营销、企业管理等专业，一方面没有行业背景，面向各行各业，基于学科体系的理论泛泛培养；另一方面学生培养面向市场调查、销售、策划和客服等这样一个庞大的岗位群，如此培养出来的学生却对哪个行业都不“专”、对哪个企业都不“专”、对哪个岗位也不“专”，难以适应零售产业升级和企业激烈竞争的市场需要，也无法满足学生的学习要求，学生常常抱怨在市场干一个月要比在学校学一年收获更大。而与百果园公司合作的现代学徒制，人才培养定位非常明确，就是“职业店长”，如图7所示。

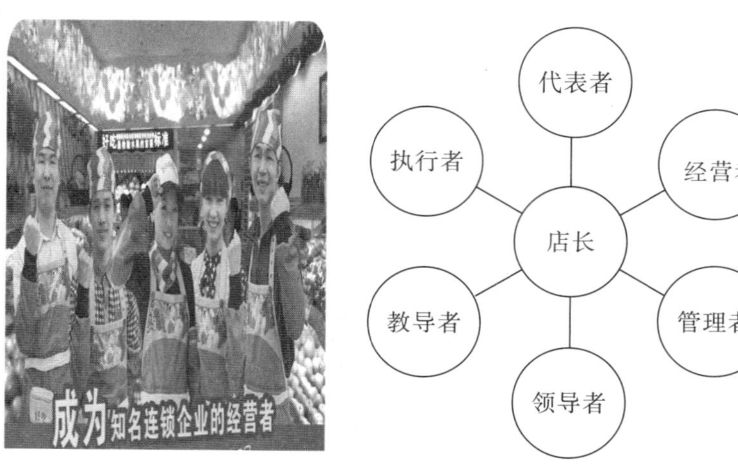

店员管理
人员培训管理
货品管理
财务管理
日常店务管理
店铺陈列管理
信息情报管理
公共关系管理

图7　确立市场营销专业的人才培养目标为“职业店长”

五、以“企业在岗学习”为本位，确立符合职教规律的人才培养模式

现代学徒制最根本的特征是以“企业在岗学习”为本位的人才培养。它是最符合职业教育教学规律，能够真正实现人才培养与就业岗位的“零对接”的一种育人模式。目前很多高职院校的人才培养都遇到“高等性”“职业性”和“教育性”难以有机融合的瓶颈。我们试点的现代学徒制就是要改革传统校企合作人才培养中存在的弊端，具体做法是学校教师通过下企业锻炼和到门店指导学生，从实践中提炼实战性、实效性强的理论，进而再造课程体系并开发校内课程。企业教师则通过学习专业理论、职业教育理论以及教书育人的思想和方法来提升其“高等性”和“教育性”。更重要的是，校企双方教师彼此通过岗位融合、工作融合、育人融合，最终实现“高等性”“职业性”和“教育性”的有机融合。

六、科学进行校企交替课程安排，企业在岗学习超过60%

学生入学后一个月集中在校学习，完成军训课、思政课等课程的部分内容，其他内容通过网络学习和调研的形式完成，并完成成绩考核。职业能力课程采取的教学方式是：网络学习与辅导＋集中授课（校内教师理论指导）＋岗位工作实践（企业师傅一对一辅导）＋课业成果汇报。在课程内容上与公司的内部培训充分衔接，把新员工入职培训、晋升班长岗前培训、晋升店长助理岗前培训、储备店长黄埔训练营培训以及企业提供的100余门线上微课程等纳入职业店长综合技能训练课程。企业在岗学习的时间安排超过60%，并采用工学交替的形式完成。两年制的现代学徒制市场营销专业核心课程如表1所示。

表1 两年制的现代学徒制市场营销专业核心课程

学期	开设课程（学时/学分）	集中授课		在岗实践	
		学时	地点	学时	地点
第一学期	职业规划与成功素质训练（基础篇）(32学时，2学分)	18	学校	14	线上学习
	销售型店长项目(120学时，6.5学分)	50	学校	70	实际工作门店
	职业店长综合技能训练(135学时，7.5学分)	60	公司培训室	75	实际工作门店
第二学期	职业规划与成功素质（成长篇）(32学时，2学分)	18	学校	14	线上学习
	管理型店长项目(120学时，6.5学分)	50	学校	70	实际工作门店
	职业店长综合技能训练(135学时，7.5学分)	60	公司培训室	75	实际工作门店

续上表

学期	开设课程（学时/学分）	集中授课		在岗实践	
		学时	地点	学时	地点
第三学期	职业规划与成功素质（成长篇）（32 学时，2 学分）	18	学校	14	线上学习
	管理型店长项目（120 学时，6.5 学分）	50	学校	70	实际工作门店
	职业店长综合技能训练（135 学时，7.5 学分）	60	公司培训室	75	实际工作门店
第四学期	顶岗实习与毕业调研（448 学时，46 学分）	岗位实践			实际工作门店

七、建设校企互聘共用的师资队伍，满足校企双方的共同发展

校企双方各自选拔出 10 名员工进行首期的互聘共用，他们一方面作为学生的“双导师”，另一方面作为校企双方各自发展所需人才的有效补充。在此基础上，企业再为每一位学徒配备一名带教师傅，一对一进行在岗指导。而双方的 20 名导师一方面给予学徒指导，另一方面更是对师傅进行指导。学校每学期还会派 2 名教师去企业挂职锻炼半年，目前已有 7 名教师下企业锻炼。我们对校内专业教师的要求是第一要有高度的责任感，第二要有半年以上下企业的经验，第三要熟练掌握信息技术等教学手段以及“翻转课堂”等教学模式，只有这样才能胜任学徒制导师这一岗位。图 8 是“双导师”与全程“双元”培养的现代学徒制学生的合影。

图 8　“双导师”与全程“双元”培养的现代学徒制学生合影

八、研制现代学徒制专业教学标准，成立百果园职教联盟推行试点成果

教育部在《现代学徒制试点工作实施方案》中明确规定，“完善人才培养制度和标准”是试点的主要内容。我校“现代学徒制高职市场营销专业教学标准的研制项目”获得广东省职业教育专业教学标准研制立项。校企共同制定专业教学标准、课程标准、岗位标准、企业师傅标准、教学组织标准、教学质量评价标准、质量监控标准及相应实施方案。2015 年 12 月，我校与百果园公司牵头，联合金华职业技术学院等 7 家高职学校、台湾树德科技大学等 3 家本科和 2 家中职学校、1 家行业协会共 15 家单位发起组建百果园职业教育联盟（见图 9），人才培养定位于中职培养店员、高职培养店长、本科培养经理。联盟以现代学徒制“职业店长”培养为抓手，通过专业教学标准的研制、教师的培训与交流、教学资源的建设与共享、现代学徒制招生的联合申报等方式初步形成了互利共生机制，集群化与连锁化办学效应逐步显现。2016 年 6 月，第一家百果园连锁学院在马鞍山职业技术学院诞生。中山职业技术学院更是与我校以“连锁”现代学徒制的形式为企业和行业共同培养职业店长。

图 9　成立百果园职教联盟推行试点成果

九、成立店长职教集团，推动零售店长社会生态系统健康发展

2016 年 12 月，百果园职教联盟转型升级为店长职业教育集团。我校携手深圳百果园公司、广东赛曼集团、永辉集团等 10 家国内零售标杆企业、深圳连锁经营协会以及浙江金华职业技术学院、台湾树德科技大学等 20 所中职、高职、本科院校共同发起成立店长职业教育集团（见图 10）。店长职教集团是国内首家以一个职业岗位命名的职教集团。店长是零售业的战略性人才，单就广东省而言，2015 年零售连锁企业门店达到 75 605 间，在产业升级与社会消费方式变革的背景下，企业及店长群体对于职业教育服务的需求日渐迫切。店长职教集团的成立旨在充分发挥行业领军企业的平台作用及集团成员单位的特色资源优势，优化店长社会生态环境，推动店长职业化进程，传播店长匠心文化，协同推进现代学徒制人才选拔与培养模式，探索集团化、连锁式职业教育发展道路，为

现代零售业的结构调整与转型升级贡献力量。

图 10　广州番禺职业技术学院牵头发起成立店长职教集团

十、现代学徒制人才培养成效显著

第一批现代学徒制学生在企业已经全部升任店长或副店长。目前在百果园就职的我校学生有 80 余人升任店长或副店长。在百果园公司拓展北京、上海、杭州等区域市场的过程中，我校优秀校友优先被选派到省外区域工作，并委以重任。其中，优秀学生代表有：北京片区高级人事主管陈菲，北京片区经理岑文国，中山片区经理李爽淳、运营部督查主管马炤银、集团采购助理安茂林，广州综合管理部人事专员张雪，上海人力资源部人事专员方洁纯、品控部经理助理凌美群，等等，其中马炤银已升任广州区运营部督查主任，面向 350 余家门店、20 多个片区经理做门店督查工作，成为百果园学院的优秀学生代表之一。这些优秀学生为公司的战略布局和快速发展起到了重要的作用。在 2015 年度百果园公司精英年会上，来自我校的两位储备干部巫夏君和邹伟锋荣获大奖。其中，巫夏君为管理学院 2015 年百果园订单班学生，现任佛山云良路店长，在 2015 年度百果园公司员工技能大赛中一路过关斩将，并在精英年会上获得“才高八斗”奖；邹伟锋，2015 年 1 月 23 日入职，现为番禺片区金山谷副店长，在精英年会上获得百果园“服务之星”奖。两人均获得了深圳市百果园实业发展有限公司提供的东南亚旅游的奖励。

十一、百果园学院现代学徒制模式成功实施的关键因素及保障条件

1. 成功实施现代学徒制的关键在于“以企业为主导”

百果园学院是“双主体”办学，但它是“以企业为主导”，而不是“以学校为主导”，具体体现在以下几个方面：一是需要企业积极主动地与学校合作实施现代学徒制；二是学生或学徒的培养主要在企业岗位上进行，而不是在学校进行；三是不是一味地将企业的老师引入学校，而是让学校的教师随学生一起下到企业去学习和指导；四是不能单纯将实训基地建到学校，脱离企业和市场，而是直接将实训基地放在企业的工作岗位上，让学生在岗学习。“双主体”办学在我国高职教育领域已有多年的发展历史，但它往往是“以学校为主导”，效果不甚理想。而百果园学院现代学徒制模式是“以企业为主导”，它不仅在于企业的意愿与热情，更在于企业的规模与发展是否能够支撑现代学徒制的可持续发展，在于企业提供的学徒岗位是否具有真正的教育价值，在于探索出的路

径、方法与成果是否可复制、示范和推广。

2. 企业应能够持续提供具有教育价值的学徒岗位

百果园公司这类发展规模如此之大、发展速度如此之快的企业，在未来十多年的时间里，可为高职院校相关专业的发展提供稳定、可靠的“职业店长”学徒岗位，确保了学徒招生与招工以及人才培养的可持续性。而百果园公司优秀的企业文化、完善的员工生涯规划与成才计划以及科学完备的培训体系则是学校选择其作为现代学徒制合作伙伴的最为关键的要素，因为这样的企业和学徒岗位具备很强的教育功能，而不像有些企业将学生作为廉价劳动力，培养的只是很快被机器所取代的简单操作技能。学生在岗学习过程中，通过校企共同开发的培训与教育课程逐步实现培养目标，用两至三年的时间完成从一个储备店长（学徒）到职业店长的转变。

3. 学校要摒弃“等、靠、要”的思想，敢为人先做试点

目前现代学徒制的顶层设计、配套政策和措施还都远没有到位，不少高职院校的领导和教师会认为，要试点也得等各项政策、制度明晰后再去试。作为广州番禺职业技术学院现代学徒制试点百果园学院的负责人，我认为很多改革需要自下而上，或者自上而下、自下而上双向进行。现代学徒制既然要试点，就是要上下齐动，边试边改，逐步推进，有了成果再由点到面推广。社会发展与企业转型升级太快，职业教育发展必须跟上，如果“等、靠、要”，就必然会落后。的确，现行条件下有很多事情是做不成、不好做，但关键是我们能做成什么，有了一些做得成的事情，原来不能做的或许也就有了办法。

4. 加大宣传力度赢得学生和家长的支持与认可

近年来，从中央指导精神到学校的实际运作再到学界的理论研究、企业的主动参与，现代学徒制受到了广泛关注和重视，但是与此不相称的是在社会上，不少家长和学生对于招生即招工、学生具有双重身份的现代学徒制教育模式缺乏正确的认识，甚至存在偏见。受传统教育模式观念的影响，学生和家长普遍认为，正规的学校教育就是在学校上课学习。所有的教育教学改革，学生是最主要的受众，一定要加大宣传力度，赢得学生和家长的理解与支持，否则会无疾而终。虽然传统观念根深蒂固，但我们依然相信，随着中国改革开放的不断深入以及国内经济、社会与文化的发展，特别是现代学徒制试点成果的显现，随着时间的推移，国人的价值观也会发生变化。当然，作为高等院校，我们不能等文化氛围形成了再去改革发展，而是要主动传播和弘扬符合社会发展的价值观与文化。

十二、百果园学院现代学徒制模式的特色与创新

1. 与国外典型现代学徒制模式相比更符合中国国情

国际上以德国“双元制”为代表的现代学徒制，无论是宏观的法律、政策对现代学徒制企业的办学主体地位和学生双重身份的确立，还是统一的国家职业资格标准，都能保证学徒学习成果在不同地区和不同企业得到认可，跨部门协作建立的各方认可、参与的协调和实施机制都很成熟与完善。而在我国上述条件均不具备的国情下，百果园现代学徒制是企业和学校本着互利共赢的原则，在不等不靠不要的前提下，根据校企双方的需求以及所拥有的资源与能力探索出的具有中国特色的现代学徒制模式，主要包括特色学院成立模式、招生与招工一体化模式、在岗学习为本位的人才培养模式、校企课程一

体化开发模式、校企师资队伍一体化模式以及专业教学标准的研制模式等。

2. 与国内现代学徒制模式相比更体现“以企业为主导”

综观国内现代学徒制的模式，虽然都是“双主体”办学，但大多从不同方面体现的是“以学校为主导”，集中表现在：一是校企合作将主要实训场所建在校内，脱离了企业和市场，虽然也能完成技术技能的学习与训练，但不能很好地融入企业文化和市场氛围，不能有效培养职业素养，进而不能实现学生毕业后与企业岗位的零对接；二是专业课程的开发是企业课程和学校课程割裂成两张皮，未能将企业的培训课程与学校的教育课程有机融为一体；三是师资队伍虽然是校企共同组成的双师结构，但两者也如课程一样未能有效地进行融合，经常出现各唱各的戏的情况。而百果园学院的现代学徒制“以企业为主导”，很好地解决了实训基地与工作场地一体化、企业课程与学校课程一体化、企业师资与学校师资一体化等方面的问题。

3. 通过现代学徒制专业教学标准的研制进一步规范了人才培养质量

现代学徒制以“在岗学习”为本位，由合作企业委派员工与学校教师共同完成教学或师傅带徒弟的任务，学校对企业师资的任职资格难以严格规定和考核，对企业课程的教学过程及不同师傅带徒弟的标准难以进行有效监督和评价，所有这些都会导致对学徒培养的效果不易评估和有效管理。而现代学徒制专业教学标准的研制，体现了教育制度与劳动制度相结合，学历教育与职业培训相结合，国家职业资格标准和企业岗位等级晋升标准相结合。在专业教学标准框架下，百果园学院围绕企业店长的典型工作任务和职业核心能力，校企共同制定岗位标准、人才培养标准、课程标准、企业师傅标准、质量监控标准及相应实施方案，以此规范和保证了学徒的人才培养质量。

4. 通过建立职教联盟和连锁学院更有效地推广现代学徒制试点成果

现代学徒制试点成果是否可推广、可示范，取决于成果的科学性和规范性，也取决于选“点”的代表性、普遍性。百果园学院试点涉及专业是市场营销专业，该专业在高职院校普遍开设，2015 年仅广东省高职院校市场营销专业就有 5 284 名毕业生。而百果园公司目前在全国有 1 200 余家直营专卖店，计划到 2020 年门店数量达到 5 000 家。与此同时，该企业现与全国 50 余家院校合作为其培养所需人才。企业在与广州番禺职业技术学院合作成立百果园学院进行现代学徒制试点的基础上，联合其他 10 所本科和高职院校作为发起单位共同成立了百果园职教联盟，进而在联盟成员中成立百果园连锁学院，将现代学徒制试点成果向全国推广和复制。

5. 落实大国工匠精神，推动零售店长社会生态系统健康发展

广州番禺职业技术学院零售店长集群化与连锁化培养模式探索，不仅将现代学徒制视为技术技能训练模式，还将其视为职业文化建设与传播重要方式和职业院校在社会生态系统中重塑自身角色的机会，并且把推动零售店长社会生态系统健康发展作为核心诉求。现代学徒制框架下零售店长培养的基本目标虽然是就业，但首要目标是文化塑造与传播，促进建设店长职业自律机制，引领店长职业化发展，这是人才培养模式改革中遵循的基本理念，也是现代学徒制探索的战略任务，是培育现代学徒制广东特色的工作方向，是落实大国工匠精神的具体体现，因为职业教育理应成为职业文化的高地和工匠精神的摇篮。

十三、实施现代学徒制给企业带来的利益

在国内经济新常态下，企业人力资源呈现招工更加困难、人员流动性更大、培养成本更高、用工成本不断增加等问题。百果园公司进入了高速发展的快车道，为控制规模扩张带来的风险，企业一直秉承“人才增长的速度 > 利润的增长速度 > 开店的增长速度”这一经营与管理的原则，而实施现代学徒制，依托国家对大力发展职业教育的政策支持以及相关院校的各种优势资源，校企双主体合作办学，在一定程度上解决了企业用工难的问题，为企业实现长期战略人才管理创造了条件。

1. 解决了企业招工难的问题

企业传统做法是面向社会广泛招工，但散落在社会各地的潜在企业所需人力资源人员，无论是数量上还是质量上都非常不确定。企业与用工人员双方信息不对称，达到相互了解、理解并满足双方的需要是一件非常困难的事情。而职业院校培养的技术技能型人才一般是稳定的、成规模的，特别是校企合作实施现代学徒制后，招生即完成了招工，每年人才的供给无论是数量上还是质量上都是按企业的需要、有充分保证的。2015 年仅广州番禺职业技术学院一家学校首次就为企业成批量、成建制地提供了 44 名学徒，未来会进一步扩大学徒制招生规模，并将此模式向省内和国内高职院校推广。单从 2015 年广东省高职院校看，就有 5 284 名市场营销专业毕业生、6 637 名企业管理专业毕业生。如果百果园学院逐渐在全省乃至全国建立起百果园连锁学院，2030 年百果园公司开办 1.5 万家店所需的 1.5 万名店长和近 10 万名店员的人才供给是完全有保障的。

2. 解决了企业选人育人成本高的问题

随着企业快速发展对人才的大量需要，加之人员流动、流失造成的影响，企业招聘的数量和频率不断增加，招聘成本不断提高。而校企合作实施现代学徒制，招生即招工，招生的广告费、过程成本大多由学校承担，致使企业招聘成本大幅下降。另外，选人后的育人环节在企业的发展中越来越重要，人才培养的成本也就越来越高。而依托合作院校的大量优势资源办现代学徒制或企业大学，基本上不需要专门建校舍甚至培训场地，不需要购置大量的教学培训仪器和设备，也不需要大量专门的培训讲师，所有这些企业都可与合作院校进行资源共享，进而大大降低企业的选人和育人成本。从百果园学院的现代学徒制来看，不仅为企业节省了上述成本，学校还将学生学费的 50% 拨付给企业，主要用于公司带徒师傅或培训讲师的课酬和指导费、企业优秀指导师傅的奖励和现代学徒制优秀学员的奖励等。

3. 降低了企业人员流动造成的影响

人员流动是人力资源新常态下的一个基本特征，它对企业的影响不言而喻。既然人员的流动不可避免，那如何减少流动造成的影响或如何弥补其带来的损失，现代学徒制给了一个很好的答案。企业的人员流失不可避免，但校企合作共同培养的学徒作为后备力量源源不断，而且这些学徒一直在接受校企的协同交互式培养，随时准备上岗，甚至是与工作岗位零对接。特别是对于那些季节性用工比较强的企业，现代学徒制更能解燃眉之急，需要用人时将学生（学徒）的课程事先安排在企业进行顶岗实习（带薪学徒）；企业淡季不需要那么多人时，安排学生在学校进行理论课或教学项目或综合素质的学习与训练。这就为企业提供了稳定又灵活的人力资源储备，降低了企业人员流动造成的影

响。而现代学徒制至少保证学生毕业前的两年或三年时间都要进行在岗学习，有效地保证了人员的稳定性。

4. 改善了用工成本高的问题

随着人口红利的消失，用工成本越来越高也是人力资源新常态下的又一基本特征。对于劳动密集型的企业来说，想降成本难上加难。而现代学徒制给企业定期提供的学徒，其工资成本普遍会比正式员工特别是工作年限较长的老员工低很多，但因受过校企双方规范的协同培养，专业技术与技能并不差。这就从很大程度上降低了用工成本。而且按照《国务院关于加快发展现代职业教育的决定》和《教育部关于开展现代学徒制试点工作的意见》以及现代学徒制实施的国际惯例，国家财政会逐步落实对参与学徒制的企业予以补贴，所有这些都会在一定程度上为企业人力资源管理开源节流。

四、店长职教集团的办学模式与运营机制

将百果园学院升级为职业店长学院，将百果园职教联盟升级为店长职教集团是管理学院校企合作5.0模式的具体体现。店长是决定零售连锁企业经营绩效的关键因素，在新形势下，零售连锁企业的转型能否成功在很大程度上取决于店长人才供给的规模、结构与质量。

2015年百果园职业教育联盟成立，联盟包括广州番禺职业技术学院、金华职业技术学院、台湾树德科技大学、马鞍山职业技术学院、中山职业技术学院、广东科贸职业技术学院、河源职业技术学院、顺德职业技术学院、东莞职业技术学院、广东岭南职业技术学院、武汉商学院、北京农学院、东莞市商业学校、广州市商贸职业学校等院校以及深圳百果园实业发展有限公司、深圳连锁经营协会等单位。百果园职业教育联盟为成员单位之间深化校企合作提供了机会，集群效应初步显现。为进一步搭建校企合作培养零售店长人才的大平台，在原百果园职业教育联盟基础上，吸纳新的零售连锁企业、院校、社会服务机构加盟，将职业教育联盟升级为“零售店长职业教育集团”。零售店长职业教育集团是由校、行、企等方面相关单位自愿组成的非营利性、非法人资格的职业教育联合体，本着自愿、平等、合作、发展的原则，在集团成员之间建立互惠、稳定的协商与合作机制，围绕培养现代零售业店长人才这一核心任务，充分发挥行业领军企业的平台作用以及集团成员单位的特色资源优势，协同推进现代学徒制培养模式，探索集团化、连锁式职业教育发展道路，为现代零售业的结构调整与转型升级贡献力量。现将店长职教集团的章程及相关运作的文件与大家共享。

（一）店长职业教育集团章程

店长职业教育集团章程

第一章　总　则

第一条　依据《国务院关于加快发展现代职业教育的决定》《现代职业教育体系建设规划（2014—2020年）》，面向现代零售业对职业店长人才的广泛需求，依托现代零售

业领军企业，联合部分高职院校、中职学校、本科院校、行业协会、行业服务机构，以促进现代零售业职业店长人才联合培养为宗旨，发起成立“店长职业教育集团”（以下简称“集团”）。

第二条 集团发起单位。

（一）企业

深圳百果园实业发展有限公司、广东葆扬投资管理有限公司（名创优品）、永辉超市股份有限公司、深圳怡亚通供应链股份有限公司、广东合富房地产置业有限公司、广东骏和通信设备连锁销售有限公司、广州市绿叶居食品有限公司、深圳市友琪便利店有限公司、广东益华百货有限公司、深圳市中诺思科技股份有限公司等10家。

（二）学校

广州番禺职业技术学院、中山职业技术学院、顺德职业技术学院、东莞职业技术学院、河源职业技术学院、广东科贸职业技术学院、广东松山职业技术学院、广东生态工程职业学院、金华职业技术学院、马鞍山职业技术学院、聊城职业技术学院、山西财政税务专科学校、新疆石河子职业技术学院、江西环境工程职业学院、河北能源职业技术学院、安徽商贸职业技术学院、台湾树德科技大学、北京农学院、武汉商学院、广州市商贸职业学校等20家。

（三）协会

深圳市连锁经营协会。

第三条 集团性质。

集团是由校、行、企等方面相关单位自愿组成的非营利性的、非法人资格的职业教育联合体。

第四条 集团宗旨。

本着自愿、平等、合作、发展的原则，在集团成员之间建立互惠、稳定的协商与合作机制，围绕培养现代零售业店长人才这一核心任务，充分发挥行业领军企业平台作用及集团成员单位的特色资源优势，协同推进现代学徒制培养模式，探索集团化、连锁式职业教育发展道路，为现代零售业的结构调整与转型升级贡献力量。

第五条 集团依据《高等教育法》《职业教育法》等法律法规开展各类活动，接受有关主管单位的业务指导。

第六条 集团中文全称：店长职业教育集团，英文译名：Vocational Education Group of Retail Manager，英文缩写：VEGRM。

第二章 会 员

第七条 团体会员以高等职业教育类院校、应用型本科院校、零售连锁知名企业、行业协会（学会）、中职学校为主。团体会员分为理事单位、副理事长单位、常务副理事长单位、理事长单位四类；发起单位为副理事长单位，集团成立后新加入团体会员第一年为理事单位，经理事会同意，第二年可转为副理事长单位。个人会员以对现代零售业或职业教育有深入研究的专业人士为主，个人会员为理事。

第八条 申请成为本集团的会员，必须具备下列条件：

（一）承认集团章程；

（二）自愿提交申请；

（三）在职业教育领域内具有良好声誉；

（四）同本集团核心企业具有良好的前期合作基础。

第九条　入会程序：

（一）提交书面申请及本单位或个人介绍材料；

（二）集团秘书处审核资料；

（三）理事会讨论通过；

（四）理事会授权秘书处颁发会员证书。

第十条　会员享有下列权利：

（一）参加集团理事会，参与讨论和决定集团发展的重大事项；

（二）分享集团各类职业教育资源，参与集团相关活动；

（三）入会自愿、退会自由，一年内缺席重要活动累计两次者视为自动退出。

第十一条　会员履行下列义务：

（一）拥护和遵守集团章程；

（二）执行集团的决议；

（三）维护集团及本行业的合法权益和声誉；

（四）积极参与集团组织的活动；

（五）承担并完成集团委托的工作；

（六）按期足额缴纳会费。

第十二条　会员申请退会应书面通知集团秘书处；会员如不遵守集团章程，有严重违反本章程的行为，经理事会表决通过，予以除名。

第三章　组织机构

第十三条　集团组织机构由理事会、常务理事会、秘书处组成。

第十四条　理事会由全体理事、顾问、战略伙伴代表人组成，顾问与战略伙伴代表人在议事过程中具有表决权。理事会主要职责是：

（一）审定与修改集团章程及内部管理制度；

（二）审定集团工作计划、资金预（决）算；

（三）任命秘书长及秘书处工作人员，对秘书处工作进行考核；

（四）审批新成员的加入；

（五）确定理事长、常务副理事长、副理事长；

（六）决定联盟组织的变更和终止；

（七）聘请集团顾问；

（八）确定集团战略伙伴单位；

（九）决定联盟的其他重大事项。

第十五条　理事会设理事长1名，理事长在常务副理事长级别院校的代表人之间轮值，每任一年，一年一轮，首任理事长由广州番禺职业技术学院校领导担任。

第十六条　集团核心单位为常务副理事长单位，其代表为常务副理事长；对集团发展有杰出贡献的个人会员，聘其为常务副理事长。首任常务副理事长单位由集团成立筹备处提名，理事会表决。

第十七条　常务理事会由理事长、常务副理事长、集团秘书长组成，在理事会闭会期间，代行理事会职能。

第十八条　集团下设秘书处。秘书处为集团常设办事机构，负责沟通成员关系、落实集团工作计划及其他日常事务。集团秘书处设在广州番禺职业技术学院。

秘书处设秘书长2名（院校代表1名，企业代表1名）。

秘书处主要职责是：

（一）拟订集团年度工作计划、资金预（决）算；

（二）执行理事会决议，落实工作计划及理事会交办的其他工作；

（三）负责集团经费日常管理；

（四）工作总结与汇报等；

（五）新闻宣传；

（六）其他日常工作。

第十九条　根据集团发展需要，可以设专项工作委员会。

第四章　工作领域

第二十条　搭建沟通平台。

完善理事会、秘书处、顾问团等组织机构，逐步建立和完善沟通渠道，形成稳定、高效的沟通机制；定期举办店长职业教育交流活动，搭建政、校、行、企多方对话平台。

第二十一条　探索体制、机制创新。

以提高零售店长人才培养质量为目标，通过深化校行企之间的合作，推动现代学徒制深入开展，探索零售店长学院连锁发展模式，建立多方共赢的集团化办学体制与机制。

集团下设企业学院，企业学院定位于由企业主导成立和运作，与集团内的院校合作，以连锁的形式培养企业与行业所需要的店长及相关岗位人才。校企共同制定人才培养的标准、方案和建设相关的教学资源，并在集团单位间分享。

第二十二条　推动资源共享。

探讨专业建设及教学管理的新路径，在课程建设、实习实训基地建设、教师队伍建设、就业指导等方面加强合作，实现师资、课程和实习实训基地的优势互补；对接国际标准，共同开发与推广专业教学标准，推动跨校选课，探索院校间学分互认。

第二十三条　加强队伍建设。

在保持人事关系不变及知识产权归属为原单位的前提下，推进集团成员间的教师（或企业导师）跨校授课、跨校指导学生等，实现优质师资共享。为专业教师到企业挂职学习创造机会，提高集团专业教师教学、研究与服务能力。

第二十四条　开展科学研究与社会服务。

以集团成员的优势科研领域为支撑，结合行业与企业发展急需解决的重大理论与实践问题，联合开展研究项目，积极为研究成果的转化、应用创造条件，提升集团对行业企业的研究支持能力。

研发体现现代学徒制办学要求及企业高层次职业人才培养需求的教学资源。

第二十五条　促进零售店长职业文化建设。

发挥院校与行业领军企业在职业文化领域的引领作用，搭建店长交流平台，积极参与店长群体组织化工作，优化店长社会生态环境。

第二十六条　集团的工作内容包括但不限于以上领域。

第五章　经　费

第二十七条　集团设立店长储备人才培养基金，基金主要来源是会费、各成员单位资助与社会捐赠。

第二十八条　企业会员会费标准为每年 3 000 元、院校会员会费标准为每年 2 000 元，行业协会会员与个人会员免收会费。

第二十九条　对店长储备人才培养基金制定专门的管理办法，由理事会指定专人、专户管理，秘书处负责日常财务管理。

第六章　附　则

第三十条　本章程未尽事宜或有关条款的修改，由集团成员单位提出补充或修改意见，报理事会审议通过。

第三十一条　本章程经集团理事会会议表决通过后生效。

第三十二条　本章程的解释权属集团秘书处。

店长职业教育集团
2016 年 12 月 17 日

（二）名创优品学院建设计划

店长职业教育集团关于实施名创优品学院建设计划的决定

集团各单位：

根据《店长职业教育集团章程》，为适应赛曼集团发展战略对人才储备的需要以及赛曼集团企业大学发展规划，经店长职教集团理事会研究决定，同意实施名创优品学院建设计划，共同培养适应名创优品未来发展的门店管理、商品管理、物流管理等岗位紧缺人才。

名创优品学院定位于由店长职教集团搭建平台，由赛曼集团主导，与职教集团内相关院校实施双主体办学、双元培养的特色企业学院，并以连锁的形式协同职教集团相关资源共同培养企业与行业所需要的店长及相关岗位人才。名创优品学院积极开展“招生即招工、入校即入厂、校企联合培养”的现代学徒制试点工作，全面提升技术技能型人才的专业能力、工匠精神和管理水平。

赛曼集团选择有良好合作基础的广州番禺职业技术学院作为第一家挂牌院校，校企双方共同制定人才培养的标准、方案并建设相关教学资源，为与后续挂牌的学校实现资源共享创造条件。赛曼集团将与全国各地其他优秀院校积极开展校企合作，条件成熟会进一步选择院校挂牌，开设名创优品学院的连锁学院，名称统一为“店长职业教育集团·名创优品学院”，为赛曼企业集团大学的建设与发展创造条件。

在店长职教集团连锁学院发展框架指导下，名创优品学院的机构设置与运行方式，由赛曼集团与各合作院校协商确定，并在集团秘书处备案。

店长职业教育集团
2016年12月7日

（三）企业主导成立名创优品学院

关于成立名创优品学院的决定

根据集团发展战略对人才储备管理的要求以及赛曼集团企业大学的未来规划，集团决定名下子品牌（名创优品）在店长职教集团搭建的平台上与相关院校合作成立名创优品学院，共同培养适应名创优品未来发展的门店管理、商品管理、物流管理等岗位紧缺人才。

名创优品学院采取理事会领导下的院长负责制，理事会由赛曼集团统一组建与管理，各名创优品学院不再设立理事会。选择广州番禺职业技术学院作为首家合作及挂牌的院校，名创优品学院理事长与院长由企方派人担任，副理事长由合作院校派人担任，理事由校企双方相关人员组成，校企双方各派一人担任院长助理。理事会及日常机构组成如下，未来将根据合作院校的增减或校企人员的变动进行相应调整：

理事长：朱桂安（赛曼集团及名创优品运营副总经理）

副理事长：阚雅玲（广州番禺职业技术学院管理学院院长）

理事：

谭福河（广州番禺职业技术学院管理学院副院长）

胡子瑜（广州番禺职业技术学院管理学院副院长）

何霞（广州番禺职业技术学院工商企业管理专业带头人）

占挺（广州番禺职业技术学院工商企业管理教研室主任）

颜秉廉（赛曼集团名创优品商学院创新研发处担当）

陈镇杰（赛曼集团名创优品商学院校企合作项目担当）

梁德志（赛曼集团名创优品商学院培训担当）

名创优品学院院长：朱桂安

企方院长助理：陈镇杰

校方院长助理：占挺

赛曼集团名创优品
广东葆扬投资管理有限公司
2016年12月17日

（四）与名创优品学院合作现代学徒制的协议

广东葆扬投资管理有限公司　广州番禺职业技术学院
“现代学徒制”联合培养协议

甲方：广东葆扬投资管理有限公司

乙方：广州番禺职业技术学院

为贯彻党的十八届三中全会和全国职业教育工作会议精神以及《国务院关于加快发展现代职业教育的决定》（国发〔2014〕19号），依据双方签署的校企合作协议，甲乙双方在平等自愿、协商一致的基础上为公司旗下的名创优品连锁店联合开展“门店店长”的现代学徒制人才培养试点，并就此项目的相关事宜达成如下协议。

1. 指导原则

以服务甲方企业发展、促进乙方学生就业为导向，坚持校企双主体联合培养，坚持学校教师和企业师傅双导师教学，创新甲方招工和乙方招生制度，创新甲方员工管理和乙方教学管理形式，创新甲方员工培训和乙方人才培养模式，构建校企分工合作、协同育人、共同发展的长效机制，切实提高门店店长人才培养的质量和水平。

2. 试点内容

（1）现代学徒制试点概括起来是坚持“四个双”：一是双主体育人，学校和企业均是育人主体；二是双导师教学，学校教师和企业师傅均承担教学任务；三是学生双重身份，学生既是学校的学生，又是企业的员工；四是签订两份合同，学生与企业签订劳动合同，学校与企业签订联合办学合同。

（2）现代学徒制试点招生的学员为企业正式员工，乙方承诺所有学员学业完成经校企双方考核合格后，可获取乙方出具的由教育部统一印制的普通高等学校专科毕业证书。

3. 工作机制

甲乙双方共同组建校企合作工作团队，共同完成人才培养方案的制定、学员的招生、教学运作管理、考试评价方式、师资力量配备以及其他保障措施等各项工作，教育教学投入双方协议分担。

4. 招生与招工

（1）按照省教育厅的相关要求，面向企业现有员工进行招生的选拔与录用。

（2）甲乙双方共同拟订招生方案，乙方负责招生方案的申报。

（3）甲乙双方共同制定招生简章，共同负责招生宣传工作。

（4）甲乙双方共同完成生源资格审查以及考核录取工作。

（5）录取工作完成后，乙方负责学员录取通知书的发放以及学籍注册。

5. 日常管理

甲方负责学员在岗学习期间的日常管理，并在乙方协助下做好在岗专业课程的教学组织与运行、教学质量保障与监控；甲乙双方共同负责学员的专业学习，乙方在甲方协助下做好学员在校学习期间的日常管理、校内课程的教学组织与运行、教学质量保障与监控。

6. 毕业

甲乙双方共同实施现代学徒制试点的学员完成人才培养方案所规定的全部课程，经校企双方考核合格获取相应学分，满足毕业学分要求后，准予毕业。乙方负责颁发由教育部统一印制的普通高等学校专科毕业证书。

7. 费用结算

（1）学员所有学费（按国家规定标准收取）收入属于甲乙双方共同拥有，学员所有学费由乙方负责代收，并按照人才培养方案中企业课程学时与校内课程学时所占计划总学时的比例进行分配（具体比例以人才培养方案为计算依据），乙方在每学年开学学生到岗一个月后，将甲方应得收入通过银行转账方式支付给甲方。

（2）学员所有生活费用由学员自行承担。学员在企业工作时个人住宿、用餐等事宜按照甲方对员工管理的相关规定执行。乙方要为学员在校学习提供住宿条件，费用由学员自行承担，乙方按照国家规定标准收取。

（3）甲方负责企业带徒师傅（或兼职教师）的指导费（或课酬）以及企业参与人员的津贴、交通费等，乙方负责学校专任教师的课酬（含赴企业授课津贴等）以及学校参与人员的津贴、交通费等。

8. 其他事项

（1）本协议正本一式四份，甲、乙双方各执两份，具有同等法律效力，复印件仅作为财务报销凭证。因执行本协议而形成的双方签字认可的各类教学文件，可视为本协议的自然延伸，双方均应遵守执行。

（2）如遇不可抗力事件（不可抗力事件指双方在订立合同时不能预见、对其发生和后果不能避免且不能克服的事件）导致本协议部分或全部无法继续履行，双方互不负任何责任，并可协商是否终止本协议。终止协议须提前三个月书面通知对方。

（3）如有一方违约或有损害对方利益和形象的行为，另一方有权终止协议。

（4）本协议自双方授权代表签字盖章之日起生效。双方应遵守有关条款，未尽事宜，可由双方协商解决或签订补充协议。

甲　方：	乙　方：广州番禺职业技术学院
负责人：	负责人：
联系人：	联系人：
电　话：	电　话：
地　址：	地　址：广州市番禺区市良路1342号
日　期：　　年　　月　　日	日　期：　　年　　月　　日

（五）现代学徒制试点工作方案

广州番禺职业技术学院工商企业管理专业
现代学徒制试点工作方案

为保障现代学徒制工商企业管理专业校企联合在岗培养的顺利实施，切实提升学生的职业岗位技能和岗位胜任能力，遵循“双主体育人”的现代学徒制精髓，经与联合培养单位广东葆扬投资管理有限公司（名创优品）商讨，共同制定现代学徒制试点工作方案。

一、教学管理

（一）教学计划管理

1．制定科学、规范的专业人才培养方案

以校企合作为基础，以工学结合为核心，以职业核心能力为导向，从岗位职业能力分析入手，结合学生成长规律与认知规律、注重学历教育与在岗培训相融合的工作思路，学校与企业根据工作岗位、工作能力、工作任务、工作过程等对人才培养知识、能力、素质等方面的要求，在兼顾学生个人发展需要的前提下，共同制定科学、规范的人才培养方案，确定相应的教学内容和合作形式，改革教学质量评价标准和学生考核办法，将学生工作业绩和师傅评价纳入学生学业评价标准，适应学生工学交替、岗位成才的需求。

2．开发符合“门店店长”职业岗位任职要求的课程体系

按照职业标准构建专业课程体系，按照岗位任务、工作内容开发现代学徒制专业课程，构建专业课程体系。在现代学徒制人才培养目标的指导下，在职教专家、企业与学校、教师与师傅的共同参与下，建立职业岗位任务与能力标准，按照“企业用人需求与岗位资格标准”来设置课程。在课程专家、企业技术骨干和学校专业教师的共同努力下开发适合企业的项目课程，形成学习训练内容与工作过程相一致、与工作任务相符合的适合学徒制的专业课程体系，实现人才培养的知识目标、能力目标和素质目标。

3．编制对接职业能力要求的课程标准

校企双方以企业岗位现实需求与未来发展需求为依据，通过系统分析门店店长岗位的典型工作任务，依据岗位的工作内容，确定门店店长完成各项工作任务所需的知识、技能，按“行动导向”课程开发方法，编写相应的课程标准，明确每门课的课程性质、课程思路、设计目标、课程内容和要求、教材选用建议、教学方法、考核方案等内容。

（二）教学过程管理

校企双方共同委派教师采用交互教学的方式授课，实施以岗位能力培养为根本的师带徒方式教学，学生在不脱离工作岗位的情况下，通过工学交替的方式完成学业。学校派出专任教师随同学生上岗工作，针对企业岗位核心技术所需的知识和原理，利用周末对学生进行理论教学和技能研讨。

企业全程参与教学，派遣管理人员担任兼职教师，指派师傅担任学生的导师。校内专任教师要经常与企业进行研讨，开设符合学生理论学习及企业实践特点的校本课程；学生在校学习期间要接受学校和企业的双重管理。

学校与企业共同制定教学质量监控机制，对教师和师傅进行考核，对优秀的教师和师傅在评优方面优先考虑。“学徒制工作小组”定期和不定期现场巡视课程教学，教学督导不定期到企业，通过现场听课、学生座谈会、查看教学文件和相关记录等方式，了解课程教学基本情况，收集学生对教学工作的意见和建议。

（三）课程教学管理

1. 基本素质课

（1）必修课

①毛泽东思想和中国特色社会主义理论体系概论（计 4 学分，72 学时）：在入学的一个月内集中授课，安排相应的课业项目让学生第一学期在岗通过网络学习和调研的形式完成，并做出成绩考核。具体任课教师由思想政治理论课教学部派出。

②形势与政策（计 1 学分，64 学时）：在入学的一个月内集中授课，安排相应的课业项目让学生第一学期在岗通过网络学习和调研的形式完成，并做出成绩考核。具体任课教师由思想政治理论课教学部派出。

③大学生心理健康教育（计 2 学分，32 学时）：在入学的一个月内集中授课 6 学时，安排相应的课业项目让学生第一学期在岗通过网络学习和调研的形式完成，并做出成绩考核。具体任课教师由学生处派出。

④军训（计 2 学分，56 学时）：学生入学后采取校内集中军训的方式完成，计相应学分。

（2）选修课

①体育课可结合企业组织的各类体育活动进行，体能测试采取周六日集中返校进行测试的方式，每年一次，共两次。

②公共选修课，共计 2 学分，采用网络教学方式，课程采用“爱课程”网络教学平台中的 100 门国家级精品视频公开课，学生相应选修 1 门课程，可以选择线上和线下学习相结合或者完全线上学习方式，完成视频学习和课程任务，考核方式根据学习方式具体制定。

2. 职业能力课

职业能力课程分为职业能力必修课和职业能力选修课，采取的教学方式是：网络学习与辅导 + 集中授课（理论指导） + 岗位工作实践。

（1）职业能力必修课

在课程内容上与公司的内部培训充分衔接，把基础班培训、校企合作生培训、储备门店担当培训、门店担当培训、门店担当进阶培训、储备区域担当培训、区域担当进阶培训以及企业线上大学培训课程纳入职业店长综合技能训练课程。如表 1 所示为职业能力必修课教学组织运行表。

表1　职业能力必修课教学组织运行表

时间	开设课程（学时及学分）	集中授课		在岗实践		任课教师	
		天数及学时	地点	学时	地点	校方	企方
第一学期	职业规划与成功素质训练（30学时，2学分）	在校集中授课1.5天计12学时，网络学习、岗位指导与工作训练计18学时	名创优品广州公司培训室或学校	18	实际工作门店	丁雯	颜秉廉
	人员管理能力训练项目（96学时，5.5学分）	在校集中授课1.5天计12学时，企业集中培训和座谈4.5天计36学时，网络学习、岗位指导与工作训练计48学时	名创优品广州公司培训室或学校	84	实际工作门店	童丽	刘俊洁
	职业店长综合技能训练（72学时，4学分）	在校集中授课1.5天计12学时，企业集中培训和座谈4.5天计36学时，网络学习、岗位指导与工作训练计24学时	名创优品广州公司培训室或学校	60	实际工作门店	占挺	陈镇杰
第二学期	职业规划与成功素质训练（30学时，2学分）	在校集中授课1.5天计12学时，网络学习、岗位指导与工作训练计18学时	名创优品广州公司培训室或学校	18	实际工作门店	张微雁	梁德志
	货品管理能力训练项目（96学时，5.5学分）	在校集中授课1.5天计12学时，企业集中培训和座谈4.5天计36学时，网络学习、岗位指导与工作训练计48学时	名创优品广州公司培训室或学校	84	实际工作门店	丁雯	何玉
	职业店长综合技能训练（72学时，4学分）	在校集中授课1.5天计12学时，企业集中培训和座谈4.5天计36学时，网络学习、岗位指导与工作训练计24学时	名创优品广州公司培训室或学校	60	实际工作门店	卢朝荣	陈镇杰

续上表

时间	开设课程（学时及学分）	集中授课		在岗实践		任课教师	
		天数及学时	地点	学时	地点	校方	企方
第三学期	职业规划与成功素质训练（30 学时，2 学分）	2 天，18 学时，其中集中授课 1 天，课业成果汇报 1 天	名创优品广州公司培训室或学校	14	实际工作门店	张徽雁	颜秉廉
	门店运营管理能力训练项目（96 学时，5.5 学分）	在校集中授课 1.5 天计 12 学时，企业集中培训和座谈 4.5 天计 36 学时，网络学习、岗位指导与工作训练计 48 学时	名创优品广州公司培训室或学校	84	实际工作门店	何霞	徐秋珍
	职业店长综合技能训练（72 学时，4 学分）	在校集中授课 1.5 天计 12 学时，企业集中培训和座谈 4.5 天计 36 学时，网络学习、岗位指导与工作训练计 24 学时	名创优品广州公司培训室学校	60	实际工作门店	郭立国	陈镇杰
第四学期	顶岗实习与毕业调研（448 学时，16 学分）			448	实际工作门店	占挺 何霞 丁雯 郭立国 童丽 卢朝荣 张徽雁	颜秉廉 陈镇杰 徐秋珍 梁德志 刘俊洁 何玉

（2）职业能力选修课

共提供 6 门已建成的校级网络课程供学生选择。要求须在 1 ~ 3 学期内选择其中 3 门课程，通过考核可获得 6 个学分。

职业能力选修课以网络学习、在线辅导、集中授课、岗位工作实践等形式相结合来完成。

每门职业能力选修课共 32 学时，计 2 学分。其中集中授课 1.5 天计 12 学时，学生通过在线学习，教师通过在线辅导答疑，并通过岗位工作实践来共同完成。

二、考试评价

改革评价模式，围绕行业、企业用人标准，针对不同类型的课程建立不同的评价标准，自我评价、学生评价、企业评价和社会评价相结合，建立以能力为核心，行业企业共同参与的学生评价模式，引导学生全面发展。建立以目标考核和发展性评价为核心的学习评价机制，同时按照企业的管理制度实施管理，按照企业岗位考核的标准和方式对学生的学业进行考核，学校认可企业的考核结果。通过创新考核评价主体和考核价值取向，将企业岗位任务考核与晋升考核标准的重要指标转化成学生学业考核指标，实现人才培养目标与企业用人目标的一致。同时，课程考核与岗位资格考核贯通，通过工作业绩考核、师傅评价与学习成绩的互认等灵活多样的考核方式与手段，实现学历教育与企业员工岗位培训相融合。

三、学生教育管理

在学生教育管理方面，我校实行学校、管理学院二级管理模式，以学校管理为主。在学校一级设立了学生工作处、校团委、招生与就业指导中心，在党委书记、分管学生工作的副书记的领导下，全面负责全校的学生教育管理工作；在管理学院，分管学生工作的院支部书记、班级导师（校企双导师）、政治辅导员各负其责，做好学生的思想、学习、生活、就业指导等方面的管理工作。

校内学生教育管理主要包括以下几个方面：

1. 团员学生工作管理：负责学生团员的日常管理及学生思想政治教育工作，学生的“三下乡”社会实践活动的组织及监控，学生素质教育的组织及管理，学生社团及学生干部的管理。

2. 勤工助学管理：负责“绿色通道”、国家助学贷款、国家奖助学金、理想奖学金、参军学生学费补偿助学贷款代偿、大学生信用档案建设、学生欠费催缴、困难生认定及教育、勤工助学、临时困难补助、义务劳动等工作的组织与实施。

3. 心理健康管理：负责学生心理健康教育和心理咨询服务工作，建立学生心理健康档案，健全心理危机干预机制，加强班级心理委员培训和管理，开展有针对性的心理课外活动。

4. 职业规划、就业指导工作：负责开展日常职业辅导、职业辅导课程化建设、就业推荐、毕业生跟踪、毕业生日常事务管理等工作。

5. 学生日常管理工作：负责评奖评先、新生入学接待、教育、军训、人事档案的管理转递和购买社保等工作，配合有关部门及院系进行纪律教育、安全教育，维护学院稳定，及时处理学生中的特殊事故和突发事件，妥善处理好学生的校内申诉工作。

学校目前共出台了学生课堂教育管理、学生奖惩管理、学生组织管理及其他管理等方面的一系列学生教育管理文件，并全部收录在广州番禺职业技术学院的学生手册中，在新生入学时发放给每一位新生。

四、招生与招工

工商企业管理专业现代学徒制试点采取“先招工再招生”的一体化招生招工模式，校企双方共同研制招生与招工方案，学校以自主招生的方式，面向广东葆扬投资管理有限公司（名创优品）符合报考条件的在职员工招生50人。公司出台激励在岗员工报读现代学徒制的政策措施，合作双方共同委派导师，实施联合在岗培养，学生不脱离工作岗位，以网络学习和定期集中学习的方式完成学业。

五、师资配备

工商企业管理专业拥有专任教师7人，均拥有硕士学位，其中广东省专业领军人才1人，数据分析师1人，经济师1人。7位教师均有2年以上企业一线工作经验，全部具备“双师”素质。另外共享管理学院教师若干人。专任教师每年下企业实践或承担企业项目至少4周；聘任广东葆扬投资管理有限公司（名创优品）4位高级管理人员为客座教授，企业派遣6名企业管理人员和讲师承担大部分理实一体化课程，承担全部企业实践课程。现在已形成了以省专业领军人才、校内教师、客座教授、企业兼职教师相结合的具有核心优势的双师教学团队。如表2所示为教师队伍结构。

表2　教师队伍结构

<table>
<tr><th>项　目</th><th colspan="2">明　细</th><th>相关数据</th></tr>
<tr><td rowspan="5">教师队伍总体情况</td><td colspan="2">校内专任教师人数/人</td><td>7</td></tr>
<tr><td colspan="2">客座教授/人</td><td>4</td></tr>
<tr><td colspan="2">企业兼职教师人数/人</td><td>6</td></tr>
<tr><td colspan="2">专业骨干教师人数/人</td><td>5</td></tr>
<tr><td colspan="2">专兼比例</td><td>7：10</td></tr>
<tr><td rowspan="7">校内专任教师情况</td><td rowspan="2">学历情况</td><td>硕士人数/人</td><td>7</td></tr>
<tr><td>具有硕士以上学位人数百分比/%</td><td>100</td></tr>
<tr><td rowspan="3">双师情况</td><td>具有双师素质人数/人</td><td>7</td></tr>
<tr><td>具有双师素质比例/%</td><td>100</td></tr>
<tr><td>中级职称占比/%</td><td>100</td></tr>
<tr><td rowspan="2">企业一线工作经历情况</td><td>有企业工作经历人数/人</td><td>7</td></tr>
<tr><td>有企业工作经历人数占比/%</td><td>100</td></tr>
</table>

六、保障措施

1．成立现代学徒制工作小组

组　长：阚雅玲——广州番禺职业技术学院管理学院院长

朱桂安——广东葆扬投资管理有限公司（名创优品）运营副总经理

副组长：谭福河——广州番禺职业技术学院管理学院副院长

颜秉廉——广东葆扬投资管理有限公司名创优品商学院创新研发处担当

项目组成员

学校人员：占挺、何霞、丁雯、郭立国、童丽、卢朝荣、张微雁

企业成员：陈镇杰（广东葆扬投资管理有限公司名创优品商学院培训担当）

梁德志（广东葆扬投资管理有限公司名创优品商学院培训担当）

刘俊洁（广东葆扬投资管理有限公司名创优品商学院培训担当）

2．资金保障

为了更好地保障现代学徒制试点工作顺利推进，广东葆扬投资管理有限公司（名创优品）组建了校企合作项目小组，专门拨付10万元作为现代学徒制试点专项资金，主要用于现代学徒制的招生宣传、师资培训和课程建设等支出。

3．员工激励政策

企业出台了员工参加现代学徒制激励制度，鼓励员工在学习中提升技能、提升学历，实现自我增值，规定员工学业完成、经校企双方考核合格后，获得由学校出具的由教育部统一印制的普通高等学校专科毕业证书，即可享受参加储备店长考核资格，学费由公司统一报销。

第六部分 建设专业与课程

专业建设是高职院校内涵建设的核心内容，也是高职院校建设和发展的立足点。正如教育部职成司高职高专处原处长范唯所说：“专业是高职学校改革的一个非常好的切入点和突破口，是高职学校的品牌和灵魂。一所学校只要能建出一两个特别不同凡响的专业，就能在未来有立足之地。”其实，对于一所高职院校来说，社会可能记不住学校的名字，但是如果有一两个专业成为拳头专业，那么学生和家长一定会记住，政府会记住，产业界也会记住。如果问高职院校，学校和专业的产品是什么？十有八九的回答是：学生。事实上课程才是高职院校的产品，学生是我们的用户，课程是为学生服务的。而企业是我们的客户，我们为企业（或用人单位）培养学生。课程建设是高职专业发展无法回避的一个问题。课程是专业的细胞，课程体系决定了专业的基本架构。由此可见，专业与课程的建设是高职教育的基石。

近十年来，很多高职院校坚持贴近地方产业，积极主动与行业、企业合作，努力为经济社会发展服务，培养了一大批高素质技能型人才。“十一五”期间，通过改革发展，高职教育在创新办学体制机制、改革人才培养模式、增强社会服务能力、建设优质教育资源等方面进行了积极探索，一大批学校和专业的建设成效明显。但很多学校的专业建设水平还不能很好地适应推进职业教育改革创新、构建现代职业教育体系、服务经济社会发展和现代化建设的需要，存在的问题突出表现为：管理体制和运行机制不灵活，办学活力不足；专业设置与产业发展脱节，课程教学内容与行业技术应用脱节，教学手段和方法针对性不强；师资队伍的数量、质量与结构不能满足高端技能型专门人才培养的要求，“双师”素质教师队伍的建设和管理制度尚未建立；毕业生实践能力和职业态度不能完全满足工作要求；学校的实训实习条件、职场环境亟待完善，职业精神培养亟须加强。

对此，本人希望通过管理学院的教学改革与实践和大家分享专业与课程改革。产教融合、校企合作是高职教育的基本规律，专业与课程建设当然要以此为背景进行建设。本书的第五部分已专门阐述和分享了校企合作。在这一部分，我选择自己任职管理学院院长 8 年中 5 个有代表性的专业与课程改革的案例与大家共同探讨。一是 2012 年工商企业管理专业群经过三年的省示范建设后形成的专业及专业群建设报告；二是 2013 年面向管理学院全体教师进行的教学方法和工作方法的改革方案；三是 2014 年经过人才培养定位、人才培养模式及课程体系改革后形成的人才培养方案；四是2015年在管理学院推行的“翻转课堂”教学模式改革；五是2016年针对教育部对专业发展诊断与改进的要求，基于现代学徒制的市场营销专业建设诊断与改进报告。

精品资源共享课程（或在线开放课程）的建设也是高职教育的一个重点，本人作为负责人开发了3门国家级课程，作为管理学院各专业的平台课，为学生专业技能与综合素质培养奠定基础。由于篇幅有限，在此不再赘述，有兴趣的教师可上“爱课网”，查阅“职业规划与成功素质训练”“工商模拟市场实训”两门精品资源共享课以及“职业规划与成功素质训练”一门精品视频公开课。

一、专业建设总结报告

2009年年初本人任职工商管理系主任之时，工商管理系原有的四个专业均不是重点专业。2009年我们抓住广东省高职示范院校建设的契机，申报了工商企业管理、物流管理两个重点建设专业。经过三年的省示范校建设，工商管理系原有的全部专业入选省或市级示范建设专业，同时申报了创业管理与连锁经营管理两个新专业（方向）。工商企业管理这类专业并不是高职教育发展的主流专业，但我们的观点是，任何一个专业只要与时俱进，围绕着行业与企业不断转型升级，一定都有其发展的前景。当时本人作为工商企业管理专业的带头人，带领该专业及专业群全面完成了省示范院校的重点专业建设，从而全面提升了人才培养质量以及专业的品牌效应。以下是2012年工商企业管理专业及专业群完成省示范高职院校建设后的总结报告。

工商企业管理专业及专业群建设总结报告

一、项目概况

依据广东省示范性高职院校建设项目要求，本项目以工商企业管理专业为重点，辐射带动创业管理、市场营销、电子商务、连锁经营管理等相关专业协调发展。建设内容为：“素质与技能层层递进、工作与学习反复交替”的人才培养模式；以职业能力和综合素质为目标的课程体系与教学组织方式的改革；校企合作的校内外实训基地建设；工商企业管理专业教学团队建设等。本项目建设周期为三年，自2009年6月至2012年6月。项目经过三年实施，将工商企业管理专业建设成为社会及用人单位认可度高、对同类专业建设有示范作用的特色专业。本项目资金预算874万元，其中用于实训基地建设项目723万元，用于人才培养模式、课程体系、教学内容改革等项目62万元，用于师资队伍培养项目89万元。

二、项目建设任务完成情况

（一）省示范项目建设完成后的专业群新格局

本项目实施前，工商管理系仅有工商企业管理、市场营销、电子商务和物流管理四个专业，希望以广东省示范性高职院校建设为契机，在高质量打造这四个专业的同时，新建创业管理、连锁经营管理两个专业（方向）。项目经过三年多的建设，保质保量地完成了任务书中四个老专业以及两个新专业（方向）的建设，其中工商企业管理被评为省重点培育专业，市场营销和电子商务被评为广州市示范建设专业，连锁经营管理（美容会所管理）被评为校级重点建设专业。在此基础上，工商管理系还创建了校企合作的二级学院——华好学院，并建成美容会所管理、化妆品企业管理、化妆品营销、人物形象设计等四个专业（方向）。与此同时，工商管理系还面向全校创立了创业教育中心，立足本系创业管理专业方向的创业教育研究、人才培养模式、创业教育课程体系、专业师资队伍、创业孵化基地，引领辐射全校创业教育。经过三年多的项目建设，目前形成了工商管理系、华好学院、创业教育中心三驾马车齐头并进的大工商专业群格局。

（二）工商企业管理专业及专业群建设任务完成情况

1. 课程体系与教学内容改革

在对用人单位广泛调研和岗位工作任务分析的基础上，借鉴德国、新加坡等地的职业教育经验，依据工作过程系统化等职教理念，制定了各专业及专业方向的人才培养方案，构建了以“高素质、强技能”为特色的课程体系；制定了57项与岗位工作相适应的课程标准。按照工学结合的理念对专业课程进行科学系统的设计与实施，取得良好的成果。其中“工商模拟市场实训”“职业规划与成功素质训练”被评为国家级精品课程，“通用管理能力”等被评为省级精品课程，“ERP沙盘模拟实训”“市场营销”“推销实务”等被评为市级精品课程，“市场调查与预测”等12门课程被评为校级精品课程，14门课程被评为校级优质课程、22门课程被评为校级网络课程。在教材建设方面，出版了《职业规划与成功素质训练》《工商模拟市场实训》《管理基础与实务》《人力资源管理基础与实务》《现代企业管理》等16部教材；建成了能与其他院校、教师、学生共享的包括精品课程、课件、案例、教学视频、实践教学、学生技能大赛、教学团队、教材等在内的专业教学资源库。课程体系与教学内容改革的成果如表1所示。

表1　课程体系与教学内容改革任务完成情况表

序号	建设内容	建设任务	完成情况	完成比例/%
1	人才培养方案制定	6个专业（方向）的6个人才培养方案	10个专业方向的13个人才培养方案	217
2	课程标准制定	16	57	356
3	优质核心课程建设	12	14	117
4	网络课程建设	16	22	138
5	校级精品课程建设	10	12	120
6	市级精品课程建设	3	6	200
7	省级精品课程建设	2	3	150
8	国家级精品课程建设	1	2	200
9	专业教材开发	10	16	160
10	教学资源库建设	1	1	100

2. 师资队伍建设

在师资队伍建设方面，从培养对象上，按专业带头人、骨干教师、一般教师、企业兼职教师分类培养；从培养内容上，按态度与意识、理论与实践、教学与科研、专业建设等方面分别培养；从培养方式上，采取“青蓝工程”、高职教师专业能力系列培训，安排教师下企业、设置校企合作岗位、探索教师工作专业化以及安排专业带头人和骨干教师赴德国、新加坡、中国香港等地学习先进的职教经验等。所有这些都取得非常好的效果。三年多的示范建设培养出一支优秀的师资队伍。

表2　师资队伍建设任务完成情况表

序号	建设内容	建设任务	完成情况	完成比例/%
1	培养高层次专业带头人	6	6	100
2	培养“双师素质”骨干教师	18	22	122
3	聘请和培养行业兼职教师	50	61	122
4	一般教师及其他教师培养进修	2	6	300
5	建设优秀教学团队	1	1	100

3. 教学实验实训条件建设

按照“虚拟实训、生产性实训、顶岗实习”层层递进的三级实践体系建设校内外实训基地。工商管理系项目建设前只有1个ERP模拟实训室和2个机房，按照省示范性高职院校建设项目任务书，全面完成了工商管理信息化实训中心、创业产业园、产学研中心等校内实训基地以及50个校外实训基地的建设任务，除此之外，还超过任务书的要求，建成了华好学院美容实训基地，如表3所示。

表3　教学实验实训条件建设任务完成情况

序号	建设任务	占地面积/平方米	投资金额/万元	实训基地功能
1	管理信息化实训中心	600	443	仿真性实训基地：与用友、金蝶公司合作建立，主要承担ERP、金蝶创业之星、经营之道、企业决策系统、办公信息化管理等方面的实训任务
2	创业产业园	2 200	242	生产性实训基地：能同时满足500人实训，含跳蚤市场实训、仓储配送中心实训、网上开店实训、经营管理模拟实训、连锁经营实训，成为学生创业实践基地，孵化出一批中小企业
3	产学研中心	150	38	生产性实训基地：建设成与校内实训基地相结合，能让学生面向社会、面向校外市场开展创业及管理的实训基地，同时也使之成为工商管理系的一个对外的窗口，承担为企业和社会提供技术与咨询服务及培训的职责

续上表

序号	建设任务	占地面积/平方米	投资金额/万元	实训基地功能
4	华好学院美容实训基地	580	200	生产性实训基地：与华好集团合作共建，属"校中厂"形式，主要承担皮肤护理、化妆品组合、仪器使用、化妆造型、真实项目运用等实训任务
5	校外实训基地	共建成50家，其中核心紧密层企业20家		顶岗实习基地："厂中校"形式，能满足学生顶岗实习和专业实训需要，并在课程实践教学、订单培养、教学团队建设、教学资源开发、教学项目开发、人才培养方案等方面为本专业人才培养提供支持与帮助

（三）资金使用情况

资金使用情况如表4所示。

表4　本项目资金使用情况

序号	建设项目	预算金额/万元	所占比例/%	实际投入金额/万元	其中：已支付金额/万元	使用率/%	备注
1	课程体系与教学内容改革	62	7.1	62	62	100	
2	师资队伍建设	89	10.2	89	89	100	
3	教学实验实训条件建设	723	82.7	723	723	100	
合计		874	100	874	874	100	

三、重点专业及其专业群的建设与改革探索

（一）完成专业群建设的顶层设计，探索出基于产业链的专业群建设新格局

1. 依托传统专业优势，完成专业群建设的顶层设计

按照省示范建设的要求，首先，站在全校战略发展的角度重新审视工商管理专业群的未来定位，希望本专业及专业群能成为学校发展上档次、上水平的一个重要支柱，为此提出了"定战略、建专业、带队伍、抓落实"的工作思路。其次，在调整专业结构、重整专业布局的过程中，确立了"资源共享、优势互补、有机结合、共同发展"的指导思想。最后，制定了"两步走"的专业建设方案，第一步是以质量求生存，确保毕业生就业率，形成"以工商企业管理为中心，以市场营销和电子商务为两翼，以连锁经营管理和创业管理为特色"的专业建设格局，并确立打造1个广东省示范专业、2个广州市示范专业、2个重点扶持的新专业的发展目标。第二步是以特色求发展，从追求就业数量转向追求就业质量。在传统优势专业完成以"质量"为中心的建设任务后，为适应区域经济需要，同时满足学生个人发展，主动为传统专业寻求产业转型升级的行业背景，

打造基于产业链的专业群建设格局。

2. 服务产业转型升级，打造依托美容化妆品产业链的华好学院专业群

按照省示范建设任务书，工商企业管理专业带领市场营销、电子商务、连锁经营管理、创业管理这个专业群共同建设、共同发展。这五个专业（方向）大多是传统专业，且没有产业背景，在“对接产业、服务经济”的高职院校发展的大背景下，这类专业只有做出质量才能求得生存，做出特色才能谋求发展。该专业群在做出质量的同时，恰逢我校引入美容化妆品行业以及华好集团这个大型化妆品企业，并成立华好学院。工商企业管理专业群抓住这个机会将美容化妆品行业作为专业群对接的产业：依托连锁经营管理专业，创建了美容会所管理专业方向；依托工商企业管理专业，创建了化妆品企业管理专业方向；依托市场营销专业，创建了化妆品营销专业方向；又独立设置了人物形象设计专业。至此，工商管理系依托传统优势专业，对接美容化妆品行业，构建了基于产业链的专业群，从根本上改变了以学科体系设立专业群的传统格局。

（二）协同创新合作办学体制，建立“双元培养”的校企合作办学机制

1. 依托专业指导委员会，实施订单培养的校企合作办学机制

工商企业管理及专业群均成立了各自的专业指导委员会，且已构建了以专业指导委员会为先导，校外兼职教师、毕业学生、合作办学企业、政府、行业协会、校内专业教师、校内专家与领导、其他相关主体积极参与专业建设的校企合作互动机制，合作内容主要围绕人才培养方案制定、人才培养模式改革、课程开发与建设、教学团队建设、校内外实训基地建设、顶岗实习、学生就业等展开。目前，工商企业管理专业及其专业群先后与50家企业签订了校企合作协议，并与其中的20家企业建立了较为密切的产学合作关系，重点通过实施订单培养的校企合作办学机制来进行学生顶岗实习，校企共建实训基地，校企人员互访、合作开发课程、教材及相关技术服务和横向课题等多项工作。在全系2010级各专业教学计划中，校企合作共安排了17个订单班111名同学参加为期18周的校企联合培养。订单培养机制的建立很好地提高了本专业的人才培养质量，满足了行业企业以及产业结构调整对人才的要求，实现了“专业与产业对接、课程内容与职业标准对接、教学过程与生产过程对接、学历证书与职业资格证书对接、职业教育与终身学习对接”。

2. 依托华好集团有限公司，建立“双元培养”的校企合作办学机制

为服务区域经济发展，适应产业转型升级需要，学校与美容行业知名企业华好集团有限公司按照“合作办学、合作育人、合作就业、合作发展”的原则共同组建华好学院，由工商管理系依托传统优势专业进行筹建，在国内高职院校首开美容会所管理专业方向，人才培养定位为美容会所店长。2012年，华好学院又设立了化妆品营销、化妆品企业管理和人物形象设计三个新专业（方向），同时与中职有效衔接，通过自主招生为行业培养高端技能型人才。华好学院实行理事会领导下的院长负责制。理事会由七人组成，企方委派四人，校方委派三人，理事会主席由校方分管教学的副校长担任，副主席由企方董事长担任，院长由企方公司总裁担任，执行院长由校方人员担任并主持日常工作，企方委派一名副院长长驻学院协助执行院长工作。企业首批派驻8位技能教练与校方教师共同组成“双师型”教学团队，从而建立“双元培养”的校企合作办学机制。

2012年9月25日，在常州举办的全国示范高职院校校企合作高峰论坛上，华好学院应邀做了题为“创新合作办学体制，校企共建华好学院”的大会发言，获得与会人员的好评。华好学院校企合作办学体制示意图如图1所示。

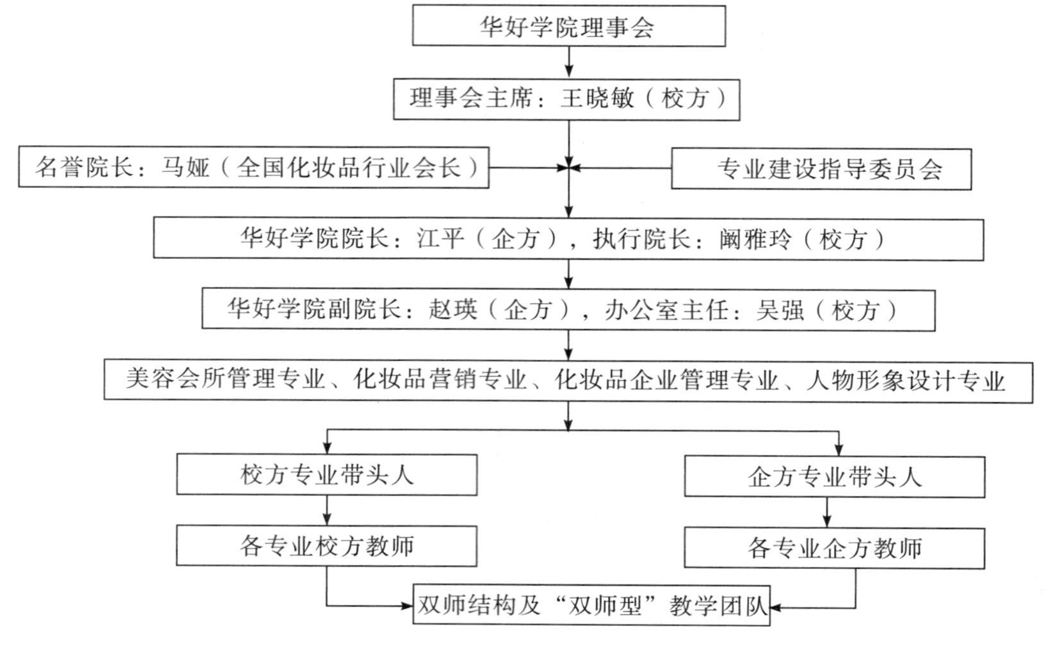

图1　华好学院校企合作办学体制示意图

（三）遵循高职教育规律，确立“高素质、强技能”以及高端技能型的人才培养目标

1. 工商管理专业群确立了“高素质、强技能”的人才培养目标

对珠江三角洲地区80个有代表性的企业进行工商管理类专业人才培养需求的调查显示，70%的用人单位认为，管理类专业的学生综合素质比专业技能更重要，25%的用人单位认为管理类专业的学生综合素质与专业技能同等重要。为满足用人单位需要，同时遵循高职教育的规律，该专业群改变以“岗位技能为本位”的传统专业建设理念，确立“高素质、强技能”的人才培养目标。高素质是为了提高学生的职业适应能力、职业转换能力以及职业发展能力；“强技能”是为了让学生在人、财、物、产、供、销等方面的企业管理中拥有一技之长。由于该专业群没有特定的行业背景，为满足特定企业的需要，同时又能满足学生发展要求，确立了“通专结合”的人才分类培养的方式。对于没有选定某行业或某企业作为专业背景的学生，采取“通才”的培养方式，提高学生面向各行各业的岗位适应与转换能力。对于选定企业订单培养的学生，采取“专才”的培养模式，提高其与未来就业岗位零距离对接的能力。

2. 华好学院专业群确立了培养美容化妆品行业高端技能型的人才培养目标

美容化妆品行业已形成了7 000亿元人民币的规模，行业年发展速度平均在35%以上，在各行业中保持了最高增长率，但从业人员的文化素质与专业技能却相对低下。据不完全统计，小学和初中学历的占到20%～40%，高中、中专学历的占40%～50%。为遵循高职教育规律，适应产业转型升级的需要，华好学院美容会所管理及其专业群的人才培养目标定位于高端技能型人才，主要体现在四个方面：一是能运用美容养生方面的高端技术；二是能成为管理美容师、美容店的店长；三是能服务于美容养生方面的高端顾客；四是能就职于美容化妆品行业中的高端企业。华好学院从这四方面入手突出高职教育的人才培养特色，培养学生在技术、管理、素质、学历方面成为高端技能型人才，服务产业转型升级需要的同时也满足学生个人发展需要。

（四）根据不同专业的人才培养路径，探索各具特色的人才培养模式

1. 工商管理专业群确立了“素质与技能层层递进、工作与学习反复交替”的人才培养模式

为实现工商管理类专业“高素质、强技能”的人才培养目标，根据“工学结合”的高职教育理念以及人才培养规律，经反复研究和论证确立了“素质与技能层层递进、工作与学习反复交替”的工商管理类专业人才培养模式。“高素质”分五个学期按照“规划篇、基础篇、成长篇、成熟篇、就业篇”层层递进的方式进行培养，其他基本素质课程、专业技能课程也围绕进取心、沟通能力、团队合作等10个方面逐步培养学生的综合素质。“强技能”则通过“三级”实训模式层层递进地培养学生的专业技能。第一级实训是校内模拟实训——“ERP沙盘模拟实训”；第二级实训是校内生产性实训——“工商模拟市场实训”；第三级实训是以岗位工作任务为载体的校外实训——顶岗实习。而工商模拟市场实训是基于工作过程系统化的理念分三年每年一次来进行的，体现了“先做后学、边学边做、做完再学”的工学交替的人才培养理念。

2. 华好学院专业群确立了“三双、四跟”的人才培养模式

华好学院的成立是对高职院校与企业合作培养“订单班”的全面升级。为使校企合作、工学结合的人才培养模式在人才培养过程中得到细化、固化，使其规范、稳定、长效地运行，华好学院构建了“三双、四跟”的人才培养模式。“三双”是指学生、教师和领导这三个主体都有双重含义，学生有双重身份，既是学校的学生又是企业的学徒；教师有双重责任，既是学校的教师又是企业的美容师或管理顾问；而领导也有双重责任，既是企业总裁又是学院院长。“四跟”是指“专业跟着行业企业走、课程跟着服务管理走、教学跟着岗位标准走、教材跟着项目任务走”。这样的人才培养模式从体制、机制上保证将校企合作、工学结合全方位地内植到人才培养的全过程，也就是说在人才培养目标的确定、课程体系的构建、专业核心课程的建设、课程标准的制定、专业教材的编写、校内外实训基地的建设、师资队伍的建设、教学过程的实施与运作等方面深入细化校企合作与工学结合的人才培养模式，从而保证专业与职业岗位对接，专业课程内容与职业标准对接，教学过程与生产服务过程对接，学历证书与职业资格证书对接。

（五）满足企业与学生双重需要，构建科学、动态、开放的课程体系

1. 既满足企业用人需要又满足学生发展的课程体系改革取得突破

工商管理专业群依据人才培养模式提出了以服务为宗旨，以就业为导向，以设计科学、开放、动态的课程体系为目标，以培养基本素质与能力、专业群职业通用能力、职业岗位能力和个性化发展能力为核心，构建“公共课程 + 专业群平台课程 + 专业核心能

力课程＋专业选修课程”的课程体系。其中公共课程是全院基本素质课程，重在培养学生的思想政治素质、人文和科学素质及身心素质。专业群平台课程是与其他相关专业共享的职业通用能力课程，是高职经济管理类专业学生的专业理论基础与专业技能基础课程。专业核心能力课程直接对应学生未来从事的具体工作和岗位，是形成本专业特有的核心能力的关键课程。专业选修课程是根据学生就业方向和个人发展需要所开设的选修课程。专业群课程体系示意图如图 2 所示，选修课提供四个系列供学生选择，一是专业纵深发展系列，二是专业拓展发展系列，三是企业订单培养系列，四是学生自主创业系列。学生可以从中任选一个系列，企业订单培养系列是选择其中一个企业的订单课程。由此工商管理专业群构建了职业化与个性化并行、服务就业和终身学习并重、培养核心职业能力与可持续发展能力并举的科学、动态、开放的课程体系。

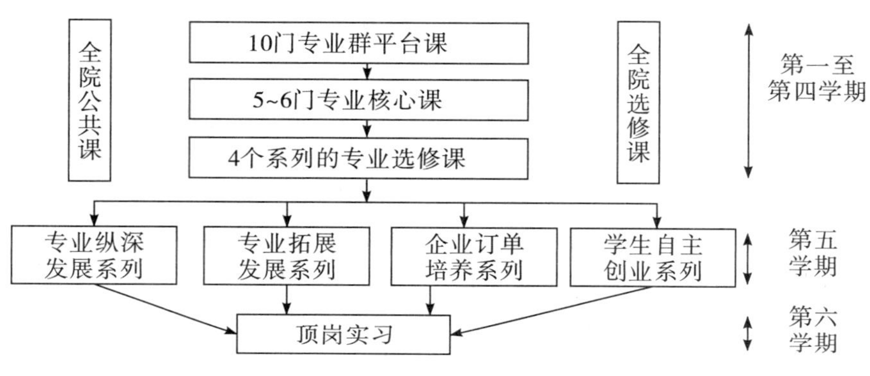

图 2　专业群课程体系示意图

2. 基于工作过程的课程改革与课程建设取得较大成果

在完成课程体系的改革后，工商企业管理专业群基于工作过程和行动导向加大课程改革与建设的力度，共建成 16 门精品课程、22 门网络课程。在 2012 年麦可思数据有限公司对我校毕业生的调查中，“职业规划与成功素质训练”“工商模拟市场实训”两门专业核心课程被选为对学生人生成长最有帮助的课程，课程负责人被选为对学生个人成长最有帮助的教师。“工商模拟市场实训”网络课程的访问率高达 133 932 次，在全校 199 门网络课程中排名第 1，超过排名第 2 的课程 46 000 多人次。“职业规划与成功素质训练”网络课程的访问率为 59 003 次，在全校排第 7。因课程建设成效显著，“以‘高素质、强技能’为本位的高职工商管理类专业特色课程建设”项目 2011 年获得广州市教学成果特等奖。课程建设成果具体见表 5。

表 5　专业群精品课程与网络课程建设成果一览表

序号	精品课程名称	负责人	级别	时间
1	工商模拟市场实训	阙雅玲	国家级	2008 年
2	职业规划与成功素质训练	阙雅玲	国家级	2010 年
3	通用管理能力	吴强	省级	2008 年

续上表

序号	精品课程名称	负责人	级别	时间
4	推销实务	张晓青	市级	2009 年
5	ERP 沙盘模拟实训	郭立国	市级	2009 年
6	市场营销	张晓青	市级	2009 年
7	工商模拟市场实训网络课程	阚雅玲	市级一等奖	2010 年
8	市场调查与预测	郭立国	校级	2009 年
9	电子商务	王剑峰	校级	2009 年
10	管理基础与实务	阚雅玲	校级	2010 年
11	网络营销	汤海洪	校级	2010 年
12	连锁门店运营与管理	门洪亮	校级	2011 年
13	经济法律基础	邓白君	校级	2011 年
14	14 门优质课	阚雅玲等	校级	2010—2011 年
15	22 门网络课程	阚雅玲等	校级	2009—2012 年

（六）建立三级实践体系，探索“校中厂、厂中校”的实训基地

1. 构建三级递进的实践教学基地

工商企业管理专业群是按照“模拟实训、生产性实训、顶岗实习”层层递进的方式统筹设计实践教学体系，建设实训基地。工商管理信息化实训中心是仿真性实训基地，它包含了工商管理综合实训室、市场营销综合实训室、电子商务综合实训室、连锁经营管理综合实训室。各实训室主要是与用友、金蝶等公司合作，承担 ERP 沙盘模拟、金蝶创业之星、经营之道等仿真实训任务。创业产业园是生产性实训基地，它包含了网上创业工作室、校园超市、创业园配送中心、顺丰速运校内实训基地、学生自主创业区、跳蚤市场等实训区，主要完成工商模拟市场、市场营销、网上开店、自主创业等专业课程的综合实训。共建成了 50 家校外实训基地，其中，20 家为紧密合作型校外实训基地，主要承担第五学期的订单培养、第六学期的顶岗实习以及其他专业课程必需的顶岗实习任务。如此，三级实训基地很好地为学生专业技能和专业素养的形成提供了全面实践平台。

2. 建设“校中厂、厂中校”的实训基地

根据“合作办学、合作育人、合作就业、合作发展”的职业教育理念，探索建设“校中厂、厂中校”的校内外实训基地。华好学院美容实训基地是由学校出地、广东华好集团有限公司捐资兴建的。一期工程于 2011 年 9 月建成，二期工程于 2012 年 9 月建成，总占地约 800 m^2，可同时容纳近 300 名学生进行实训教学。该实训基地分为上下两层，包括六大功能区：基础技能实训区、项目技能实训区、技能实践教学区、理论教学

与研讨实训区、服务区、办公区；十个实训室：美容美体实训室、化妆造型实训室、仪器操作实训室、面部项目实训室、身体项目实训室、形象创意实训室、中医技能实训室、配料消毒实训室、营销谈判实训室、行业与企业信息交流室。华好学院美容实训基地满足情境教学和真实教学项目的需要，是培养“身心合一”、“内外兼修”、高素质、强技能且具备创新创业能力的美容行业管理及服务人才的重要平台。同时学校教学名师和企业实战教练组成了雄厚的师资力量，为实现教学过程与生产过程对接，为华好学院学生的技能培养和职业素质的养成起到了重要的作用。

（七）实施“青蓝工程”培养专业教师，打造“双师型”教学团队

1．启动“青蓝工程”培养青年教师

本专业群于2009年启动了“青蓝工程”，其目的就是通过加大教师培养力度，优化师资结构，提高师资水平，全面提升青年教师的专业品质、专业知识和专业技能。“青蓝工程”分两步走，第一期是用1年的时间将入职时间较短的青年教师培养成合格的高职教师，第二期是用3~5年的时间培养一批优秀的高职教师。“青蓝工程”第一期培养任务简称“十个一”工程，即：（1）认一位导师；（2）编写一个标准教案；（3）制作一个标准课件；（4）完成一门课程设计汇报；（5）进行一次企业调研；（6）组织一项专业建设活动；（7）进行一项技能考核；（8）撰写一篇论文；（9）参与一项科研项目；（10）做一个班的学生导师。第二期是通过完成6堂必修课并安排专业群骨干教师赴德国、新加坡、中国香港等地学习职业教育的先进经验，在课程改革、实训基地建设、校企合作等方面提升课程建设与专业建设的能力与水平，并通过参加相关培训、承担项目任务提升团队领导与合作能力以及项目实施与管理能力，进而成为优秀的高职骨干教师。

2．探索“双师型”教师的培养途径

为培养“双师型”教师，工商管理专业群有针对性地选择骨干教师下企业、安排青年教师到企业参加培训、设置校企合作岗位以及专职顶岗实习指导教师等，均取得良好的效果。如委派工商企业管理教研室主任吴强到广东华好集团下企业半年，深入了解和体验企业的战略发展、市场开发、日常运营、制度与文化建设、人力资源管理以及本专业学生就业岗位中能力与素质要求，参与企业的一些运营项目或企业管理工作，与企业共同探索合作办学的事宜，为专业建设谋求更好的发展。正是因为该教师下企业半年，才为华好学院的组建奠定了坚实的基础。设置校企合作岗位也取得了成功，通过每学期安排专业教师到校企合作岗位任职半年，全面负责本专业的校企合作工作，如企业订单班的开设、顶岗实习、聘请企业兼职教师、合作开发课程、合作开发教材、为企业提供培训咨询等技术服务，为专业建设谋求了更好的发展。

（八）优化专业群就业岗位，从追求就业数量转向追求就业质量

1．专业群就业率近年来稳定在99%以上

工商管理专业群学生综合素质好、岗位适应能力及转换能力强、就业岗位广、就业率高、创业能力强，且有良好的可持续发展能力，优秀学生层出不穷。在近年来的全国专业技能竞赛以及广东省大学生挑战杯创业大赛上，工商管理系学生更是屡创佳绩，获得全国大学生管理决策模拟大赛等国家级一等奖4项、省级竞赛一等奖7项。得益于地

方良好的经济发展优势、专业群的示范建设以及师生的不懈努力，近年来工商管理专业群毕业生的一次就业率均在99%以上。

2. 优化专业群就业岗位，提高学生就业质量

工商管理专业群经过10多年的建设与发展，已形成较为雄厚的专业实力和较高的人才培养水平，毕业生就业率一直稳定在99%以上的水平。我们认为不必再去纠结就业率的一两个百分点，而是需要在就业质量上下功夫。为此，2010年工商管理系利用学校“虎啸青山”论坛这个平台召开了“优化就业岗位提高就业质量研讨会”。从那时起，工商管理专业群的就业工作重点就从就业数量转向就业质量。鉴于工商管理专业群毕业生就业范围广、就业岗位多的特点，我们集中对毕业生进行跟踪调查研究，从而总结出了毕业生就业的优势行业、优势岗位，并把这些研究结果作为优化就业岗位的依据，在教学改革和课程建设中做出相应的调整。经过近年来的努力，工商管理专业群毕业生薪酬稳步增加，就业岗位不断优化。在2012年麦可思数据有限公司对我校毕业生的调查中，工商企业管理毕业生对母校满意度为100%，推荐率为90%；在对用人单位的调查中，对我校工商企业管理及专业群毕业生的评价均超越同类院校。

（九）组建创业教育中心，以点带面推动全校创业教育

1. 从创业管理专业起步，成立面向全校大学生的创业教育中心

经深入调查发现大学生创业率和创业成功率低的根本原因是大部分高校不仅缺乏对创业教育的理性认识，更缺乏统一协调、有效运作的组织机构，缺乏从事创业教育的高素质师资队伍，缺乏高校创业型人才培养的有效模式，缺乏专业的创业课程体系，缺乏有效运作的校内外创业实训基地。通过示范建设，我们以创业专业的建设为突破口，解决了创业教育的师资问题、人才培养模式、课程体系及实训基地，并从一个专业向整个专业群辐射，最终面向全校开展创业教育，成立了由政校企三方19位代表组成的创业教育指导委员会，举行了创业产业园的启动仪式，确立了中山市大学生创业孵化基地、广东华好集团、广州淘创物业管理有限公司、真功夫餐饮管理有限公司等多家单位为我校大学生校外创业基地，并与广州市职业技能培训指导中心签订共建创新创业孵化苗圃意向书。因我校创业教育取得较大成效，经全面验收，我校创业产业园被授予“广州市大学生创业实训基地”“大学生KAB创业基地”称号。2012年3月29日，在由团中央、联合国国际劳工组织主办的“2012年度KAB创业教育年会暨第四届大学生就业创业教育论坛”上，本人应邀做了“以专业设置和校企深度合作引领高职创业教育”的主题报告，获得与会人员的好评。

2. 企业捐赠奖助学金转型为创业基金支持学生创业

为激励华好学院品学兼优学生不断提高专业技能与综合素质，为美容行业培养精英人才，广东华好集团有限公司首期捐助20万元，以后每年捐助不低于10万元，作为华好学院奖助学金。根据企业和学生发展需要，我们将华好奖助学金改造升级为华好创业基金，资助全校有志于创业的学生，优先支持在美容化妆品行业创业的学生，并制定了《广州番禺职业技术学院华好创业基金管理办法》。根据办法规定，华好创业基金由创业中心负责运行和管理。从此我校大学生便有了来自企业支持创业的第一桶金。有第一桶金奠基，我校大学生一定会在创业路上迈出坚实的步伐。目前，创业产业园中有近40个

创业项目，每个学期综合测评一次，采取末位淘汰的制度，保证创业产业园的项目动态高效运行。

（十）教学实施与管理

1. 制定教师手册，加强制度与文化建设

项目建设期间推出了《工商管理系教师手册》，其目的在于令人人有标准、事事有规范，彻底改变“突击、应付”的工作习惯。系主任和秘书有自己明确的工作职责，教研室主任、专任教师、实训室管理员和学生辅导员有自己的工作标准，而日常各项工作有其程序和规则，同时还确立了工商系的文化“进取高效、真诚友好”。近年来管理《工商管理系教师手册》通过实践，不断完善、规范和落实各项制度，从而使工商管理系的管理走上规范化、程序化的轨道，形成一种文化，进而成为全体教师一种自觉的行动。

2. 建立校企联合工作机制，实现校企深度合作

根据学校与企业共同签订的“广州番禺职业技术学院与广东华好投资有限公司共建华好学院框架协议”，华好学院每年召开两次理事会，共同商讨校企合作办学重大问题。华好学院现已召开四次理事会议，成立了专业指导委员会，审议通过了新专业和专业方向的设置、各专业人才培养方案、校内外实训基地的建设、教研室等机构的设立以及实训室捐赠、奖学金和创业基金捐赠等问题。其他各专业每年均定期或不定期召开专业指导委员会工作会议，就本年度的人才培养、顶岗实习、学生就业、校企合作等方面进行协商和研讨，为深化校企深度合作进行有效沟通。

3. 抓好新教师培训，确保教学质量的稳定

学校固有的人员管理体制在一定程度上带来较大的人才流动率，这一方面增强了师资队伍的活力，另一方面也会因人才流动使教学质量存在隐患。解决这一问题的关键是新教师的培训。每学期工商管理系都会对新教师进行培训，首先是师德和教学管理制度的培训，如学校及系部文化、教学管理规范、教学事故管理规定、导师管理规定等；其次是教学能力与水平的培训，如高职教师角色定位、教学方法改革、课程设计与组织等，并通过“青蓝工程”进一步提升新教师的业务水平。

4. 制定订单班管理制度，提高订单培养水平

为实施“企业订单培养”，工商管理系制定了一系列管理办法保证其顺利高效运行：第一确立了“企业订单培养”组织机构及职责，明确“企业订单培养”领导小组职责、校企合作岗位教师职责、校内指导教师职责、订单培养企业的职责以及校外兼职指导教师/企业班主任的职责。第二明确合作企业选择标准及订单培养的内容要求，特别对培养目标、教学计划和企业师资保障提出要求。第三是明确了订单班教学管理规定。第四是明确“订单班”学生管理规定。第五是对订单班学生的考核与成绩评定做出规定。经过近一年的运行，订单班培养质量得到了全面的保障和提升。

四、专业（群）建设特色

1. 探索出一条与行业紧密对接、与企业深度合作的“双元培养”的校企合作新体制

美容化妆品行业正在成为继房地产、汽车、电子通信、旅游之后的第五大消费热点。

专家预言，该行业的总体规模将在不远的将来超越其他产业而成为社会最大的产业。为服务区域经济发展，适应产业转型升级需要，我校与美容行业知名企业广东华好集团有限公司按照“合作办学、合作育人、合作就业、合作发展”的原则共同组建了华好学院。广东华好集团有限公司在校内出资建设“校中厂”，在校外出资建设“厂中校”式的美容会所实训基地，首批派驻8位最具专业素养的实战指导教练加盟，前两期捐助20万元，以后每年捐助不低于10万元，作为华好学院奖助学金。该奖助学金现已升级为华好创业基金，资助有志于在美容化妆品行业创业的学生。学校与企业秉承“求真务实”的精神，发挥各自优势，通过共同投入资金、共同委派教师的方式，积极探索校企深度合作的“双元培养”新体制，全力打造中国美容高等职业教育“黄埔军校”第一品牌，服务于地方经济及美容行业的发展需要。中国美发美容协会会长闫秀珍说，广州番禺职业技术学院与华好集团共建华好学院对校企合作进行深入的探索、培养更多的有利于行业企业发展的技能人才具有重要的意义，并对华好学院的办学模式、办学目标、人才培养、发展规划给予了充分的肯定。

2. 处理好传统专业群做大与做强的关系，探索出基于产业链创建专业群的新格局

工商管理这个专业群大多是传统专业，且没有产业背景，在“对接产业、服务经济”的高职院校发展的大背景下，这类专业必须做出质量才能求得生存，做出特色才能谋求发展。而在追求质量和特色的过程中必然会遇到“做大与做强”的问题：不做大就找不到可以做强的机会与平台，要做大必然会分散资源和精力。而此项目很好地处理了传统专业群做大与做强的关系，并摆脱了以学科体系构筑专业群的传统思维，实现了基于产业链创建专业群的新格局。即依托传统专业群的优势，将新型的转型升级的产业嫁接到工商管理专业群上，具体为：依托连锁经营管理专业，创建了美容会所管理专业方向；依托工商企业管理专业，创建了化妆品企业管理专业方向；依托市场营销专业，创建了化妆品营销专业；又独立设置了人物形象设计专业。至此，依托传统优势专业对接美容化妆品行业，构建了基于产业链的专业群，从根本上改变了以学科体系设立专业群的传统格局。

3. 完成了从追求就业数量到就业质量的转变，并探索出基于专业建设的创业教育新路子

工商企业管理专业群在就业工作中先后走过三个阶段。第一阶段是以提高专业建设质量为中心，不断提高就业率，曾连续多年就业率达100%。第二阶段是优化就业岗位，全面提高就业质量，也就是从就业数量转化为就业质量。虽然这个过程有很长的路要走，但在示范建设期间还是同时启动了第三阶段，即在抓好就业质量的同时，全面启动创业教育，希望有朝一日学校的创业总量能集聚到一定程度，不只是被动地适应区域经济，而是主动拉动地方经济发展。我校深化创业教育是以创业管理专业的建设为抓手，专业建设让我们解决了创业教育的专业师资团队、创业人才培养模式、课程体系、实训基地、校企合作等问题，进而实现由一个专业向各个专业辐射，最终成立创业教育中心，面向全校开展创业教育。

4. 推广专业及专业群建设经验，辐射带动全省乃至全国同类专业的建设与发展

省示范建设期间，工商管理专业群在课程建设和专业建设上取得了较为突出的成绩，吸引很多学校前来学习交流，并邀请专业带头人前往各校讲学、介绍经验。该专业曾为职业教育开设课程建设、专业建设、示范建设、中层领导力等公开课程，培训万余人，

并应邀为30余所高职和中职院校讲学和培训，主要服务的学校有：广东轻工职业技术学院、广东顺德职业技术学院、广东食品药品职业学院、济南职业技术学院、中山职业技术学院、广州铁路职业技术学院、深圳高级技工学校、哈尔滨第一职业高中、广东水利电力职业学院、广东技术师范学院、广东文艺职业学院、广东青年职业学院、深圳新安学院、四川交通职业技术学院、吉林电子信息职业技术学院、保定电力职业技术学院、广州铁路职业技术学院、广东理工职业学院、广东工程职业技术学院、云南德宏师范专科学校、广州城市职业技术学院、广州南华工商学院、广东广播电视大学、佛山职业技术学院、广东邮电职业技术学院等。

五、存在的问题及后续建设思路

1. 传统专业及专业群的发展面临挑战

工商管理是一个传统的专业群，随着高职教育的深入发展，“对接产业升级、深度校企合作”已成为专业发展的必由之路。工商管理专业群本身缺乏行业背景，当与某些转型升级的行业有效对接后，就形成了新的专业方向，而原有的没有行业背景的母专业是否保留？如果保留，如何与那些有行业背景的专业（方向）在竞争中共同发展就成为亟待解决的问题。为此，工商管理专业群按照“以创业促就业”的原则，调整专业发展布局，将华好学院这个有特定行业背景的专业群从工商管理系分离，将工商管理系传统专业围绕“创业”做文章，形成以创业管理专业为中心，辐射带动工商管理系其他专业共同发展的新思路，最终工商管理系升级发展成为创业学院。

2. 校企深度合作存在后顾之忧

与企业深度合作的“双元”培养的校企合作新体制有效促进了专业建设与人才培养的质量，但正因是“双元”培养，专业对企业的依存度就较大。而企业自身的属性决定其受市场影响很大，不确定因素很多，如何保证企业教师的长期稳定是摆在我们面前的又一重要问题。对此，希望未来能依靠政府和学校对企业教师的引进和培养制定有效政策，着力探索出一条企业教师队伍建设的新路子，让企业教师同学校教师一样保持其在数量、结构、质量和发展上的稳定性，从而保证专业人才培养质量的不断提升。

二、推进教学方法改革

2013年是我们后示范时期的第一年，不少学校或院系在示范建设结束后，一下子找不到前进的目标或动力，专业与课程建设工作马上松懈下来，而我们工商管理系不敢懈怠，利用这一难得的时机狠抓内涵建设，同时也通过打时间差以赢得更好的发展优势。为此我们反思三年的省示范建设还有哪些没做到位，抑或需要自下而上地去做一些更加符合我们自己实际的教学改革，提出了以教学方法改革和工作方法改革为中心的新一轮教学改革实施方案。

工商管理系启动新一轮教学改革实施方案

教学改革是高职院校发展以及专业和课程建设的一项重要工作，近年来我们一直在做教改，但大多来源于教学评估、示范建设、精品课程等外在动力。这些年学校组织了许多教学改革经验交流活动，让我们学习和反思良多。我系的教改还存在三个主要问题：

一是教改成果依然集中在少数人身上，二是从总体上看教改没有深入进去，三是尚未能运用当今世界较为先进的教育理念和方法。为此我系将启动新一轮以“深入、领先、全员”为特色的教学改革，为我们新一轮专业建设夯实基础，也为明年的人才质量报告书写持续改进的内容。为使本项工作顺利进行，2013 年特安排以下四项教改工作：

1. 安排启动新一轮教学改革的培训工作
2. 组织教师完成教学方法改革计划
3. 举办教学方法（或工作方法）改革微课争霸赛
4. 组织教师完成本学期教学方法改革实施效果总结

附件：

1. 工商管理系 2013 年新一轮教学改革培训手册
2. 工商管理系 2013 年教师教学方法改革计划表
3. 工商管理系 2013 年教学（工作）方法改革微课争霸赛实施办法
4. 2013—2014（1）学期工商管理系教学（工作）方法改革总结

附件 1：工商管理系 2013 年新一轮教学改革培训手册（略）

附件 2：

工商管理系 2013 年教师教学方法改革计划表

________教研室　　　　　　　　　　　　　　　　2013—2014（1）学期

教师姓名：________________　　　　　　课程名称：__________________________

本学期以前在教学中，您遇到的困境或问题	
为解决上述问题，该课程拟采用的典型教学方法	
课程教学方法改革设计（教学方法改革的设计思路、在教学过程中如何综合运用上述典型教学方法、预期的教学效果）	
实施教学方法改革需要我系提供的支持	

说明：

1. 典型教学方法：是指在该课程中用得较多、预计课堂效果和学生反馈较好的教学方法。
2. 对专任教师填报课程名称的要求：专任教师必须是所填报课程的负责人之一。
3. 请各位教师将填写好的表格重命名为“教法改革计划—教师姓名”。
4. 请各教研室主任于 2013 年 9 月 26 日下午 4：00 前将本教研室的电子表格（文件包名称为：教法改革计划—教研室名称）发至邮箱：略。
5. 此页不够可另附页。

附件 3：

工商管理系 2013 年教学（工作）方法改革微课争霸赛实施办法

为推动新一轮的教学改革，提升专任教师专业建设和教研教改的能力，提升教辅人员服务教学的工作能力，我系定于 2013 年 10 月下旬举办工商管理系教学（工作）方法改革微课争霸赛。比赛将遵循公平、公正、公开的原则，组织专家及全体教师对参赛选手的作品进行评选，并对获奖选手予以表彰。为保证比赛顺利进行，现制定如下实施办法。

一、竞赛工作组

成立工商管理系教学（工作）方法改革微课争霸赛工作组，负责本次比赛的筹备和管理。

组　长：×××

副组长：×××

成　员：×××

秘　书：×××

技术支持：×××

二、比赛目的

教学方法是实现教学目标、完成教学任务的基本保证，是决定人才培养质量的重要因素。本竞赛旨在激发教师教学改革的热情，提高教师创新教学方法的能力，同时学会微课程开发的方法，并通过互评互学分享集体的智慧。而借助微课程这一工具，教师们可以将教学方法改革的隐性成果显性化、显性成果标准化、研究成果传媒化、科研门槛草根化。

三、参赛对象及组别的划分

工商管理系的每一位教职员工均需提交一份微课作品。参加竞赛的教职工分为三组：第一组包括电子商务、物流管理、市场营销、创业管理四个教研室；第二组包括工商企业管理、连锁经营管理和华好学院；第三组为全系秘书、实训室管理员和辅导员。

如果双肩挑的工作人员也是某专业（专业基础）课程的负责人，可选择课程所属教研室的组别或者第三组别参赛。

四、比赛内容及要求

本竞赛要求：“微课”以视频为载体，记录教师围绕某课程（工作岗位）的教学（工作）方法改革开展的简短、完整的介绍。参赛的专任教师选择自己负责的一门专业课程或专业基础课程，参赛的教辅工作人员结合工作岗位的要求，精心准备，充分合理运用各种现代教育技术手段，设计课程教学（工作）方法改革，录制成时长约 5 分钟的微课视频。

（一）内容要求

教学（工作）方法改革主要解决三个问题：为什么要改革？如何改革？改革之后预期的效果？具体要求如下：

教学方法改革设计应反映该门课程的教学目标、教学方法改革的背景和设计思路、教学方法的综合运用以及预期效果等方面的内容。

工作方法改革设计应反映本工作岗位与教学的关联性、工作目标，工作方法改革的背景和设计思路，以及预期效果等方面的内容。

（二）视频要求

图像清晰稳定、构图合理、声音清楚，能较全面、真实地反映教学（工作）情境，能充分展示教师（工作者）良好的教学（工作）风貌。视频片头应显示标题（某教学方法）、作者和课程名称（工作岗位名称），主要教学（工作）环节有字幕提示。

各位参赛者可以根据实际需要，提交以下三种类型之一的视频作品参赛。

第一种类型：PPT 式微课程。此课程比较简单，PPT 由文字、音乐、图片构成，设计 PPT 自动播放功能，然后转换成视频。时间为 5 分钟。

第二种类型：讲课式微课程。此课程由讲师按照微课程要求模块化进行授课拍摄，经过后期剪辑转换形成微课程。时间为 5 分钟。

第三种类型：情景剧式微课程。此课程借鉴好莱坞大片拍摄模式，组成微课研发团队，对课程内容进行情景剧设计策划，撰写脚本，选择导演、演员、场地进行拍摄，经过制片人后期视频剪辑制作，最终形成微课程。时间为 5 分钟。

如果提交的参赛作品是第三种类型，担任导演（排名第一的导演或者唯一导演）的教职工作为该作品的参赛者。

视频格式要求为 MP4、FLV、WMV。

（三）其他要求

此次争霸赛对微课程的要求还体现在以下几个方面：

聚焦：主题鲜明，以点带面地阐明教学（工作）方法改革的背景、实施及效果。

简明：微课程的时间控制在 5 分钟以内，简明扼要地概述教学（工作）方法改革。

清晰：使用规范用语，表述清晰、有条理。画面合理布局，成像清晰，无明显的质量缺陷。

技术：针对主题，选取合适的一种或者多种技术方法，恰当运用信息技术，切勿滥用技术。

创新：教育理念创新，教学（工作）模式创新，运用技术创新，丰富教学（工作）方法策略，激发学生的学习兴趣，为学生创造良好的学习环境和学习氛围。

五、比赛进程安排

1. 8 月 30 日，发布关于《工商管理系教学（工作）方法改革微课争霸赛实施办法》的通知。

2. 8 月 30 日，×××为全体教职员工做 2013 年启动新一轮教学改革培训。

3. 9 月 26 日，×××为全体教职员工做微课程的技术培训。

4. 10 月 8 日—10 月 10 日，参赛选手到系办报名，并提交视频录制的要求，10 月 10 日下午 4：00 报名截止，报名汇总表详见附表。

5. 10 月 21 日—10 月 25 日，我系统一安排教师进行第一次视频录制；如果第一次录制的视屏出现画面、声音模糊的情况，请各位参赛选手及时到×××处登记，我系于 10 月 29 日—10 月 30 日统一安排第二次视频录制。

6. 请各位参赛选手于11月5日下午4：00之前将视频交至系办，邮箱：略。

7. 11月5日下午5：00之前，参赛作品上传至工商管理系共享空间，请全体教职工开始评审。

8. 11月12日前请全体教职工提交评审表，并召集专家组现场评审（初步定于11月7日专家评审，如果届时学校另有安排或遇到其他突发事情，会提前另行通知评审时间）。

9. 评审规则：

某微课最终得分由两部分组成：小组参赛者对该微课打分的平均分数，专家组对该微课打分的平均分数。其中：

（1）小组参赛者分散评审。

评审范围：小组参赛者只对本小组的参赛作品评审、打分，但不给自己的作品评分。

评审时间：11月6日—11月11日。

评审形式：分散评审。

评审结果提交：11月12日上午11：40前，将电子版或纸质的评审表交给系办秘书或发送至邮箱（略）。

各小组参赛者对某微课打分的平均分数：是指去掉一个最低分、一个最高分后的平均分。

（2）专家集中评审。

评审时间：11月7日。

评审范围：对全体参赛作品评审、打分。

评审时间：11月7日。

评审形式：集中评审。

评审结果提交：现场评审结束后，将评审表交给系办秘书或者发送至邮箱（略）。

（3）某微课最终得分的具体计算公式。

某微课最终得分＝（∑小组教职工对该微课打分分数/小组教职工人数）×50%＋（∑专家对该微课打分分数/专家人数）×50%，评分指标详见附表。

10. 11月11日—11月13日，在工商管理系公共邮箱公布获奖结果。

六、奖项设置

1. 本次比赛按工商管理系三个竞赛组分别设置奖项。

2. 工商管理系教学（工作）方法改革微课争霸赛每组设置特等奖两名，其余按照组别分别设一等奖、二等奖、三等奖。每小组获奖名额如下：

特等奖：两名

一等奖：［（小组参赛人数－2）×10%］＋1名。

二等奖：［（小组参赛人数－2）×30%］＋1名。

三等奖：［（小组参赛人数－2）×60%］名。

七、其他事宜

1. 每位参赛选手提交参赛作品数量仅限1件。

2. 参赛作品及材料需为本人原创，不得抄袭他人作品，侵害他人版权。若发现参赛作品侵犯他人著作权，或有任何不良信息内容，则一律取消获奖资格。

3. 竞赛作品均可作为本系乃至学校教学改革、课程建设及对外宣传的共享资源。

4. 视频录制联系人：×××

附表：

1. 2013 年工商管理系教学（工作）方法改革微课争霸赛评分指标（PPT 式）
2. 2013 年工商管理系教学（工作）方法改革微课争霸赛评分指标（讲课式）
3. 2013 年工商管理系教学（工作）方法改革微课争霸赛评分指标（情景剧式）

附表 1　2013 年工商管理系教学（工作）方法改革微课争霸赛评分指标（PPT 式）

微课名称：____________________

项目及权重	评价指标	分值	实得分
1. 内容（60 分）	主题集中，结构完整：围绕为什么改革、怎样改革、改革之后的效果如何三大问题阐述	9	
	教学（工作）方法改革设计思路清晰、逻辑性强	10	
	面向教学（工作）过程中存在的普遍问题或常见现象进行方法改革	10	
	能看到教学问题背后的问题，引发对问题本质的思考	10	
	提出的教学（工作）方法具有针对性	8	
	提出的教学（工作）方法具有推广意义和借鉴价值	7	
	教学（工作）方法改革设计理念或实施有创新性	6	
2. 艺术（20 分）	文字简洁、突出	5	
	图片协调、清晰	5	
	音乐和谐、完整	5	
	设计精美，语言、音乐、画面、文字整体效果极富美感	5	
3. 技术（20 分）	切换速度适中，过渡自然	5	
	动画设置种类和数量合适	5	
	片头片尾格式准确、完整	5	
	视频清晰流畅	5	
得分合计			

说明：参赛作品的视频时间请务必控制在 5 分钟以内，超时 30 秒及以上的参赛作品将会被扣除 5 分。

附表2　2013年工商管理系教学（工作）方法改革微课争霸赛评分指标（讲课式）

微课名称：________________

项目及权重	评价指标	分值	实得分
1. 内容（60分）	主题集中，结构完整：围绕为什么改革、怎样改革、改革之后的效果如何三大问题阐述	9	
	教学（工作）方法改革设计思路清晰、逻辑性强	10	
	面向教学（工作）过程中存在的普遍问题或常见现象进行方法改革	10	
	能看到教学问题背后的问题，引发对问题本质的思考	10	
	提出的教学（工作）方法具有针对性	8	
	提出的教学（工作）方法具有推广意义和借鉴价值	7	
	教学（工作）方法改革设计理念或实施有创新性	6	
2. 艺术（20分）	语言规范、清晰、富有感染力，语速适中	6	
	仪表得当，严守职业规范，能展现良好的工作风貌和个人魅力	8	
	课堂气氛活跃，师生互动良好	6	
3. 技术（20分）	字幕清晰，切换速度与视频情节匹配	5	
	场景变换时过渡自然	5	
	片头片尾格式准确、完整	5	
	视频清晰流畅	5	
得分合计			

说明：参赛作品的视频时间请务必控制在5分钟以内，超时30秒及以上的参赛作品将会被扣除5分。

附表3　2013年工商管理系教学（工作）方法改革微课争霸赛评分指标（情景剧式）

微课名称：________________

项目及权重	评价指标	分值	实得分
1. 内容（60分）	主题集中，结构完整：围绕为什么改革、怎样改革、改革之后的效果如何三大问题阐述	9	
	教学（工作）方法改革设计思路清晰、逻辑性强	10	
	面向教学（工作）过程中存在的普遍问题或常见现象进行方法改革	10	
	能看到教学问题背后的问题，引发对问题本质的思考	10	
	提出的教学（工作）方法具有针对性	8	
	提出的教学（工作）方法具有推广意义和借鉴价值	7	
	教学（工作）方法改革设计理念或实施有创新性	6	

续上表

项目及权重	评价指标	分值	实得分
2．艺术（20 分）	故事情节设计具有吸引力，有冲突、有悬念	6	
	人物选择、场景选择恰到好处	7	
	演员的表演能够引起观众共鸣	7	
3．技术（20 分）	录音（配音）效果好	5	
	场景变换时过渡自然	5	
	片头片尾格式准确、完整	5	
	视频清晰流畅	5	
得分合计			

说明：参赛作品的视频时间请务必控制在 5 分钟以内，超时 30 秒及以上的参赛作品将会被扣除 5 分。

附件 4：

2013—2014（1）学期工商管理系教学（工作）方法改革总结

教职工姓名：　　　　　　　　　　　　　　　　2013—2014（1）学期

所属教研室：

本学期教学（工作）方法改革的收获和对今后教学（工作）的展望	
后续教学（工作）中需要继续改进的地方及措施	

三、完善课程体系改革

人才培养方案的制定是专业与课程建设的中心。2014 年本人带领管理学院各专业教师通过深入的调研，升级各专业人才培养目标、人才培养模式，相应地对原有的人才培养方案进行较为全面而彻底的改革。这一年我们对各专业进行了项目化课程体系的再造，在对各专业岗位的工作任务、工作过程进行充分调研和分析的基础上，确定了专业人才培养所需要的能力和素质，并按照“素质与技能层层递进、工作与学习反复交替”进行课程体系的安排。“高素质”是分五个学期按照“规划篇、基础篇、成长篇、成熟篇、就业篇”层层递进的方式进行培养，而“强技能”需要通过“项目导向、任务驱动”的课程体系来实现。通过专业认知、初级项目、中级项目、高级项目以及“先做后学”“边学边做”“学完再做”的综合实践课程层层递进、工学交替地培养学生的专业能力和专业素养。管理学院整体的课程体系框架如图 6－1 所示，各专业参照于此，结合自身的实际，确定专业人才培养方案。

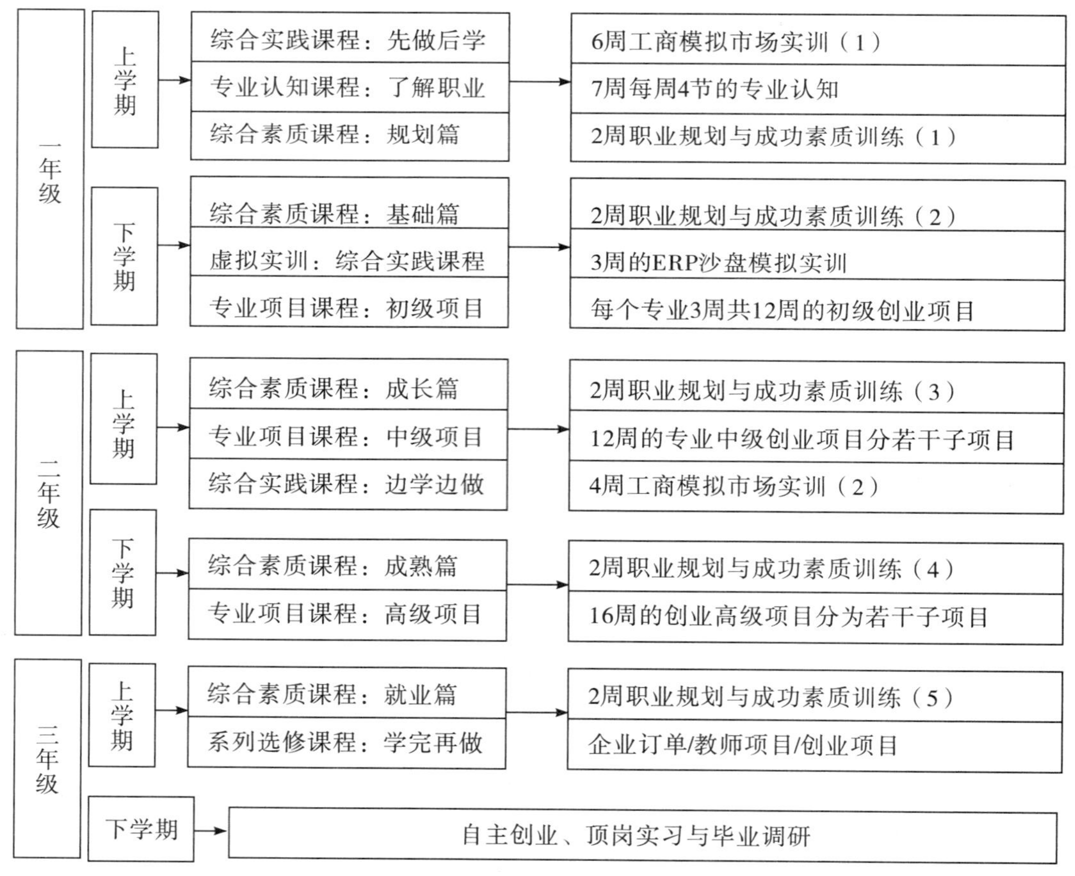

图 6－1 管理学院整体的课程体系框架

下面以工商企业管理专业为例，说明2014年改革后的人才培养方案。

工商企业管理专业人才培养方案

一、招生对象及学习年限

（一）招生对象

全日制普通中学高中毕业生。

（二）学习年限

基本学制三年，实行弹性学制。学生在校时间原则上不能少于两年，总在校时间（含休学）不得超过六年。

二、培养目标

本专业培养面向中国特色社会主义建设，适应零售连锁企业、中小型企业以及小微创业企业发展对管理创新型人才的需要，具有较强实践能力、良好职业道德以及创新创业精神，掌握工商企业管理专业必备的基础理论和专门知识，能进行人员管理、货品管理、门店管理、商务谈判、商业模式分析、企业项目开发与实施等工作，具备“一技之长＋综合素质”的德、智、体、美等方面全面发展的发展型、创新型、复合型的基层管理人才。

三、就业岗位与就业范围

就业岗位	就业范围	主要业务工作
店长、储备店长	零售连锁企业及中小企业	人员管理、货品管理、门店管理
总部职能部门基层管理人员		
创业人员	小微企业	商务谈判、商业模式分析、企业项目开发与实施

四、人才培养规格

（一）综合素质

1. 思想政治素质

掌握马克思主义科学的世界观、人生观和价值观；有坚定跟着共产党走中国特色社会主义道路的信心和决心，有热爱祖国、服务人民的理想信念；具有社会责任感，能积极践行社会主义核心价值观，拥有能够支撑职业和人生发展的思想政治素质。

2. 职业素质

具有良好的职业态度和职业道德修养，具有正确的择业观和创业观；坚持职业操守，爱岗敬业、诚实守信、办事公道、服务群众、奉献社会；具备从事职业活动所必需的基本能力和管理素质；脚踏实地、严谨求实、勇于创新。

3. 人文素养与科学素质

具有融合传统文化精华、当代中西文化潮流的宽阔视野，文理交融的科学思维能力和科学精神；具有健康、高雅、勤勉的生活工作情趣；具有适应社会核心价值体系的审美立场和方法能力；奠定个性鲜明、善于合作的个人成长成才的素质基础。

4. 身心素质

具有一定的体育运动和生理卫生知识，养成良好的锻炼身体、讲究卫生的习惯，掌握一定的运动技能，达到国家规定的体育健康标准；具有坚韧不拔的毅力、积极乐观的态度、良好的人际关系、健全的人格品质。

（二）职业能力

1. 职业通用能力

职业通用能力是工商企业管理专业学生从事不同职业活动所必须具有的、超越某一特定的职业岗位知识技能范畴的共有能力，它主要包括：

（1）职业规划与实施的能力：能对自己的价值观、职业兴趣、个人条件做出正确的判断，并在对周围环境状况分析的基础上，结合所学专业和社会现实，做出符合自身实际的科学合理的职业规划，并为了实现职业规划，培养相应的综合素质与能力。

（2）经济活动分析与判断能力：遵循市场经济规律与创业项目运营规律，掌握市场调查、情报分析、需求分析、竞争环境评估、企业运营绩效分析、项目可行性与经济性评价等技术，能运用专业知识与方法对市场经济活动进行分析，并做出理性判断。

（3）企业运营的基础能力：树立现代企业管理思想与理念，掌握管理学基础知识，具备较好的计划、组织、控制与领导能力；具备对企业经济业务进行基本核算与分析的能力、基于网络平台开展商业活动的能力、管理沟通与人际沟通能力、常用管理方法与工具的运用能力、对法律法规及社会经济政策的把握能力。

（4）创业机会识别能力：形成机会驱动的创业意识，调查搜集宏观环境、行业环境、目标市场和竞争对手等方面的市场信息进行分析，筛选、识别和捕捉创业机会，能正确评估创业机会的吸引力和可行性，选择恰当的创业时机做出创业决策。

2. 职业专门能力

职业专门能力面向特定的职业岗位，是工商企业管理专业学生从事特定岗位所应具备的专门能力。

（1）人员管理能力：能够基于传统零售模式对店铺员工进行日常工作安排，教导并培训新进人员，提升员工的工作状态，提升门店销售业绩；能够基于变化的企业环境，根据顾客的流量及流转频率来部署工作，同时进行顾客的精细化管理，提高门店销售容量以及顾客的转化率和忠诚度。

（2）货品管理能力：能够在货品既定的前提下，通过有效的货品陈列以及导购或促销方式，促进货品的销售；能够通过分析门店货品的总进销存、畅（滞）销款进销存、价格分布与管控等数据，调整货品在不同区域、店铺间的分布以及进行有效的库存管理，最后选择合适的货品进行销售。

（3）门店运营管理能力：能够对销售门店进行店面5S管理、陈列维护、卖场氛围营造等，了解基本的业务流程以及处理突发事件；具备对产品或服务的场景营销能力，能够综合运用所学知识，组织、策划和执行一次完整的场景营销活动，并能对活动效果进行总结和反思；具备基本的零售思维和数据意识，能够用数据来指导和决策门店经营管理活动，并能够从大量零售数据中发现商业规则、洞察消费者行为、量化商业价值等。

（4）商务谈判能力：能够进行谈判信息的收集、整理与分析；具有一定的分析判断和决策能力，能够根据谈判情况随机应变；能够灵活运用沟通、协商、妥协、合作等各种谈判策略达成商务交易目标。

（5）商业模式分析能力：能够洞察及发现企业商业模式的价值，并通过对企业经营要素进行分析来构建企业盈利模式，具备整合企业关键资源以及对企业商业模式的各个环节进行系统分析的能力。

（6）企业项目开发与实施能力：能够根据个人兴趣及特长，对企业特定项目或特定岗位进行学习与实践，深入理解该领域的业务模式与商业模式，掌握在该领域创业或工作所必备的业务能力，并基于项目开发与实践提升个人领导力。

3. 职业综合能力

职业综合能力主要强调思维的系统性，能够根据任务与环境的变化提出有针对性的解决方案，能够制订计划并执行，对项目进程能够从整体上进行把握、评价，能将相关资源进行整合以实现目标，主要通过仿真项目、真实项目的操作综合运用所学知识和技能的能力。

（1）资源计划管理能力：通过直观的企业沙盘和计算机系统，能对企业经营过程的各环节进行合理的资源计划与调配，能进行有效的资源使用及资源监控，并能对企业经营决策过程中资源使用的效果进行有效评价。

（2）企业综合管理能力：了解企业基本运作的程序以及企业管理的基本内容和方法，能借助于真实项目，完成一个小企业从企业组建、市场调研到经济效益分析等企业经营全过程的管理活动。

4. 职业拓展能力

（1）职业纵深发展能力

学生能将所学的有关企业管理方面的专业知识和技能进行深入培养和发展，并有效完成未来工作岗位所要求的各项工作任务；能对未来从事的工作岗位进行深度调研，提升调查研究能力及理论联系实际、分析与解决问题的能力等。

（2）创业项目开发与管理能力

学生能在创业导师的指导下，对创业环境进行全面正确的分析，并能根据分析结果对未来创业进行合理的战略选择与规划，开发与培育合适的创业项目，进行创业实践的实际锻炼，并力争进行工商注册登记。

（3）特定企业的服务与管理能力

特定企业的服务与管理能力面向的是特定的企业，培养的方式是订单培养。学生根据自己的兴趣选择特定企业及特定岗位，由学校、企业共同对学生进行特定服务与管理能力的培养，这些能力直接面向的是学生未来在该企业从事的工作岗位，并在岗位工作的同时，利用自身专业技能知识以及所掌握的资源进行创新创业活动，开创一份新事业。

五、毕业标准

学生按专业人才培养方案要求修完规定的课程，考核合格，达到毕业最低总学分和《国家学生体质健康标准（2014 年修订）》相关要求，获得本专业要求的证书，准予毕业，颁发毕业证书。

（一）学分要求

本专业按学年学分制安排课程，学生最低要求修满总学分 118 学分。

必修课要求修满 82 学分，占总学分的 69.49%。

其中：基本素质课要求修满 27 学分，占总学分的 22.88%。

职业能力课要求修满 55 学分，占总学分的 46.61%。

选修课要求修满 36 学分，占总学分的 30.51%。

其中：基本素质课要求修满 20 学分，占总学分的 16.95%。

职业能力课要求修满 16 学分，占总学分的 13.56%。

（二）体能测试要求

体能测试成绩达到《国家学生体质健康标准（2014 年修订）》要求。测试成绩按毕业当年学年总分的 50% 与其他学年总分平均得分的 50% 之和进行评定，成绩未达 50 分者按结业或肄业处理。

（三）证书要求

1. 获得以下英语证书之一

（1）广东省英语教学指导委员会颁发的高级职业英语证书。

（2）全国大学英语四级、六级考试委员会颁发的全国大学生英语四级或六级考试证书。

2. 获得以下计算机应用能力证书之一

（1）广东省教育厅组织的“全国高等学校计算机课程水平考试一级——计算机应用”证书。

（2）教育部考试中心组织的“全国计算机等级考试（NCRE）一级——MS OFFICE”证书。

（3）人力资源和社会保障部组织的“办公软件应用”四级（操作员级）及以上证书。

3. 获得以下职业资格证书之一

（1）剑桥大学国际考试委员会（CIE）颁发的剑桥大学商务管理职业资格证书。

（2）人力资源和社会保障部颁发的通用管理能力证书。

六、职业能力核心课程

1. 职业规划与成功素质训练

课程能力目标：通过职业规划辅导让学生明确将来职业发展的方向；通过综合素质训练加强学生弹性素质的培养，增强学生的职业适应能力和职业转换能力。培养目标由针对狭隘的职业岗位拓展到职业群、职业生涯，着眼于职业适应能力的提高以及职业情商的养成，促进学生职业生涯的可持续发展。

课程主要内容：以职业规划辅导为起点，以提高就业能力为落脚点，在增强进取心、建立诚信素养、培养积极心态、科学管理时间、提升学习力、培养个人自信、学会有效沟通、培养合作能力、培养创新素质、提高解决问题的能力等方面强化学生的综合素质。

2. 开店

课程能力目标：让学生全面实践课堂所学知识，强化学生市场经济意识，培养市场经济所需的经营与管理能力；培养学生竞争意识、团队合作与创业和就业的能力，为提高就业率和优化就业岗位奠定基础。

课程主要内容：学生综合运用所学知识，完成组建开店团队、市场调查、筹集资金、门店注册、门店投标、门店布置、营销策划、采购进货、广告宣传、店铺开业、门店运营与管理、财务核算和照章纳税、总结完善等全过程的深入实训。

3. 人员管理能力训练项目

主要包括员工管理能力训练及顾客管理能力训练两个子项目。

课程能力目标：在员工管理能力训练方面，培养学生具备自我管理意识及人本管理思想，能够通过拟订和实施各项制度和管理行为以及其他管理沟通手段，做好员工培训、员工激励、员工流失及绩效管理等工作。在顾客管理能力训练方面，培养学生能够熟练运用消费者心理与行为分析等实务性技巧与方法，针对不同类型顾客采取有效的应对策略；能够熟练运用门店导购技巧及管理沟通手段，有效处理顾客投诉；通过提升管理工作技能和售后服务，提高顾客满意度。

课程主要内容：养成自我管理意识，树立人本管理思想，员工培训与工作指导，绩效监控与评估，员工激励与压力管理，员工流动管理，刺头员工的管理；不同类型顾客的应对策略分析，服务礼仪及门店导购技巧训练，顾客投诉处理，顾客满意度提升等。

4. 货品管理能力训练项目

主要包括货品的现场销售管理能力训练及选品能力训练两个子项目。

课程能力目标：能够通过有效的货品陈列以及导购或促销方式，促进货品的现场销售；能够根据商圈情况以及不同目标顾客的需求，做好货品组合结构的管理、库存控制以及有效订货管理，实现商品的吐旧纳新与快速周转，提高门店竞争力和营利能力。

课程主要内容：品牌与陈列、门店整体氛围营造、商品基本陈列标准与方法、吸引顾客的焦点陈列等；门店管理操作系统操作、门店现金管理、门店销售情况分析（畅销品、滞销品、季节性产品、产值分析等）、计调订货计划制订、门店库存管理优化等。

5. 门店运营管理能力训练项目

主要包括门店现场管理能力训练、场景营销能力训练及数据化管理能力训练三个子项目。

课程能力目标：掌握门店基础业务流程，能够根据门店经营管理目标与管理标准，做好店面5S管理、门店安全管理等工作，能够有效处理店铺突发事件；能够基于碎片化的即时场景，借助移动互联网平台和入口，定位和挖掘用户的场景需求，在有效运用资源的基础上，设计和计划场景营销活动；具备数据思维及数据化管理能力，能够运用分析工具对门店运营数据进行科学分析，并将分析结果运用到门店运营决策与管理的各个环节之中。

课程主要内容：门店基础业务流程（含行政、后勤管理，如验货、物资申请及资料处理等），店面5S管理，门店安全管理流程，店铺突发事件处理；移动互联网时代的商业新秩序，基于碎片化的即时场景分析，自身资源重构，创造新的用户价值和体验、构建场景营销模式；顾客行为分析，新产品测试，价格测试，推广分析，渠道比较研究，顾客满意度评估，广告效果评估等。

七、专业教师任职资格

（一）本专业专任教师任职资格

（1）要有强烈的事业心和高度的责任感，能够忠诚于党的教育事业，学而不厌，诲人不倦，能够坚持真理，坚持正义。

（2）具有高度的职业素养，爱岗敬业，爱校荣校，认真负责，教书育人。

（3）具备深厚的专业理论功底和较强的专业技能。

（4）沟通表达能力好，市场经济意识强，有敏锐的洞察力。

（5）具有较强的教学技能及教学研究与课程开发能力。

（6）了解高职教育的特点与高职教育的规律。

（7）能熟练运用现代教育技术。

（8）具备“双师”素质。

（二）本专业校外兼职教师任职资格

（1）热爱教育事业，愿意为教育事业付出精力。

（2）了解高职教育的特点与高职教育的规律。

（3）具备扎实的管理技能及相应的管理经验。

（4）沟通表达能力好，能采取合理的教学方式指导学生。

（5）具备中级专业技术职称或在基层业务部门担任部门负责人或以上职务。

八、实践教学条件

（一）校内实训室（中心、基地）

1. 工商模拟市场实训基地

规模：可供1 000名学生进行工商模拟市场实训。

功能：为模拟企业提供生产经营所需的摊位及经营场地，培养学生商品经营和企业管理能力。

主要设备：摊位、照明系统、开幕式场地等。

2. 职业规划与成功素质训练实训室

规模：可供100名学生进行职业规划及成功素质训练的课程教学。

功能：主要满足“职业规划与成功素质训练”等课程的教学需要，提升学生的职业能力及综合素质。

主要设备：活动桌椅、活动展示台、可移动式磁性白板、电脑、LED屏幕、照明系统、网络系统等。

3. ERP实训室

规模：可供100名学生进行ERP实训。

功能：为学生提供企业资源管理系统的模拟训练，培养学生企业管理的各项综合能力。

主要设备：网管（教师）工作站、数据库服务器、学生工作站、服务器、屏蔽机柜、ERP 实训软件。

4. 管理信息化实训中心

规模：可供 100 名学生进行课程教学实训及考证。

功能：提供课程教学实训、考证辅导、课程考试所需的计算机系统。

主要设备：网管（教师）工作站、数据库服务器、学生工作站等。

5. 创业学习站

规模：可供 50 名学生进行创业学习。

功能：主要满足“创业管理”“商务谈判”“商业模式分析”“企业项目开发与实施”等课程的教学需要，并提供本专业学生创业实践以及全校学生进行创业研讨交流的场所。

主要设备：网管（教师）工作站、数据库服务器、学生工作站、照明系统、网络系统等。

6. 创业产业园

规模：可供 1 000 名学生进行创业活动。

功能：提供生产经营所需的摊位及经营场地，培养学生商品经营和企业管理能力；具有承担学生创业实践、创业项目孵化等功能。

主要设备：摊位、照明系统、创业孵化室等。

7. 创业孵化园暨创业教育产学研基地

规模：可供 350 名学生进行创业实践活动。

功能：为学生创业实践提供场地及孵化服务，培养学生创新创业能力和综合创业素质；具有承担优质创业项目孵化、创业教育产学研合作等功能。

主要设备：创业工作室、照明系统、网络系统、商务服务室、会议室、展览厅等。

（二）校外实训基地

1. 名创优品（中国）有限公司人才培育基地

规模：可供 200 名学生进行门店运营与管理技能实训。

功能：通过参观、订单课程及顶岗实习等不同合作形式，提升学生门店管理能力、货品管理能力，培养学生树立人本管理思想、精益管理理念及数据化管理思维等。

2. 广州真功夫餐饮管理有限公司实训基地

规模：每次可供 50 名学生进行教学实训。

功能：为学生提供企业管理方面的参观和实训，主要给学生提供企业管理的现场认知和顶岗实习机会。

3. 广州淘创物业管理有限公司（淘商城）实训基地

规模：每次可供 50 名学生实训教学。

功能：为学生提供创业实训场所，主要给学生提供创业实践的机会和平台。

4. 学生顶岗实习基地

除上述 3 个校外实训基地外，我们还有十几家校外实训基地及相关创业科技园等，学生可根据自己职业规划的特点进行灵活选择。

九、课程设置与教学安排

如表 1 所示为工商企业管理专业课程设置与教学安排表。

表1　工商企业管理专业课程设置与教学安排表

课程类别	课程性质	序号	课程代码	课程名称	核心课程	课程类型	学分	计划学时			教学周学时/教学周数						考核评价方式	主要教学场所	备注
								总学时	理论	实践	一 16周	二 18周	三 18周	四 18周	五 18周	六 16周			
基本素质课	必修课	1	01100001G	思想道德修养与法律基础	⊙	理论＋实践	3	54	48	6	2/13	2/14					考试	多媒体教室	
		2	01100005G	毛泽东思想和中国特色社会主义理论体系概论	⊙	理论＋实践	4	72	64	8			2/16	2/16			考试	多媒体教室	实践/网络课时在课外安排
		3	01100003G	形势与政策		理论＋实践	1	64	16	48	2/2	2/2	2/2	2/2			考查	多媒体教室	
		4	01100004G	廉洁修身		理论＋实践	1	18	8	10	2/4						考查	多媒体教室	
		5	03060005G	大学生心理健康教育		纯理论	2	32	32	0	4/8						考试	多媒体教室	
		6	03060003G	军训（含军事理论）		纯实践	2	56	0	56	2W						考查	其他	
		7	03060004G	公益劳动		纯实践	1	16	0	16							考查	其他	
		8	01070003G	高职英语		理论＋实践	10	180	90	90	6/14	6/16					考试	多媒体教室	
		9	01050001G	计算机应用基础		理论＋实践	3	60	30	30		4/15					考证	一体化教室	
		小计					27	552	288	264									
	选修课	1	01090012G	体育		纯实践	4	60	0	60									限选
		2	综合素质课外训练项目必选8学分				8	0	0	0	创新创业、技能竞赛、社会实践、国际交流、社团活动、科技活动、文化艺术及其他素质拓展活动								
		3	综合素质公共选修课必选8学分				8	120	120	0	与本专业职业能力课程不相同或不相近的共选8学分								
		小计					20	180	120	60									

续上表

课程类别	课程性质		序号	课程代码	课程名称	核心课程	课程类型	学分	计划学时			教学周学时/教学周数						考核评价方式	主要教学场所	备注
									总学时	理论	实践	一	二	三	四	五	六			
												16 周	18 周	18 周	18 周	18 周	16 周			
职业能力课	必修课	平台课	1	01020326Z	职业规划与成功素质训练（一）	⊙	理论 + 实践	6. 5	120	60	60	15/2	15/2	15/2	15/2			考查	一体化教室	
			2	01025126Z	创业思想与行动		理论 + 实践	2	36	18	18	18/2						考查	校内训练室	
		职业专门能力课	3	01025133Z	零售行业企业认知		理论 + 实践	2	36	18	18	12/3						考查	多媒体教室	
			4	01025152Z	人员管理能力训练项目（一）	⊙	理论 + 实践	3	56	28	28		7/8					考试	一体化教室	
			5	01025153Z	人员管理能力训练项目（二）	⊙	理论 + 实践	3	56	28	28		7/8					考试	一体化教室	
			6	01025154Z	货品管理能力训练项目（一）	⊙	理论 + 实践	2. 5	48	20	28			6/8				考试	一体化教室	
			7	01025155Z	货品管理能力训练项目（二）	⊙	理论 + 实践	2. 5	48	20	28			6/8				考试	一体化教室	
			8	01025156Z	门店运营管理能力训练项目（一）	⊙	理论 + 实践	4. 5	80	24	56				8/10			考试	一体化教室	
			9	01025157Z	门店运营管理能力训练项目（二）	⊙	理论 + 实践	4	76	20	56				12/4 + 1W			考试	一体化教室	
		职业综合能力课	10	01025129Z	开店（一）	⊙	理论 + 实践	3	56	28	28	7/4 + 1W						考查	校内实训室	
			11	01020111Z	ERP 沙盘模拟实训		纯实践	3	84	0	84		2W		1W			考查	校内实训室	

续上表

课程类别	课程性质		序号	课程代码	课程名称	核心课程	课程类型	学分	计划学时			教学周学时/教学周数						考核评价方式	主要教学场所	备注
									总学时	理论	实践	一 16周	二 18周	三 18周	四 18周	五 18周	六 16周			
职业能力课	必修课	职业综合能力课	12	01025138Z	开店（二）	⊙	理论＋实践	3	56	28	28			7/4＋1W				考查	校内实训室	
			13	010125054Z	顶岗实习与毕业调研		纯实践	16	448	0	448						16W	考查	其他	
		小计						55	1 200	292	908									
	选修课（要求只选一个系列）	专业纵深发展	1	01020327Z	职业规划与成功素质训练（二）	⊙	纯实践	1	28	0	28					1W		考查	一体化教室	
			2	01025147Z	开店（三）	⊙	纯实践	1	28	0	28					1W		考查	校内实训室	
			3	01025158Z	领导力提升训练项目		理论＋实践	14	248	100	148					18/14		考查	多媒体教室	
		小计						16	304	100	204									
		自主创业实践	1	01025139Z	创业设计与实践		理论＋实践	16	288	100	188						16W	考查	校内实训室	
		小计						16	288	100	188									
		企业订单培养	1	01020197Z	企业订单系列课程		理论＋实践	16	288	100	188						16W	考查	校外实训基地	
		企业订单培养	小计					16	288	100	188									
		要求必选16学分						16	288	100	188									
总学分、总学时、必修课周学时合计								118	2 220/2 236	800	1 420/1 436	20	17	17	18	28				

注：表中⊙代表核心课程。

四、实施“翻转课堂”教学模式

工商管理系 2013 年推行的教学方法改革取得了立竿见影的效果，当年所有教师的学生评教分数都达到了 90 分以上，大大地提升了教学质量，提高了学生对于教学的满意度。而 2014 年工商管理系启动项目化课程体系后，我们改一周上几门课、一门课一次上两三节为几周上一门课、一个项目课程接着一个项目课程，教师和学生一下子不适应这种教学，都感觉疲劳和单调，这就让我们面临新的挑战和难题。这不是项目化课程体系出了问题，而是我们教师的教学理念、课程设计、课堂组织出了问题。这不是用简单的教学方法的改革就能解决的问题，必须要从总体上解决教学模式的问题。为此，2015 年我们提出了管理学院全面实施“翻转课堂”教学改革方案。

2015 年管理学院全面实施“翻转课堂”教学改革方案

随着教育改革与信息技术的深度融合，教师的“教”与学生的“学”在科技迅猛发展的时代已经发生了“质”的变化，深化课堂教学改革已成为今后一个时期学校发展的重要任务。课堂教法与学法直接影响着高职教学质量和专业的发展，“翻转课堂”作为新型的教学模式，对传统课堂进行了颠覆性的变革，对教师的教学设计与组织实施能力、资源开发与运用能力提出了更高的要求，而实施“翻转课堂”也必将成为教师提升教学水平和谋求专业发展的一个重要途径。2013 年管理学院启动了新一轮的教学改革，有教师先行试点“翻转课堂”与微课程的开发运用，现已取得很好的教学效果，2014 年的项目化课程体系的改革又为我们课堂教学提出了新的要求。为此，2015 年管理学院决定面向全体教师和学生实施“翻转课堂”教学改革，特制定如下方案：

一、工作组

组　长：×××

副组长：×××

成　员：×××

秘　书：×××

二、实施方案

第一阶段：“‘翻转课堂’教学理念与教学实践”专题培训

主讲：管理学院院长

时间：2015 年 3 月 1 日上午 8:40～11:40

地点：管理学院会议室

第二阶段：各教研室组织“翻转课堂”教学设计互帮互学活动

管理学院每位教师通过“翻转课堂”的学习培训后，选择一门自己主讲的课程进行“翻转课堂”教学设计，建议是先对一个单元进行设计，特殊课程也可按一门课设计。每位教师在教研室内部进行 10 分钟的 PPT 汇报，教师之间相互点评，互帮互学，教研室之间也可互相观摩。第二周周五前每个教研室推荐一名教师参加管理学院“翻转课堂”教学设计比赛活动。

负责人：各教研室主任

时间：2015 年 3 月 2 日—2015 年 3 月 13 日

第三阶段：管理学院举行“翻转课堂”教学设计比赛

(1) 确定比赛方案和评分标准。

要求：简单、明了、公平、合理、可操作性强

负责人：×××

时间：3 月 10 日前

(2) 各教研室推荐的参赛选手做好准备。

参赛选手按照竞赛方案和评分标准制定一份 Word 版的“课堂设计方案”，准备 10 分钟的“翻转课堂”设计 PPT 汇报。

管理学院“翻转课堂”教学设计比赛

负责人：×××

时间：拟订 2015 年 3 月 26 日周四下午

选手：各教研室推荐一名

评委：邀请教务处、督导办领导、名师代表、管理学院领导、学生代表

第四阶段：将“翻转课堂”作为本年度教学督导及听课评课的工作重点

负责人：×××

督导成员：管理学院督导组成员、管理学院领导、教研室主任

听课评课人员：全体教师

评课和督导重点：“翻转课堂”的教学设计与实施

三、成果形成与应用推广

1. 鼓励教师们以“翻转课堂”为契机进行教学改革，在此基础上建设精品资源共享课程、建设新教材、撰写论文、申报课题和教学成果等。

2. 教师发展中心负责收集整理来自管理学院、学校和参加省培学员的“‘翻转课堂’的教学设计方案”，并编写和出版案例集以推广应用。

3. 教师发展中心可立足管理学院、面向全校、辐射全省去推广“‘翻转课堂’的教学设计与实施”。

4. 借助省培的平台，一方面推广管理学院的教学改革成果，另一方面将来自全省学员的优秀教学案例或成果引入管理学院。

5. 希望“‘翻转课堂’的教学改革与实践”能形成教学成果，参评校级或省级教学成果奖。

2015 年 2 月 26 日

管理学院2015年“翻转课堂”教学设计比赛实施办法

随着教育改革与信息技术的深度融合，教师的“教”与学生的“学”在科技迅猛发展的时代已经发生了质的变化，深化课堂教学改革已成为今后一个时期学校发展的重要任务。课堂教法与学法直接影响着高职教学质量和专业的发展，“翻转课堂”作为新型的教学模式，对传统课堂进行了颠覆性的变革，对教师的教学设计与组织实施能力、资源开发与运用能力提出了更高的要求，而实施“翻转课堂”也必将成为教师提升教学水平和谋求专业发展的一个重要途径。2015年管理学院将举行面向全体教师的“翻转课堂”教学设计比赛，特制定如下实施办法。

一、工作组

成立管理学院“翻转课堂”教学设计比赛工作小组，负责本次比赛的筹备和服务工作。

组　长：×××

副组长：×××

成　员：×××

秘　书：×××

二、比赛目的

此次比赛旨在鼓励教师们以“翻转课堂”为契机进行教学改革，提升人才培养质量，并以此为基础建设精品资源共享课程、建设新教材、撰写论文、申报课题与教学成果等。

三、参赛人员

每个专业在前期教研室内部汇报交流的基础上，推荐一名教师参加管理学院“翻转课堂”教学设计比赛活动。双肩挑的教师可根据授课班级所属的教研室参赛。3月13日（第二周周五）下午下班前，各教研室主任将推荐名单发送至邮箱。

四、比赛内容及要求

参赛教师选择一门本学期由自己担任课程负责人的课程进行“翻转课堂”教学设计。如果没有担任课程负责人，请选择一门主讲课程参赛。建议对课程的一个单元进行设计，特殊课程也可按一门课设计。

参赛者须提交的资料：

1. 参赛选手按照竞赛方案和评分标准以及参考模板（详见附件1）制定一份Word版的“‘翻转课堂’教学单元设计方案”。

2. “翻转课堂”汇报PPT，汇报时长为10分钟。两份材料务必请在3月24日下午下班前发送至邮箱，以便提前为评委准备相关材料。

五、比赛安排

1. 请各位参赛选手于3月26日14:00之前将参赛作品拷贝到比赛用的电脑中，并进行赛前调试。

2. 比赛将于3月26日下午2:40～5:00在5411室（ERP沙盘模拟实训室）进行。评委组拟邀请教务处专家、学校名师、督导组、本院教师、学生等组成。（如果届时学校另有活动安排，会提前通知更改比赛时间）

3. 评委依据评分标准（详见附件2）进行评分，每位参赛选手得分是去掉一个最高分和一个最低分的平均分。

4. 比赛设置特等奖一名，一等奖两名，二等奖五名。

六、其他事宜

1. 每位参赛选手提交参赛作品数量仅限1件。

2. 参赛作品及材料需为本人原创，不得抄袭他人作品，侵害他人版权，或有任何不良信息内容，否则取消获奖资格。

3. 该竞赛作品均可作为管理学院乃至学校教学改革、课程建设及对外宣传的共享资源。

4. 此次比赛结果可作为今后管理学院推荐教师参加学校及更高一级教学竞赛的依据。

附件：

1. 管理学院“翻转课堂”教学单元设计方案参考模板

2. 管理学院“翻转课堂”教学设计比赛评分表

2015年3月26日

附件1：

管理学院“翻转课堂”教学单元设计方案参考模板

课程名称	主讲教师
单元标题	单元学时
授课班级	授课地点
单元教学目标	

教学环节	教师的活动	学生的活动	教学资源和媒体	设计意图
教学评价方式：				

附件2：

管理学院“翻转课堂”教学设计比赛评分表

参赛教师姓名：　　　　　　　　　　　　课程名称：

教学单元标题：

评价项目	评价指标	分数	实得分
单元教学目标（10分）	教学单元设计能够有效地支撑或促进该课程的教学目标及专业人才培养目标	6	
	教学目标能够被有效考核与评价	4	
课前准备设计（15分）	能为学生提供便于课前学习的导学要求和相关学习资源	5	
	能够利用信息技术收集学生课前学习的情况，为学生提供课前辅导等	10	
课堂教学设计（30分）	教学设计能够发挥学生的主体作用和教师的主导作用，体现以学生为中心、以能力为本位	10	
	教学设计有效把握教学内容的重点与关键，有效突破难点	7	
	教学活动的设计利于理论实践一体化教学，利于体现职业氛围和职业素养的熏陶与养成	7	
	教学设计完整，如活动序列安排及反思，每个活动形式、所需资源、时间安排等以及对活动成效的评价、调整与应变等	6	
学生能力培养（30分）	通过“教”与“学”，能够实现单元教学目标	12	
	能够引导学生形成自主学习的良好习惯，并能有针对性地对学生的思维能力进行训练，能引导学生独立思考	12	
	教学过程中注重人文精神培养，使学生获得感悟，提升综合素质	6	
教师现场表现（15分）	教师仪表大方得体，教态自然；语言生动，简练清晰；教学组织能力强，善于驾驭课堂；PPT纲要分明，图文并茂，视觉效果好；按规定时间完成，不超时	15	
合计		100	

评委签名：＿＿＿＿＿＿＿＿

五、加强专业建设诊断与改进

为促进高职院校建立教学工作诊断与改进制度，实现教学管理水平和人才培养质量的持续提升，《教育部办公厅关于建立职业院校教学工作诊断与改进制度的通知》要求各高职院校完善内部质量保障体系，以诊断与改进为手段，促进高职院校在学校、专业、课程、教师、学生不同层面建立起完整且相对独立的自我质量保证机制，强化学校各层级管理系统间的质量依存关系，形成全要素网络化的内部质量保障体系。对此，我校也开展了专业年审和建立内部质量保障体系工作。这是一项难度非常大、任务非常重的工作，有人有抵触思想，有人有畏难情绪，但这是一项非常重要、必须要做的工作。自己作为一个学院院长，关键时候必须支持学校工作，必须勇于担当并给教师们做出示范，于是本人牵头并执笔完成了《基于现代学徒制的市场营销专业建设诊断与改进报告》。

基于现代学徒制的市场营销专业建设诊断与改进报告

一、诊断与改进的背景

1. 2014 年管理学院初步完成了专业的调整，由原来的十个专业（方向）重组为六个专业（方向）。其中连锁经营管理专业停招与市场营销专业合并，合并后的情况如何？专业的实力是否增强？同年管理学院全面实施了项目化课程体系的改造，市场营销专业的课程体系改造最为彻底，效果如何？人才培养的质量是否提升？

2. 2015 年市场营销专业升级人才培养目标和人才培养模式，实施以培养职业店长为目标的现代学徒制试点，是否能达成目标？全新的人才培养模式是否真的体现职业教育的规律？同年管理学院全面启动“翻转课堂”的教学模式，这种教学模式如何与现代学徒制的教学组织进行有效结合？

3. 2016 年管理学院启动以市场营销专业为龙头的职业店长学院建设，市场营销专业能否作为先锋和领头羊担此重任，为管理学院职业店长学院的建设提供先行的经验与示范？2016 年要完成省教育厅批准的广东省现代学徒制市场营销专业教学标准的研制，该专业能否顺利结项，推出广泛认可的专业标准？

4. “十三五”期间拟与中国连锁协会、广东省连锁协会及相关企业一道研制“店长”职业资格标准，市场营销专业的人才培养质量、科研与社会服务能力是否可以支撑？为配合深圳百果园公司到 2020 年完成开店 5 000 家的战略规划，去年成立了百果园职教联盟，“十三五”期间可否保持盟主的地位，并尝试成立店长职教集团？

二、诊断与改进的依据

1. 教职成〔2015〕6 号《教育部关于深化职业教育教学改革全面提高人才培养质量的若干意见》。

2. 教职成厅〔2015〕2 号《教育部办公厅关于建立职业院校教学工作诊断与改进制度的通知》。

3. 教职成司函〔2015〕168号关于印发《高等职业院校内部质量保证体系诊断与改进指导方案（试行）》启动相关工作的通知。

4. 番职院教督〔2015〕5号《广州番禺职业技术学院人才培养工作质量标准与质量保障体系框架（试行）》。

5. 番职院教督〔2015〕6号《广州番禺职业技术学院人才培养质量保障体系之专业教学工作年审制度（试行）》。

6. 番职院教督〔2016〕1号《关于开展2015—2016学年度专业年审自评工作的通知》。

三、诊断的内容与年限

1. 诊断内容：学校专业人才培养质量自评表有“人才培养环境与条件”“人才培养方案设计”“人才培养方案实施”“人才培养方案的效果”“人才质量保障体系”五大总体指标，“战略视野”“内部分析”等18个特定指标以及119个具体标准，市场营销专业的本次诊断与改进主要针对专业人才培养质量自评表中需重点关注的评估内容，即“标准代码”中带“＊”号的21个具体标准。

2. 诊断年限：虽然学校要求对专业进行2015—2016学年度年审，市场营销专业也是在2015年开始实施现代学徒制招生，尚没有毕业生，但该专业近三年实施的订单班与现代学徒制大同小异，故本次诊断主要面向近三年的人才培养质量的过程与结果。

四、其他说明事项

1. 市场营销专业现代学徒制简介。

市场营销专业以“现代学徒制”开展“双主体”办学与人才培养，全面实施校企全程双元育人模式，招生与招工同步进行。学生入学即为百果园公司的正式员工，与企业签订正式的用工合同，享受企业员工的相应待遇。学生在学习期间，学习的目标是成为“店长”，学习的内容就是工作的内容，学习的方式是“做中学”“学中做”，学校和企业委派教师进行全方位的指导，学生接受职业店长的全方位技能训练。学生毕业即学徒结束，百果园公司可根据学徒情况择优续聘，学生也可自由择业。

2. 合作企业基本情况。

深圳市百果园实业发展有限公司是国内规模最大的果品连锁专卖企业，全国有超过1 300家直营专卖店，员工规模10 000余人，公司业务覆盖了果品流通的全产业链，计划到2020年门店数量达5 000家，2030年门店数量达到15 000家，力争成为全球规模最大的果品连锁销售企业，成为世界果业第一品牌。我校与百果园的合作始于2012年，基于良好的合作基础和共同的愿景，双方于2014年正式成立百果园学院，2015年成立百果园职教联盟，联合培养果品流通领域急需的高素质、高技能的管理人才。

五、市场营销专业人才培养质量自评表

下面仅对专业人才培养质量自评表中需重点关注的评估内容即“标准代码”中带“＊”号的21个具体标准进行自评，佐证及索引不在此展示。根据学校要求，自我判定“高于标准的”，可在标准分值的1.1～1.5倍内评分；“符合标准的”，评分为标准分值；“低于标准的”，可在标准分值0.5～0.9倍内评分。

市场营销专业人才培养质量自评表

总体指标	特定指标		评估标准	标准分值	标准代码	评估内容	自评要点	自评得分
A 社会背景（人才培养环境与条件）	AⅠ社会背景	战略视野	专业应该能够清楚地理解自己机构所处的国际国内环境和条件，以及这些环境条件对市场定位及人才培养目标定位的影响所在。 专业能对上述情况加以有条理的解释	10	*AⅠ－03	国内和国际环境条件如何影响所制定的人才培养方案	1. 国际和国内环境对职业教育关于“产教融合、校企合作”这一基本规律的不断强化，使得我校市场营销这一本无行业背景支撑的专业必须找到适合区域经济发展及自己专业特色的产业背景。经深入调研，市场营销专业确定“零售业”为本专业的行业背景。 2. 随着移动互联网的迅猛发展，传统零售业态升级改造已经成为必然趋势，国务院提出大力发展线上线下互动，推动实体店转型，促进商业模式创新。该专业就是要面向“对传统零售业进行经营、管理、服务或技术改造和升级”，适应现代人才需求和现代城市发展的零售新业态。 3. 我国要构建中高本衔接的职业教育体系，必须要找准专业的定位，市场营销专业人才培养不能再定位于低端的销售和客服，要按照中职做店员、高职做店长、本科做经理来升级人才培养目标。 4. 考虑高职学生的能力与素质特点，要将其培养成“职业店长”，人才培养目标应有大量企业的需求来支撑，合作的企业定位于门店单店面积在200平方米以内、营业额每年在1 000万元以内的连锁零售门店。 5. 目前开店已达1 300余家的、在亚洲水果零售位于第一的深圳市百果园实业发展有限公司，不仅在企业规模、发展速度方面非常符合本专业合作的要求，更重要的是它能提供具有教育价值的岗位，为实施现代学徒制的人才培养模式奠定了良好基础。 6. 为配合百果园公司海外开店的规划，本专业拟制定“海外店长精英班”人才培养方案，为人才培养的国际化战略提供支撑	13
		内部分析		10	*AⅠ－07	本专业的愿景和战略目标是什么	1. 作为先锋和龙头，带领专业群将管理学院打造成全国高职第一个“职业店长”培养学院。 2. 研制并推广零售业店长职业资格标准和现代学徒制市场营销专业教学标准。 3. 牵头在全国成立店长职教集团，搭建广东乃至全国零售业的职业店长人才培养平台	13

续上表

总体指标	特定指标	评估标准	标准分值	标准代码	评估内容	自评要点	自评得分
A　社会背景（人才培养环境与条件）	AⅡ 师资队伍	教职员工的数量和质量应能满足人才培养方案实施的各项要求。专业（群）应能证明，教职员工的专业知识、科研能力能充分满足人才培养方案实施的要求，教师能积极促进教学方法的改进和发展。他们应该与国际上的相应团体和用人部门保持适当的联系。 专业（群）应具有适当的过程管理	10	*AⅡ-01	教师的任职资格、数量以及学科领域是否与人才培养方案的要求相吻合	1. 专业整合前，市场营销专业校内只有5名专任教师；连锁经营管理与市场营销专业整合后，拥有10名校内专任教师，2名企业教师（教学工作量在180学时/学期），41个“一对一”带徒师傅，3名企业导师。教师数量满足人才培养方案的需要。 2. 该专业拥有教授1人，副教授1人，其余均为讲师。教学团队中没有博士。专业带头人张晓青53岁，阚雅玲48岁且为兼职带头人，其余教师均为40岁以下。职称结构、年龄结构不合理，缺乏70后年富力强、高学历、高职称、高水平的专业带头人。 3. 教学团队中的专任教师均为“双师型”教师，其中3人（张晓青、门洪亮、蒋勇）获得高级营销师职业资格证书，1人（万莉）获得高级客户服务管理师职业资格证书。专任教师大多有企业经验，但没人具有零售业的从业经验。近年来已安排5位教师每人下企业实践半年，在一定程度上缓解教师行业与企业背景存在的问题，但尚不能完全满足人才培养方案的需要。 4. 企业教师和带徒师傅实际工作经验丰富，但存在学历不高、个人素质有待提升等方面的问题。 5. 校企双方教师有意识地进行优势互补，但双方都还有很大的成长与进步的空间	7
			10	*AⅡ-06	师资管理过程的科学性如何，包括聘任过程、工作量配置、业绩考核及专业发展等	1. 校内专任教师的聘任相对科学合理，但尚未形成非常有针对性的扶持重点发展专业的人才招聘与培育机制。 2. 依然实施教学工作量，尚未将专业建设、科学研究与社会服务统筹考虑形成教师工作量。 3. 因未实施二级管理，年终人均5 000元的绩效奖金额度较低，尚未形成科学、合理的业绩考核机制。 4. 企业对于导师及带徒师傅的选聘、管理相对科学规范，制定了导师岗位职责、任职条件、考核办法、奖励标准等。 5. 管理学院成立了教师发展中心、现代服务业研究中心，为教师的人才培养、科学研究和社会服务能力的全面提升搭建平台、提供机会	8

续上表

总体指标	特定指标	评估标准	标准分值	标准代码	评估内容	自评要点	自评得分
B 人才培养方案设计	BⅠ 培养目标与生源市场	专业（群）培养目标应该与本校的所有战略思路和利益相关者的需要相对应。目标市场应适合于发展战略，人才培养方案对招生要求、培养要求和毕业生就业的去向信息应非常明确。人才培养方案应具有高质量的专业水平。培养方案的推销和提升应该是专业上高质量的	10	*BⅠ-03	这些培养目标如何满足人才培养之利益相关者的需要，以及如何与国际国内的背景和变化相适应？	1. 市场营销专业人才培养目标是零售业的“职业店长”，现代学徒制班的人才培养目标是百果园公司的门店店长。该专业要构建广东乃至全国零售连锁行业的职业店长人才培养平台。 2. 学校的战略是将我校建设成为办学特色鲜明、示范作用突出、适应广州全面建设国家中心城市需要的中国一流、广东领先、具有国际影响力的高职院校。市场营销专业的人才培养目标和专业发展目标均与学校的战略相适应。 3. 学生以较高的成绩入学我校，无论是学生自身还是家长均希望专业培养的目标高于中职且体现我校办学的领先水平，故“店长”的人才培养定位能够满足大多数学生和家长的诉求。 4. 对于市场营销专业，百果园公司与我校实施双主体办学，公司计划到2020年门店数量达5 000家，2030年门店数量达15 000家，急需大量高素质店长人才。 5. 实施现代学徒制解决了企业招工难的问题，解决了学生就业难的问题，实现了招生即招工、毕业即就业，且人才培养的目标与质量均实现了“零对接”，满足了政府和社会对高职院校办学的期望	13
			10	*BⅠ-04	录取新生状况，如录取新生的水平、地区分布、录取率、报到率、国际生比例	1. 市场营销专业2013—2015年招生第一志愿投档录取率均为100%，2013年的分数线为文科532.32分，理科503.24分；2014年文科518.51分，理科486.1分；2015年文科496.57分，理科496.74分。近三年的报到率均在90%以上。 2. 2015年第一次实施现代学徒制招生，招生计划50人，最终学生先与企业签订劳动合同后录取了44人，报到43人。生源主要来自珠江三角洲发达地区，学生的综合素质良好，但来自偏远和欠发达地区的学生更具有吃苦精神，可能更能满足人才培养的需要。 3. 台湾树德大学已与市场营销专业签订海外研习基地协议，于2016年上半年委派6名市场营销专业的学生做创业项目交流，于2016年下半年委派学生到百果园公司实习	9

续上表

总体指标	特定指标	评估标准	标准分值	标准代码	评估内容	自评要点	自评得分
B 人才培养方案设计			10	*BⅠ-07	毕业生的就业部门最有可能是哪些？这些部门最期望毕业生具有的素质和能力是什么？	1. 对于市场营销专业现代学徒制班，其就业的企业就是深圳百果园公司，岗位就是店长、储备店长或总部职能部门管理人员。 2. 对于市场营销专业非现代学徒制班，其就业的主要企业是零售连锁门店，岗位是店长、储备店长、市场督导、门店运营人员或总部职能部门管理人员。 3. 用人单位最期望毕业生具有的素质和能力有：诚实守信、有责任心、有团队合作精神、有执行力、自信、主动、亲和、耐心，具有较强的沟通能力、客户服务意识、关系建立与维护能力、成就导向、团队管理与领导能力、计划与组织能力、危机处理能力、数据分析能力等	9
	BⅡ 课程设计	预期的学习结果（ILOs）应明确清晰地进行表述，并能显示培养目标是如何达到的。人才培养方案实施的管理团队应该展示并说明课程设计是如何实现“预期的学习结果”的，以及如何将国际视野、社会发展趋势、用人部门需求等影响因素体现在课程设计中的	10	*BⅡ-01	在人才培养方案中包括了哪些“预期的学习结果”？知识、技能（包括个体技能）、态度、对所学专业领域之职场情况的理解、国际视野、对社会发展趋势以及各种变化的认识（如全球意识和责任）	1. 人才培养方案中包括的“预期的学习结果”：适应水果专卖领域第一线需要，具有从事门店运营管理活动的职业道德、职业技能与职业情商，掌握果品及门店运营管理的基本理论和专业知识，能进行商圈调研与分析、消费行为分析、门店销售管理、门店运营管理等工作，具备“一技之长＋综合素质”的德、智、体、美等方面全面发展的有一定创新能力的高素质店务管理人才。 2. 态度要求：具有社会责任感，具有良好的职业态度和职业道德修养，具有正确的择业观和创业观。坚持职业操守、爱岗敬业、诚实守信、脚踏实地、严谨求实、勇于创新，具有坚韧不拔的毅力、积极乐观的态度、良好的人际关系、健全的人格品质。 3. 知识要求：具有果品流通及门店运营管理、商圈分析、消费行为分析、营销策划与管理、门店开发与设计等方面的基本理论和专业知识。 4. 技能要求：职业规划与实施能力、商品销售管理能力、店员管理与领导能力、门店运营管理能力、门店开发与设计能力、创业与创新能力等。 5. 人才方案中对态度、知识、技能的要求拘泥于学校范本的痕迹明显，对企业用人要求的体现还不够充分或表述还不够精准	8

续上表

<table>
<tr><th>总体指标</th><th>特定指标</th><th>评估标准</th><th>标准分值</th><th>标准代码</th><th>评估内容</th><th>自评要点</th><th>自评得分</th></tr>
<tr><td>B
人才培养方案设计</td><td>BⅢ
人才培养方案实施方法和评价方法的设计</td><td>人才培养方案的实施方法的设计既要与专业职场工作需要相匹配，也要有利于实现培养目标和预期的学习结果。评价体系应该以有利于检验学生是否完全、有质量地达到培养目标和预期的学习结果来加以设计</td><td>10</td><td>*BⅢ-08</td><td>所设计的评价方法是否确保与该人才培养方案中的目标和预期学习结果相适应</td><td>围绕行业、企业用人标准，针对不同类型的课程设计不同的评价标准，采取自我评价、学生评价、企业评价和学校评价相结合的评价模式。对学生的评价分为在校学习评价和在企业在岗评价两个部分。本专业现代学徒制实施“双导师”制，学生在企业在岗学习期间，企业委派管理和技术骨干作为学徒的岗位导师，以师带徒的方式实施在岗培养，并按照企业岗位考核的标准与方式考核学生的学业成绩；学校委派骨干教师作为学生的校方导师，按照学校的学习标准和要求对学生进行评价。学生在岗评价以企业师傅为主、学校导师为辅。现代学徒制更注重企业师傅对学生的传、帮、带，以及师傅对徒弟（学生）最终的考核，企业对学生的考核是判定人才培养是否成功的标准。具体评价方法设计如下：
1. 学生在学校学习的评价方法设计
<table>
<tr><th>课程</th><th>评价项目</th><th>评价主体</th><th>评价方式</th></tr>
<tr><td>纯理论课程</td><td>学生考勤、课堂表现、课程作业、理论知识考试</td><td>校内教师评价为主，学生互评为辅</td><td>过程评价和结果评价相结合</td></tr>
<tr><td>理实一体化课程</td><td>学生考勤、课堂表现、课程作业、企业岗位工作表现、项目任务完成情况</td><td>校内教师、企业教师评价为主，学生互评为辅</td><td>过程评价和结果评价相结合</td></tr>
<tr><td>纯实践课程</td><td>学生岗位工作状态、学生团队合作情况、学生岗位工作完成情况。具体包括：实习周记、实习成果、实习总结</td><td>企业教师评价为主，校内教师、学生自我评价为辅</td><td>过程评价和结果评价相结合</td></tr>
</table>
</td><td></td></tr>
</table>

续上表

<table>
<tr><th>总体指标</th><th>特定指标</th><th>评估标准</th><th>标准分值</th><th>标准代码</th><th>评估内容</th><th>自评要点</th><th>自评得分</th></tr>
<tr><td rowspan="2">B
人才培养方案设计</td><td rowspan="2"></td><td rowspan="2"></td><td></td><td></td><td></td><td>2. 学生在岗实践的评价方法设计
<table><tr><th>考核内容</th><th>考核方式</th><th>合格标准</th><th>考核责任人/考核部门</th></tr><tr><td>认同公司文化和融入部门工作氛围</td><td>360度调查评价</td><td>80分以上</td><td>岗位导师、学校导师/人力资源部</td></tr><tr><td>公司业务、架构、产品知识等</td><td>转正考试</td><td>80分以上</td><td>岗位导师、学校导师/培训学院</td></tr><tr><td>对本岗位工作的认识与掌握</td><td>导师辅导计划落实执行率</td><td>90分以上</td><td>岗位导师、学校导师/部门负责人、人力资源部</td></tr><tr><td>管理能力与领导技能培养</td><td>360度调查评价</td><td>80分以上</td><td>岗位导师、学校导师/人力资源部</td></tr></table>3. 校企双方对于课程和人员评价方法的设计较为科学合理，但双方对考核细节的把握以及双方评价过程与结果的相互融合有待进一步改进</td><td>9</td></tr>
<tr><td>10</td><td>＊BⅢ－11</td><td>对不成功的评价或审核，准备了哪些补救办法？这些办法与实现培养目标是否匹配？</td><td>1. 校方对不成功的评价准备的补救办法
学生纯理论课程不达标，采取补考的形式进行补救；理实一体化课程不达标，要通过理论与实践两方面的提升进行补救，学生在理实一体化的实践方面与纯实践课的不达标主要通过校企双方的导师共同帮扶提高学生的实践能力与水平来补救。
2. 企业对不成功的评价准备的补救办法
学生在岗实践过程中出现不达标的评价，首先是由带徒师傅进一步进行指导和帮扶，学生所在班的企业导师会同校方班级导师同时予以帮助。如果学生还达不到要求，可申请调换门店，通过改变环境和师傅及合作伙伴予以进一步的补救。
3. 校企双方采取的补救方法与实现“店长”这一人才培养目标在很大程度上保持匹配，但不排除个别学生采用此方法并不完全奏效</td><td>9</td></tr>
</table>

续上表

总体指标	特定指标	评估标准	标准分值	标准代码	评估内容	自评要点	自评得分
C 人才培养方案实施	CⅠ 招生工作	针对培养方案所制定的招生条件应与生源市场相适应，同时要严格规范以保证学生能实现培养目标并达到所设定的毕业生标准；新生选拔过程应该清晰且首尾一致；学院应该对潜在生源有所认识，并能通过一定的方式吸引这些生源来校修读	20	*CⅠ－04	在学生入学和毕业之间是否存在可比的信息，专业（群）如何评估其招生录取工作过程的有效性（效益）？	1. 本专业在发布招生简章、进行招生宣传、到中职学校宣讲、面试前集中宣讲、与企业签订用工合同前的征询意见中，反复向学生及家长介绍现代学徒制的招生形式、培养的方式、毕业的标准，致使招收到的43名学生对现代学徒制的教学组织与管理未产生异议。 2. 为了做好招生宣传工作、吸引生源，专业教师每人对口联系30余所中职学校进行初步沟通，在此基础上有针对性地赴相关中职学校进行宣讲，为学生报名创造最有利的条件，后期对报名及考试通过后的学生进行跟踪服务以防生源的流失，所有这些都保障了生源来校就读。 3. 新生选拔过程中，校企双方共同考核面试，符合双方对录取学生和学徒的准入要求，以期通过双方培养，绝大部分学生两年后能达到毕业标准。从目前情况看，仅有1名学生不喜欢这个行业和岗位自行选择退学；还有1名学生因学习过程中不能遵守企业和学校的制度，已劝退。 4. 经过校企双方半年的努力付出以及学校、企业、学生三方的不断磨合，现有的学生均已步入正轨，适应现代学徒制这种人才培养的模式，并在工作岗位上获得企业的充分认可。通过对学生、企业和教师三方的调研发现，这届学生的招生录取工作过程有效性很高。 5. 由于首次采用现代学徒制模式进行招生，学生和家长以及企业和学校对此方式都有个接受的过程，报考的生源不够充分，可选拔的余地不够大，生源质量还有待进一步提升	18
			15	*CⅠ－05	在新生入学方面有什么激励政策？	在新生入学方面的激励政策主要来自企业，合作企业承诺： 1. 广州储备干部/管培生月工资为包住2 900元/3 050元+绩效奖金，且有米油补助，刚开始综合月收入为3 000～3 900元或3 150～4 100元。 2. 有完善的职业规划和培训体系。通常7～15个月内做到店长，85%以上店长月收入达到5 000元以上，月收入较高的店长可达到1.5万元以上；两年左右可做到片区经理助理，月收入7 000元左右；三年左右可做到片区经理，管理35家左右门店，月收入万元以上，前景广阔	15

续上表

总体指标	特定指标	评估标准	标准分值	标准代码	评估内容	自评要点	自评得分
C 人才培养方案实施	CⅡ 教学方法	专业（群）应根据人才培养方案要求为学生提供高质量的教学过程。应使用多种教学方法，创造性地、合理地使用现代信息技术。学习材料应是高质量的，而且应将重点集中于学生如何学习	50	＊CⅡ－01	专业（群）是否使用了足够多样的教学方法？这些方法之间是如何相互搭配的？这些方法是如何在实现人才培养方案目标中发挥作用的？	1. 市场营销现代学徒制班实施“以在岗学习为本位”的人才培养模式，学习的方式主要是“做中学”“学中做”“工学结合、工学交替”，教学方法主要是真实工作任务法。 2. 对于理实一体化的课程，在集中授课的课堂中主要采取“翻转课堂”的教学理念和教学模式，课堂中运用小组讨论、个人工作分享、情景模拟、项目训练、师生互相答疑、让学生做老师等多种教学方法让课堂“动”起来，提高教学质量。 3. 对于思政课等合理地使用现代信息技术，采用网络学习与考核方式，解决学生集中授课难等问题。 4. 根据课程的性质不同、学生实践所处的阶段不同以及任课教师的风格不同，上述教学方法相互搭配为不同的教学对象、教学内容和教师所使用，为实现人才培养目标创造了最为有利的条件。 5. 由于现代学徒制刚开始试点，一些年轻教师尚未适应这种人才培养模式，特别是教学初期，对于改革、设计和选择教学方法还需进一步改进和完善	45
			30	＊CⅡ－04	学习材料的内容是否涵盖了课程设计和“预期的学习结果”所必需的全部内容？	校企共同开发的系列学习材料涵盖了课程设计和“预期的学习结果”所必需的相关内容。 1. “职业规划与成功素质训练”这门专业必修课入选国家级精品资源共享课和精品视频公开课，学习材料和资源非常丰富，学生可随时登录“爱课网”学习和交流。 2. “终端营销实战”“管理基础与实务”“连锁门店运营与管理”“连锁门店开发与设计”“客户服务与管理”“人力资源管理”均有网络课程或建成精品课程，学习资源都较为丰富。 3. “销售型店长项目”“管理型店长项目”“经营型店长项目”“职业店长综合技能训练”四门专业必修课程属于新建课程，前三门课程已获得学校校本教材和精品资源共享课程的立项，每门课程将建成课程设计大纲、教师手册、学生手册、案例库、视频库、试题库等立体化课程资源库	24

续上表

总体指标	特定指标	评估标准	标准分值	标准代码	评估内容	自评要点	自评得分
C 人才培养方案实施	CⅢ 学生个体发展	专业（群）和人才培养方案应该支持学生成为全面发展的、具有自信的个体，成为优秀的职场一员	30	*CⅢ－07	人才培养方案是否包含了充分的有针对性的个体项目，用以评估及促进学生的能力发展？	针对中职学生普遍学习基础差、学习方法差、学习习惯差、学习态度差（厌学）、学习兴趣差，但动手能力强、可塑性强、对新鲜事物兴趣高等特点，在人才培养方案中设计了以下项目： 1. 为提高个体素质和职业规划能力，在人才方案中安排了“职业规划与成功素质训练”课程，学生在教师的指导下，进行个人职业生涯规划，在此基础上进行成功素质训练，指导学生有效实施职业规划。 2. 为提高个体职业技能，人才方案中按职业店长岗位任务及店长发展路径安排了“销售型店长项目”“管理型店长项目”“经营型店长项目”和“职业店长综合技能训练”四门项目引领、任务驱动课程，使学生循序渐进、由浅入深，最终成长为合格的店长，成为优秀的职场一员。 3. 人才方案中还安排了“门店运营与管理”“管理基础与实务”“人力资源开发与管理”等6门专业选修课供学生选择，学生可根据自己的兴趣和职业发展有针对性地选课，促进学生能力的发展。 4. 虽然实施现代学徒制，但还是应该开设有关创业与创新方面的课程，以满足学生个性化发展需要	27

续上表

总体指标	特定指标	评估标准	标准分值	标准代码	评估内容	自评要点	自评得分
C 人才培养方案实施	CⅣ 国际视野	为发展学生的国际意识，教师、学生群体、教学材料和国际交流活动都要从整体上形成影响学生国际化的文化氛围	20	*CⅣ-01	国际化的程度如何？按照以下几个方面：国际生所占比例、师资队伍中外籍教师和具有国际背景的教师比例、选用国际教材情况、人才培养方案中国际课程（含合作）情况、外语普及水平、学生海外进修和工作经历（情况）	1. 目前台湾树德科技大学与该专业的合作已有良好开端，2016 年上半年有 6 名学生来校短期交流，下半年委派学生前往百果园公司顶岗实习（人数尚不确定，正在招生中）。2016 年上半年市场营销专业有 1 名学生前往台湾树德大学进行半年的学习。 2. 随着百果园公司在海外开店战略的实施，本专业拟开设“海外店长精英班”来支持公司发展对人才的需要。 3. 目前，该专业的国际化程度不高，国际生所占比例、师资队伍中外籍教师和具有国际背景的教师比例、选用国际教材情况、人才培养方案中国际课程情况、外语普及水平、学生海外进修和工作经历都不理想	10

续上表

总体指标	特定指标	评估标准	标准分值	标准代码	评估内容	自评要点	自评得分
D 人才培养方案的效果	DⅠ 评价结果	对学生学业质量的评价应反映“预期的学习结果”和毕业标准。通过率和学生发展情况的统计资料应与人才培养方案要求相适应	50	*DⅠ－01	评价“预期的学习结果”所设置的指标是否与人才培养方案要求相适应，并能给出准确的评分？	1. 评价学生“预期的学习结果”所设置的指标，在本表BⅢ－08项目中有详细表述，评价指标是否与人才培养方案要求相适应，取决于每门课考核的内容、方式和评价的准确性。 2. 为了确保评分的准确性和客观性，同一门课由课程组教师集体研讨，根据人才培养方案和课程标准确定考核内容和方式，然后由教研室主任、分管教学的学院院长审核通过后予以实施。 3. 学生在岗评价是企业根据学生德、能、绩、勤，结合岗位标准、技能标准与教育的标准设计出考核评价标准，由岗位导师和学校导师共同进行评价，以保证评价的准确。 4. 每一年度学院组织各专业对教师出卷、阅卷、登分等进行自查，学校组织各二级学院领导进行互查，发现问题进行整改。 5. 通过以上制度和办法在较大程度上保证了评价学生“预期的学习结果”的指标与人才培养方案要求能够相适应，教师能够给出较为准确的评分。 6. 从学生就业情况看，总体反映出学生的学习成绩与其就业质量和用人单位对其评价有着正相关的关系。 7. 对学生的考核内容、考核方式、评分的准确性还需要进一步完善，以期与人才培养的目标更加吻合	42
			30	*DⅠ－07	对学生能否通过考核或者毕业的最终裁定都依据怎样的成绩？这些作为判定标准的成绩与国际上的期望标准是否相适应？	1. 学生按专业人才培养方案要求修完规定课程，考核合格，达到毕业最低总学分83学分，体能测试成绩达到《国家学生体质健康标准》要求，准予毕业，颁发毕业证书。 2. 如果学生的课程考核不合格，按规定通过补考或重修，考核合格，达到毕业标准，也可准予毕业，颁发毕业证书。 3. 2015年10月，现代服务业研究中心“发达国家人才培养案例”项目启动；2016年3月，市场营销专业第一批交换生前往台湾树德大学学习；深圳百果园实业有限公司海外业务的开拓等为管理学院了解国际上的期望标准迈出了坚实的第一步	25

续上表

总体指标	特定指标	评估标准	标准分值	标准代码	评估内容	自评要点	自评得分
D 人才培养方案的效果	DⅡ 毕业生质量与就业情况	所培养的毕业生质量应与设定的毕业生标准相吻合，同时与同等层次的该专业国际标准相吻合。学校应为学生就业提供指导和帮助，学生最终就业领域或部门应与人才培养方案的预期就业领域或部门相适应	50	＊DⅡ－01	毕业生是否发展出了人才培养方案所期待的能力？	省教育厅认定的现代学徒制市场营销专业尚无毕业生。市场营销专业实施的“百果园店长班”的订单班是学生在入学第二年末就与企业签订正式的用工合同的，从本质上说也是现代学徒制的表现形式。现就订单班及其他形式在百果园公司工作的毕业生的表现做如下陈述。 1. 截至2015年12月，共有124名学生在百果园公司工作，其中包括40名现代学徒制学生。目前已有11人在总部职能部门工作、28人升任店长、19人为副店长。在百果园公司拓展海外及北京、上海、杭州等区域市场的过程中，我校优秀校友优先被选派到省外区域工作，并委以重任，我校校友潘毅俊2016年3月被选派赴新加坡拓展市场。 2. 优秀学生代表有北京区人事主管陈菲、运营部督查主管马昭银、集团采购助理安茂林、广州综合管理部人事专员张雪、上海人力资源部人事专员方洁纯、品控部经理助理凌美群等，这些优秀学生为公司战略发展起到重要的作用。 3. 在2015年度深圳百果园公司精英年会上，来自我校的两位储备干部荣获大奖，并获公司免费的东南亚游。其中，巫夏君为管理学院2015年百果园订单班学生，2014年8月入职，现任佛山云良路店长，在2015年度百果园公司员工技能大赛中一路过关斩将，并在精英年会上获得“才高八斗”奖；邹伟锋，2015年1月入职，现为番禺区金山谷副店长，在精英年会上获得“服务之星”奖。 4. 百果园公司反馈，在他们合作的50余所院校中，我们的学生是最令他们满意的，我们的毕业生展现出了人才培养方案中确定的职业店长和储备店长应有的素质和能力。 5. 还有个别毕业生难以达到或培养出人才培养方案所期待的能力	48

续上表

总体指标	特定指标	评估标准	标准分值	标准代码	评估内容	自评要点	自评得分
E 人才质量保障体系	EⅢ 人才培养方案的定期检查	专业（群）应该构建一个正式的、严谨的、有效的质量保障体系，该体系应该覆盖人才培养方案的设计和批准过程、课程的质量监控以及定期的对培养方案所有方面的检查，以保证专业（群）的人才培养活动能够获得持续改进	10	*EⅢ－03	针对人才培养方案制定团队和主要利益相关者的反馈意见，人才培养方案的研制做了哪些调整？	1. 近年来，市场营销专业人才培养方案做了较大的调整，一方面基于用人单位对人才培养提出的要求，另一方面基于学生对人才培养方案提出的意见，还有就是教师团队对于职业教育改革与发展的理解以及对国内领先专业先进办学经验的借鉴。 2. 人才培养方案的调整主要体现在以下方面：一是人才培养目标升级为“职业店长”；二是人才培养模式升级为现代学徒制；三是课程体系升级为基于企业工作岗位和工作任务的项目化课程体系；四是课程的开发升级为企业人力资源总监或校企合作总监牵头指导校内专任教师开发；五是课程的组织实施线上、线下一体化，理论与实践一体化；六是师资队伍由校内专任教师、企业教师、校内导师、企业导师和带徒师傅共同组成；七是课程的考核与评价升级为校内与企业教师按过程与结果共同评定。 3. 由于现代学徒制学生与企业签订了正式用工合同，获取正式员工的相应报酬，在岗学习与实践的时间很长，再加上需要在学生休息时间安排集中的学习与培训，致使学生非常辛苦，集中授课的教学质量受到影响，为此需要对人才培养方案的设计与实施进行完善	9

续上表

总体指标	特定指标	评估标准	标准分值	标准代码	评估内容	自评要点	自评得分
E 人才质量保障体系	EⅣ 对教学过程的监控与评价	专业（群）应该构建一个正式的、严谨的、有效的质量保障体系，该体系应该覆盖人才培养方案的设计和批准过程、课程的质量监控以及定期的对培养方案所有方面的检查，以保证专业（群）的人才培养活动能够获得持续改进	10	*EⅣ-04	改进的效果及其证明材料	1. 通过实施专任教师带着任务下企业锻炼半年的管理办法，有助于校企合作深度开发符合现代学徒制特点的人才培养方案、课程、教材等，同时也提高了校内专任教师的实践技能。 2. 每学期安排督导对教学评价排名靠后的教师听课评课予以指导，帮助改进提高。 3. 管理学院近年来组织教学方法改革微课培训和比赛、“翻转课堂”教学模式改革和课堂设计教学比赛，以提升教师的教学水平和教学评价。 4. 管理学院教师发展中心通过新教师培训站、骨干教师训练营等培训项目给教师教学改进与提升提供平台。 5. 管理学院名师工作室为教师们提供一对一、面对面的指导和帮扶。 6. 通过以上方式的培训、指导、帮扶和训练，教师教学质量有明显提高，主要证明材料可通过学生评价的打分、学生座谈会的评价及督导听课评价等方面予以呈现。 7. 企业专门出台企业导师、带徒师傅的管理与考核办法并与绩效及晋升挂钩，对提升学徒培养质量起到了重要的作用。 8. 企业定期召开学徒座谈会、工作汇报会、各种培训会，不断完善学徒的培养质量。 9. 成立并召开全国范围的百果园联盟职教集团，对市场营销专业现代学徒制的人才培养方案、课程体系、课程、教学方法与手段等进行研讨。 10. 对于教学改进这一工作虽然一直都在推进，但在精细化、规范化方面还有待加强。今后计划对岗位导师进行分批培训	9

六、质量改进的对策措施

通过对专业人才培养质量自评表中需重点关注的评估内容即“标准代码”中带“*”号的内容自评发现，21项标准分是415分，自评得分370分。得分高的主要表现在战略视野、愿景和战略目标、人才培养目标、招生情况、人才培养方案的设计以及毕业生满足用人单位需要等方面，得分低的主要表现在国际化程度、师资队伍、教学资源的建设等方面，即使得分高的项目也存在改进和提升的空间，对此提出如下质量改进的对策措施。

1. 市场营销专业国际化的视野不够，国际化的程度不高。今后的质量改进对策是：一是配合百果园公司海外开店的规划，创造条件将“海外店长精英班”落地；二是进一步扩大与台湾树德科技大学的交流与合作，吸引该校学生成为市场营销专业的留学生；三是在学校领导和国际交流合作中心的领导和支持下，开拓与其他国家和地区的国际化交流与合作，提升本专业的国际化程度。

2. 教学团队中的专任教师缺乏零售连锁的从业经验，企业教师和带徒师傅缺少职业教育方面的理念和经验。今后的质量改进对策是：一是从机制上实现校企双方教师的有效沟通与交流，并实现优势互补；二是继续支持校内专任教师挂职下企业锻炼，并规范管理与考核，切实提高校内教师行业企业的认知与实践能力；三是为企业教师和带徒师傅提供职业教育理念与方法的培训，提升其自身的素质与教学水平。

3. 目前市场营销专业师资队伍结构不合理，希望获得学校和相关部门的支持，为该专业引进或培养年富力强的高层次专业带头人1名，引进博士1~2名，教授或副教授1~2名，进而形成一支在年龄、学历、职称等方面结构合理、质量优良的师资队伍，特别是在科学研究与社会服务方面能取得实质性突破，提升该专业的整体建设水平。同时希望学校层面能尽快改革现行教学工作量制度，形成较为科学、合理的业绩考核机制。

4. 虽然招生情况横向比较还算乐观，但依然存在报考的生源不够充分、可选拔的余地不大、生源质量还有待进一步提升等问题。今后要从不同层面进一步加强与相关中职学校的联系，加大招生宣传的力度，特别是努力开发来自偏远和欠发达地区的生源，因为总体来讲，这些地区的学生相对珠江三角洲发达地区的学生更具吃苦精神，更有不断提升自己的志向，更能满足“职业店长”的人才培养目标。

5. 人才方案中对态度、知识、技能的要求拘泥于学校范本的痕迹明显，对企业用人要求的体现还不够充分或表述还不够精准。校企双方对于课程和人员评价方法的设计较为科学合理，但双方对考核细节的把握以及双方评价过程与结果的相互融合有待进一步改进。由于现代学徒制刚开始试点，一些教师尚未适应这种人才培养模式，特别是教学初期对于改革、设计和选择教学方法还需进一步改进和完善。

6. “销售型店长项目”“管理型店长项目”“经营型店长项目”“职业店长综合技能训练”四门专业必修课程属于新建课程，前三门课程已获得学校校本教材和精品资源共享课程的立项，相关课程资源正在建设过程中，学习资源尚未建设全面和完善。在接下来的一年里，要加快课程资源的建设，以确保学习材料的内容涵盖课程设计和“预期的学习结果”所必需的全部内容。

7. 市场营销专业原有的人才培养方案中安排了“高级营销员”职业资格考试，但现代学徒制班的学生从中职考入，已有自己的职业资格证书，考虑“高级营销员”职业资格证书的价值与意义并不优于企业实际工作岗位的要求与考核，故没有设置。为弥补这一不足，同时为了配合现代学徒制专业教学标准的研制与推广以及在国内搭建职业店长人才培养的平台，拟与中国连锁经营协会、广东省连锁经营协会及相关企业共同开发“店长职业资格标准”，并向百果园职业联盟和拟成立的店长职教集团推广。

8. 在学校领导和国际交流合作中心的支持下，已与英国相关院校进行了前期的洽谈，并获得了他们关于“零售店长”现代学徒制的标准，接触到他们的质量保障体系。市场营销专业人才培养目标升级为“职业店长”，人才培养模式升级为“现代学徒制”，专业与教学管理方式升级为“质量保障体系”，所有这些都能在英国找到很好的、可以学习借鉴的模式，同时也为该专业国际化程度的提高创造了有利的条件。

9. 本专业学生在百果园公司每年的保有率已经达到业内非常高的水平，但受整个社会环境及年轻人个性特征的影响，人员流动率还需进一步降低。同时学员的工作积极性和创造性也有待进一步提升。为此百果园公司拟推出店长持股计划，一方面可从根本上改变店长的从业心态，调动店长的工作积极性和创造性；另一方面对稳定店长队伍、激励学生通过自己的努力尽快升任店长都将起到重要的推动作用。

10. 企业用人饱和、受市场冲击以及企业自身的转型升级都会对专业的建设与发展带来很大的影响，如何控制风险是我们在诊断过程中必须考虑的问题。市场营销专业一方面紧跟市场，与企业同步转型升级；另一方面不断提升自己服务其他企业和整个行业的能力。此外，为企业提供所需的毕业生只是校企合作的初级阶段，还要有能力与企业一起研制职业资格标准，为企业提供技术、管理与培训服务，进而使校企合作与专业建设向更深层次发展。

参考文献

［1］占挺，阚雅玲，黄雪薇. 管理技能与领导力［M］. 上海：上海财经大学出版社，2015.

［2］谭福河，阚雅玲，门洪亮. 现代学徒制框架下零售店长培养模式研究与实践［M］. 广州：广东高等教育出版社，2016.

［3］阚雅玲，徐艳林，柳二白，等. 岗前辅导：店长从这里起步［M］. 广州：广东高等教育出版社，2016.